장애학생을 위한

스마트러닝 기반 STEAM 직업교육 프로그램의 실제

송은주 저 | 박은혜 감수

학지사

머리말

2016년 3월의 가장 큰 이슈는 이세돌 9단과 알파고(AlphaGo)의 대국이었을 것이다. 구글이 개발한 인공지능 컴퓨터 알파고가 이세돌 9단과의 5국 중에서 4국을 승리한 것은 충격적인 일이 아닐 수 없다. 이 중계를 보면서 대부분의 사람은 '만약 인간이 대적할 수 없는 인공지능(AI) 로봇이 세상을 통제한다면 우리는 어떤 세상을 맞을 것인가?'라고 자문했을 것이다. 그런데 이 대국을 보면서 장애학생들과 함께하는 교육자인 나에게 가장 큰 울림이 되었던 질문은 '이렇게 급변하는 인공지능 로봇시대에 장애인과 장애학생에게 적절한 교수 및 교육 방법은 무엇이 되어야 하는가?' '어떻게 하면 인공지능 로봇시대가 장애학생에게 유익한 방향으로 전개될 수 있는가?' 등이었다.

오늘날 일반교육계에서는 급변하는 시대를 맞이하는 융합형 인재육성 방법으로 STEAM 교육과 스마트교육이 대세를 이루고 있다. STEAM 교육은 과학(Science), 기술(Technology), 공학(Engineering), 예술(Arts), 수학(Mathematics)의 각 앞 글자를 따서 만든 용어로 학문 간 융합을 통해 미래 인재를 기르는 것을 목표로 한다. STEAM 교육에서 강조하는 융합적 소양(STEAM Literacy)은 다양한 지식을 활용한 학생들의 문제해결능력을 의미한다. 이러한 융합적 소양은 장애학생에게 가장 필요한 것일 수 있다. 이제 인공지능 로봇시대에 발맞추어 특수교육에서도 실생활 속에서 나타나는 자연스러운 융합을 통해 장애학생이 실생활의 문제를 해결할 수 있도록 돕는 다양한 교육과정을 개발하고. 장애학생의 활용능력을 키워 주어야 할 때다.

STEAM 교육과 함께 스마트교육(SMART Learning) 역시 장애학생의 미래교육을 위해 빼놓을 수 없는 교수방법이다. 불과 몇 년 전만 해도 정보통신기술(ICT)이 장애학생들에게 유익한 것으로 나타났지만, 이제는 스마트폰, 스마트패드, 스마트TV 등 스마트기기를 이용해서 장애학생이 시간과 장소에 구애받지 않고 인터넷에 접속하여 교육을 받을 수 있는 스마트교육이 중요한 교수 방법이 되고 있다.

STEAM 교육과 스마트교육은 이제 일반학생들만의 공유물이 아니라 장애학생들에게도 미래 교육을 위해 준비하고 실생활의 문제해결을 위해서 꼭 필요한 교육이 되었다. STEAM 교육 프로그램을 접해 보지 않은 사람들은 반드시 수학, 과학, 공학 및 기술에 예술이라는 요소가 전부 포함되어야 한다고 생각한다. 하지만 STEAM 교육은 주제나 문제와 관련된 지식과 기능 중에서 필요한 부분만 포함할 수 있으며, STEAM 교육일수록 스마트교육과 접목하면 더 큰 교육적 시너지 효과를 얻을 수 있다.

교직생활 15년 동안 장애학생들에게 다양한 교수 방법을 제시하였고 지금도 많은 교육 방법을 제시하고 있다. 그러나 저자는 급변하는 시대에 장애학생들에게도 융합적 사고 및 소양을 통해 실생활의 문제를 해결해 나가는 능력을 키워 줄 수 있는 STEAM 교육과 스마트러닝의 중요성을 강조할 수밖에 없다.

이 책에서는 장애학생들에게 생소할 수밖에 없는 STEAM 교육과 스마트러닝의 개요를 제1장, 제2장에서 소개하고 있으며, 제3장에서는 스마트러닝 기반 STEAM 직업교육 프로그램 개발과 정을 제시하고 있다. 제4장에서는 스마트러닝 기반 STEAM 직업교육 프로그램 교수·학습 지도안, 수업자료 등을 소개하여, STEAM 교육에 대해서 누구나 쉽게 알 수 있고, 장애학생들을 지도하는 사람들에게 유익한 자료가 될 것이다.

부족하지만 이 책이 '장애학생들의 미래교육을 위해 무엇을 준비해야 할까?' 하고 고민하는 교사 및 학부모에게 좋은 자료가 되었으면 하는 바람이다. 책을 펴낼 수 있도록 묵묵히 옆에서 도움을 준 우리 가족과 박은혜 교수님, 박승희 교수님, 이소현 교수님, 박지연 교수님, 김유리 교수님, 이숙향 교수님께 감사드린다. 마지막으로 힘들고 지칠 때마다 나를 앞에서 이끌어 주시고 뒤에서 밀어주시는 하나님께 감사와 영광을 돌린다.

고양교육지원청에서
송은주

차 례

제1장

장애학생을 위한
STEAM 교육 및 필요성

우리나라는 고등학교 1학년 학생을 대상으로 3년마다 유사한 형태로 시행되는 국제학업성취도 평가프로그램(Program for International Student Assessment: PISA)에서 경제협력개발기구(OECD) 회원국 가운데 수학 1위, 읽기 1~2위, 과학 2~4위를 차지할 정도로 학생들의 높은 학업성취도에 대해서 자부심을 느낄 수 있을 만큼 우수한 인재를 키워 내고 있다.

 하지만 이러한 상황에서 많은 학생은 학교의 유의미한 학습으로부터 소외를 당하거나 지식이 삶과 유기적으로 연결되지 못하고 단지 대학입시의 도구가 되고 있다. 이러한 교육현장의 문제점을 극복하기 위해서 학교교육은 새로운 모델을 진지하게 탐색해 나가고 있다. 이러한 새로운 모델의 가능성으로서 융·복합교육(Science, Technology, Engineering, Arts, Mathematics, 이하 STEAM)은 학생들이 진정성 있는 학습경험으로부터 소외되지 않고 교육적으로 보다 건강하고 풍부한 방식으로 지적·정의적 성장을 이루어 낼 수 있는 방법이라고 제시되고 있다.

 지적 혹은 신체적 장애를 가진 학생들이 통합된 교육환경에서 소외되지 않고 교육에 참여할 수 있는 새로운 교육방법인 STEAM 교육은 또한 급변하는 교육환경에 장애학생들을 능동적으로 적응시킬 수 있다는 관점에서 더욱 관심이 높아지고 있다. 우리나라에서도 장애학생을 위한 교과영역의 융합은 장애학생들이 학교에서 배운 교과와 관련된 문제해결 능력 및 자기주도적 학습능력을 갖출 수 있도록 도움을 줄 수 있을 것이며(권순범, 남동수, 이태욱, 2012; 권혁수, 이효녕, 2008; 김문경, 2014; Basham & Marino, 2013; Ramsey & Baethe, 2013), 또한 인지능력이 낮은 학습자들은 생활과 관련된 주제를 국어, 수학, 사회, 과학 등으로 분절하여 보는 능력이 부족하기 때문에 교과영역을 통합하여 지도하는 것이 보다 효과적인 교수방법임이 제시되고 있다(오영석 외, 2011; 송은주, 2014). 더욱이 장애학생들의 교과통합을 이끌 수 있는 방법으로 STEAM 교육은 과학(Science), 기술(Technology), 공학(Engineering), 예술(Arts), 수학(Mathematics)의 내용을 통합적으로 연계하여 지도함으로써 학생들이 학문 간의 경계를 넘어 포괄적인 시야를 갖도록 하는 교육이라 할 수 있다(Yakman, 2006).

STEAM 교육의 장점들에도 불구하고 장애학생들은 STEAM 교육에서 요구하는 논리적 사고, 문제해결, 과학적 논리 및 계산적 사고 등 고차원적 사고에 어려움을 가질 것이라는 주변의 낮은 기대로 인해 과학, 수학, 공학 등의 과목에 참여하는 데 제한이 있으며, 개별화된 지원의 부족으로 STEAM 교육에 참여하지 못하고 있다(Dunn et al., 2012; Leddy, 2010). 그러나 장애학생들에게 STEAM 교육 참여를 위한 교수적 수정(adaptation), 교수적 조정(accommodation), 보조공학 이용, 보편적 학습설계 등의 교육적 요구를 충족시켜 준다면 장애학생들도 STEAM 교육에 충분히 참여할 수 있으며 긍정적인 성과를 얻을 수 있다(Aronin & Floyd, 2013; Basham & Marino, 2013; Dunn et al., 2012; Israel, Maynard, & Williamson, 2013; Marino & Beecher, 2010; 송은주, 2014). 더욱이 장애학생들은 STEAM과 연관된 진로 계획을 세우고 자기결정, 자기옹호 및 다양한 경험을 통해 STEAM 교육에 적극적으로 참여할 수 있다(Bryant & Hardin, 2013; Lam et al., 2008).

야크먼(Yakman, 2008)은 STEAM 교육을 통해 STEAM 주제와 관련하여 학생들이 서로 협력하고, 과제와 토론을 통해 문제해결력을 향상시킬 수 있음을 밝히고 있으며, 특히 아로닌(Aronin)과 플로이드(Floyd, 2013)는 특수교육대상학생들이 팀 기반 접근을 통한 STEAM 교육을 통해 학문 간의 상호 관계성을 찾을 수 있고 통합교육 환경에도 더 잘 적응한다고 보고하였다. 뿐만 아니라 STEAM 교육에 참여한 장애학생들은 자신감이 향상되었고 수업에 적극적으로 참여하였으며 자기결정력도 향상되었음이 보고되었다(Burgstahler, 1994; Dunn et al., 2012; Israel, Maynard, & Williamson, 2013). 타이슨(Tyson) 외(2007)는 STEAM 교육을 통해 고등학생들이 대학교 혹은 사회에 진출하는 데 필요한 탐색(discovery)과 비판적 사고(critical thinking)를 향상시킬 수 있으며, 프로젝트 기반의 STEAM 교육을 통해 학생들이 직업분야에서 필요로 하는 중요한 기술들을 배울 수 있다고 밝히고 있다.

이와 같이, STEAM 교육은 장애학생들에게 한 가지 과목이 아니라 다양한 분야에 걸쳐서 일반 학생들과 함께 같은 장소에서 같은 주제와 목표를 가지되 장애학생들의 특성과 수준에 맞도록 하기 위한 교수적 조정(accommodation), 교수적 수정(adaptation), 보조공학 및 보편적 학습설계 등을 통해 다양한 학습에 참여할 수 있다. STEAM 교육은 모든 학생이 교육환경에서 소외되지 않고 교수 · 학습 활동 및 이를 둘러싼 학교환경과 정책환경 등 다양한 맥락적 측면에서 진정성 있는 학습경험을 할 수 있도록 하는 것이라 말할 수 있다. 이러한 모든 학생 중에는 장애학생들도 당연히 포함되어야 하며, 교육현장에서 통합된 교육환경에서 장애학생들이 진정성 있는 학습을 경험할 수 있도록 하기 위해 다양한 과목과 장애영역에 따른 STEAM 교육의 개발·실행이 요구된다.

🌱 1. STEAM 교육에 대한 이해

STEAM은 STEM에서 진보된 개념으로 과학(Science), 기술(Technology), 공학(Engineering), 예술(Arts), 수학(Mathematics)을 융합한 것이다. STEAM 교육은 우리나라 학생들뿐만 아니라 주요 선진국들의 과학 성취도가 전체적으로 하락하고, 과학적 문제인식이나 과학지식의 실생활 연계 능력 부족 등의 문제가 제기됨에 따라(이철현, 2012), 이러한 문제를 해결하기 위해 등장하였다.

STEAM 교육은 많은 학자에 의해서 정의되고 있다. 처음으로 STEAM이라는 용어를 등장시킨 야크먼(Yakman, 2008)은 STEAM 교육을 수학적 요소들을 기초로 하여 공학과 예술을 통해 해석된 과학, 기술이라고 정의하며, 학문을 넘나드는 교수법의 프레임워크라고 정의하고 있다. 김진수(2012)는 STEAM 교육을 과학, 기술, 공학, 예술, 수학의 과목 또는 내용을 통합하여 가르침으로써 과학기술에 대한 학생들의 흥미와 이해력을 높이고 창의적 문제해결력을 기를 수 있는 융합교육이라고 하였으며, 백윤수 외(2011)는 창의적 설계와 감성적 체험을 통해 다양한 분야의 융합적 지식, 과정, 본성에 대한 흥미와 이해를 높여 창의적이고 종합적으로 문제를 해결할 수 있는 융합적 소양을 갖춘 인재를 양성하는 교육이라고 하였다. 또한, 이효녕 외(2012)는 [그림 1-1]과 같이 STEAM 교육은 과학기술에 대한 흥미와 이해를 높이고 과학기술 기반의 융합적 사고와 문제해결을 배양하는 교육으로 정보사회에서 개인 및 국가의 경쟁력 향상을 위한 창의·인성교육의 실천적 노력을 위한 교육이라 하였다. 마지막으로 2011년 한국과학창의재단에서는 STEAM 교육을 '융합인재교육'으로 명명하면서, STEAM 교육에 대한 정의를 창의적 설계와 감성적 체험을 통해 과학기술과 관련된 분야의 융합적 지식, 과정, 본성에 대한 흥미와 이해를 높여 창의적이고 종합적으로 문제를 해결할 수 있는 융합적 소양을 갖춘 인재를 양성하는 교육이라고 밝히고 있다.

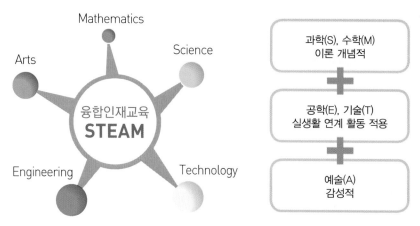

[그림 1-1] STEAM 교육의 개념

출처: 이효녕 외(2012).

이상과 같이 STEAM 교육에 대한 많은 연구자의 정의를 종합하면 STEAM 교육은 '수학, 과학, 기술, 예술, 공학 간에 공통 핵심 요소 중심으로 이루어지는 교육으로, 예술적 소양을 함양하고 타 학문에 대한 이해를 통해 창의적이고 종합적으로 문제를 해결하는 미래형 인재양성교육'이라고 정의할 수 있다(송은주, 2014에서 재인용).

2. STEAM 교육모형 및 수업유형

이상의 STEAM 교육의 정의를 바탕으로 다음과 같이 다양한 STEAM 교육모형이 개발되었다. 여기서는 국내외의 대표적인 STEAM 교육모델을 다루고 있다.

1) 국외 야크먼의 STEAM 모형

야크먼(2008)은 과학, 수학, 기술, 예술, 공학 각 분야의 공식적 연구와 실천의 상호작용을 분석·구조화하고 STEAM 교육의 내용을 구체화하기 위해 STEAM 피라미드 모형을 제시하였다([그림 1-2] 참조).

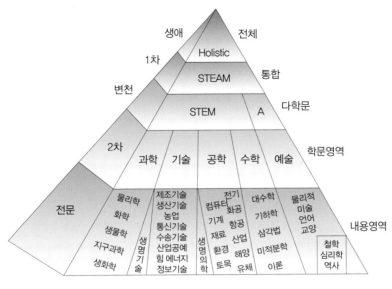

[그림 1-2] STEAM 피라미드 모형
출처: Yakman(2008).

STEAM 피라미드 모형을 설명하면 다음과 같다(Yakman, 2008; 이철현, 2012). STEAM 피라미드 모형의 가장 낮은 단계는 내용영역 교육(Content Specific) 단계로 교과의 내용이 세부적으로 학습되는 수준의 교육이다. 내용 특화교육이라 할 수 있는 이 단계에서는 전문가적인 연구개발이 이루어진다. 이 단계는 고등교육과 전문교육에 적합하다. 두 번째 단계는 학문영역 교육(Discipline Specific) 단계다. 이 단계는 제각각의 학문 분야에 초점이 맞추어져 있으며 중등교육에 적합하다. 이 단계에서는 한 교과의 학습만을 가르치는 것이 아니라 여러 과목을 다루면서 중심 학문을 깊이 있게 학습하도록 한다. 세 번째 단계는 다학문 교육(Multidisciplinary) 단계로 다학문 교육을 실시한다. 이 단계의 교육은 학습자가 특별하게 선택한 학문에 관한 시각과 그것들이 어떻게 실제와 연관이 있는지를 학습하는 단계다. 이 단계에서 교사는 수업을 설계할 때 테마 교육을 쉽게 활용할 수 있다. 또한 이 단계에서 주목할 점은 STEM과 A(Arts)를 구분하였다는 것이다. 네 번째 단계는 통합교육(Integrated)의 단계다. 이 단계에서 학생은 모든 학문에 대한 광범위한 시각과 그 학문들이 실제 어떻게 연관이 있는지 기본적인 개념을 학습하게 된다. 그리고 가장 좋은 방법은 주제 중심으로 학습하는 것이다. 초 · 중등학교 교육에 적합하기는 하지만 야크먼(2008)은 모든 수준의 교육에서도 활용될 수 있음을 주장했다. 마지막으로 가장 높은 단계는 전체교육(Holistic)의 단계다. 이 단계에서는 우리가 의도하지 않고 피할 수 없는 우리 주변의 환경에 적응하며 꾸준히 배우는 단계다. 이러한 환경적 요소는 인간의 내 · 외적인 면, 즉 인간이 사고하고 행동하는 것에 영향을 준다. 이와 같이 야크먼(2008)은 최초로 기존의 STEM 교육에 예술을 합한 STEAM 교육을 고안하면서 STEAM 교육은 어느 한 교과에 다른 교과가 포함되거나, 모든 분야가 일방적으로 혼합되는 과정에서의 교육이라고 제시하였다. 야크먼(2008)이 제시한 피라미드 모형을 중심으로 과학, 기술, 공학, 예술, 수학 영역들에 대한 정의와 각 학문에 포함되는 하위영역을 정의하면 〈표 1-1〉과 같다.

〈표 1-1〉 야크먼(2008)이 제시한 각 영역의 특성

영역		의미	하위영역
과학(S)		실세계에 존재하는 것과 그것이 어떻게 영향을 받고 있는지를 탐구하는 것	생물학, 생화학, 화학, 지구과학, 물리학 및 우주과학, 생명공학, 생체의학 등
기술(T)		인간이 필요하다고 느낀 것을 충족시키기 위해 자연환경을 변용한다든가 기술을 혁신하는 것 또는 인간이 만든 것	농업, 건축(물), 통신(수단), 정보, 제조업, 의학, 힘 에너지, 생산과 수송
공학(E)		연구, 발전, 디자인·발명 또는 일정 제한하에 이루어지는 디자인	한국우주공학, 농업, 건축공학, 화학공학, 토목공학, 컴퓨터공학, 전자공학, 환경공학, 유체공학 등
예술(A)	국어 (Language Arts)	모든 종류의 의사소통이 사용되고 해석되는 방식에 관한 것	교육, 역사, 철학, 정치학, 심리학, 사회학, 신학 등을 포함하는 미술, 언어예술, 교양, 체육
	체육 (Physical)	인체공학적인 움직임을 포함한 규범 및 행위 예술	
	교양과 사회 (Liberal & Social)	교육, 역사, 철학, 정치학, 심리학, 사회학, 기술, 과학·기술 사회 등을 포함한 것	
	미술 (Fine Arts)	미학 그리고 문명 초기 기록의 가르침에서 유래하는 가장 오래되고 지속 가능한 문화적인 편린	
수학(M)		수, 상징적 관계, 정형화된 양식, 모양, 불확실한 것과 추론에 관한 연구	대수, 해석학, 자료 분석 확률, 기하학, 수와 연산 문제해결, 추론 및 증명 등

출처: 한국과학창의재단(2011).

2) 국내 STEAM 교육모형 및 이론

야크먼(2008)의 STEAM 피라미드 모형을 기반으로 하여 국내에서 많은 학자가 STEAM 교육의 모형 및 이론을 제시하였다. 이러한 STEAM 교육모형 및 이론은 STEAM 교육프로그램 개발을

위한 이론적 준거로 활용된다. 국내에서 연구된 STEAM 교육모형 및 이론에 대해 살펴보면 다음과 같다.

첫째, STEAM 통합모형(김진수, 2011)으로, 여기에는 학문의 통합 방식 및 연계 정도에 따라 다학문적, 간학문적, 탈학문적 통합이 포함된다([그림 1-3] 참조). 모형 1은 다학문적 통합(multidisciplinary integration), 모형 2는 간학문적 통합(interdisciplinary integration), 모형 3은 탈학문적 통합(transdisciplinary integration)에 해당한다. STEAM 통합모형은 중심이 되는 교과에 따라 다양하게 표현이 된다.

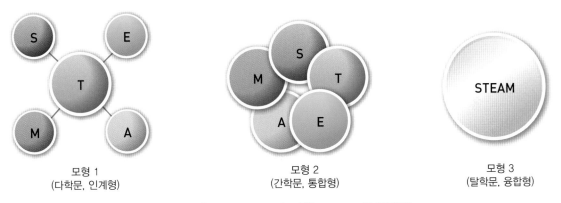

모형 1
(다학문, 인계형)

모형 2
(간학문, 통합형)

모형 3
(탈학문, 융합형)

[그림 1-3] STEAM 교육을 위한 'STEAM 통합모형'

출처: 김진수(2011).

둘째, STEAM 큐빅 모형(김진수, 2011)으로, 이 모형은 창의적 STEAM 교육프로그램 개발을 위한 모형이다([그림 1-4] 참조).

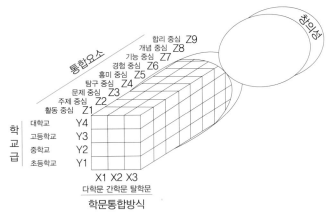

[그림 1-4] STEAM 교육을 위한 '큐빅 모형'

출처: 김진수(2011).

'큐빅 모형'은 3방향의 축으로 구성되었다. X축의 요소는 학문의 통합방식에 따라 연계형, 통합형, 융합형으로 분류되었고, Y축의 요소로는 학교 급별로 분류되었다. Z축의 요소는 통합의 요소에 따라 활동, 주제, 문제, 탐구, 흥미, 경험, 기능, 개념, 원리 중심으로 분류하였다. 이 모든 STEAM 교육은 창의성을 기를 수 있는 환경을 가질 수 있도록 캡슐로 둘러싸여 있다(김진수, 2011).

셋째, 모형은 교과별 STEAM 프로그램 유형(김진수, 2012)이다. 이 모형은 과학 중심(S), 기술 중심(T), 공학 중심(E), 예술 중심(A), 수학 중심(M)의 연계 수업이 가능하다. 교과별에 따라 각각의 프로그램 명칭이 S-STEAM, T-STEAM, E-STEAM, A-STEAM, M-STEAM으로 범주화된다. 또한, 창의적 체험활동에 적용할 수 있는 통합형 및 융합형 모형인 CHA-STEAM(Creativity Hands on Activity)이 있다(김방희, 이희진, 김진수, 2013). 교과별 STEAM 프로그램 유형은 〈표 1-2〉와 같다.

〈표 1-2〉 교과별 STEAM 프로그램 유형

중심 교과(내용)	연계 유형	프로그램 명칭	특징
과학교과 중심		S-STEAM	과학교사가 과학수업에 적용
기술교과 중심		T-STEAM	기술교사가 기술수업에 적용
공학교과 중심		E-STEAM	• 공학기술 수업에 적용 • 특성화고의 공업계열 수업에 적용

중심 교과(내용)	연계 유형	프로그램 명칭	특징
예술교과 중심	S T A M E	A-STEAM	예술교사가 예술수업에 적용
수학교과 중심	S T M A E	M-STEAM	수학교사가 수학수업에 적용
창의적 체험활동 수업 중심	M S A T E STEAM	CHA-STEAM	• 창의적 체험활동 수업시간에 관련 교사가 STEAM 수업에 적용 • 방과후 학교 및 비형식적 교육 등에 사용하는 유형 • CHA는 Creative Hand on Activities 의 머리글자임.

넷째, 상황제시 4단계 모형(김진수, 2012)을 들 수 있다. 이 모형에서 김진수(2012)는 STEAM 교육의 세 가지 학습준거인 상황제시가 학습자의 학습동기를 유발하여 자기주도적인 창의적 문제해결 과정을 유도하는 주요한 요소이며, 실생활과의 연관성을 기반으로 하여야 한다고 제안하였다. 이에 따라 이 모형에서는 상황제시의 과정을 상황, 문제, 설계의 제한점, 도전의 4단계로 구체화하여 제시하였다.

다섯째, 4C-STEAM 교육(백윤수 외, 2011)이다. 백윤수 외(2011)는 STEAM 교육을 융합(Convergence), 창의성(Creativity), 소통(Communication), 배려(Caring)를 추구하는 4C-STEAM 교육이라고 하면서 STEAM 교육의 정의에서 창의적 설계, 감성적 체험, 내용 융합을 제시하였다. 창의적 설계는 학생들이 어떠한 상황에서 창의성, 효율성, 경제성, 심미성을 발휘하여 최적의 방안을 찾는 종합적인 과정이며, 감성적 체험은 학습과정을 통하여 재미, 감성, 열정, 자긍심, 실천적 행동을 이끌어 스스로의 감정을 인지, 관리하고 중요한 개인적/학문적 목표를 설정 및 달성하도록 학습의 경험을 제공하는 것을 목표로 한다. 마지막인 내용융합은 두 개 이상의 교과내용이 유기적으로 통합하는 것을 의미한다.

여섯째, STEAM 교육의 학습준거에 대해 조향숙(2012)은 STEAM 교육을 위해 상황제시, 창의적 설계, 감성적 체험의 학습준거(틀)를 제시하였다([그림 1-5] 참조). STEAM 교육의 학습준거의 제시로 학생들은 실패를 통한 학습과 성공의 경험을 통해 새로운 문제에 도전할 수 있다고 하였다. STEAM 교육의 세 가지 학습준거를 통해 학생은 자신의 삶과 밀접한 관련이 있는 상황 속에서 문제를 발견하고, 이를 해결하기 위해 문제해결 과정을 창의적으로 설계하며, 문제를 성공적으로 해결할 수 있다. 학생들은 또한 감성적 체험을 통해 성공의 경험을 하게 됨으로써 학습에 대한 흥미와 동기를 갖게 되어 새로운 문제에 도전하고자 하는 의욕을 갖게 된다(이철현, 2012).

[그림 1-5] STEAM 교육의 학습준거

출처: 조향숙(2012).

일곱째, 미래 창의 인재 양성을 위한 중등수준의 과학, 기술, 공학, 예술, 수학적 기반의 STEAM 교육과정 모형이다(최유현 외, 2012). 이 모형은 STEAM 교육과정 모형을 융합교과, 교육목표, 가치지향, 대상과 환경(교육대상, 교육환경), 접근유형(교육접근유형, 융합주제선정유형, 통합유형), 교육과정(프로그램 개발 전략, 교육방법, 문제/주제제시전략, 교육평가)의 여섯 가지 영역으로 구분하였다.

이상의 국내의 STEAM 교육 관련 모형 및 이론을 정리하면 〈표 1-3〉과 같다.

〈표 1-3〉 STEAM 교육 관련 모형 및 이론

연구자	명칭	내용
김진수(2011)	STEAM 통합모형	연계형(다학문적), 통합형(간학문적), 융합형(탈학문적)
	STEAM 큐빅모형	학문통합방식, 학교 급, 통합의 요소로 한 STEAM 모형

연구자	명칭	내용
김진수(2012)	교과별 STEAM 프로그램 유형	S-STEAM, T-STEAM, E-STEAM, A-STEAM, M-STEAM, CHA-STEAM
	상황제시 4단계	상황제시-문제-설계 제한점-도전
백윤수 외(2011)	4C-STEAM	Caring, Creativity, Communication, Convergence
조향숙(2012)	STEAM 학습의 준거(틀)	상황제시, 창의적 설계, 감성적 체험
최유현 외(2012)	STEAM 교육과정 모형	융합교과, 교육목표, 가치와 지향, 대상과 환경, 접근유형, 교육과정

출처: 김방희, 이희진, 김진수(2013).

이상과 같이 국내의 STEAM 교육 관련 모형 및 이론에 대해 살펴보았다. 이러한 STEAM 교육 관련 모형 및 이론의 공통적 요소로는, 첫째, 다학문적 및 탈학문적 교과 통합을 이루고 있다는 점, 둘째, STEAM 교육의 학습준거로 창의적 설계와 감성적 체험이 포함된 점, 셋째, STEAM 교육모형이 실제적인 맥락과 연관되어 있다는 점을 들 수 있다.

3) STEAM 교육 수업유형

STEAM 교육 관련 모형 및 이론을 실제적인 수업에 적용하는 STEAM 유형에 대해 살펴보고자 한다. STEAM 교육 수업유형은 김진수(2012)의 연계형 모형을 중심으로 하여 교과내 수업형, 교과연계 수업형, 창의적 체험활동 활동형으로 구분된다([그림 1-6] 참조)(한국과학창의재단, 2011).

[그림 1-6] STEAM 교육 수업유형

출처: 한국과학창의재단(2011).

앞에서 제시된 STEAM 교육을 위한 세 가지 수업유형에 대해 구체적으로 설명하면 다음과 같다.

첫째, 교과내 수업형은 중심 교과와 타 교과를 연계하는 것이다. 이 경우, 서로 다른 교과를 넘나들어도 교육과정에 바탕을 두고 난이도와 학습수준이 각 학생들의 학년 군에 적합하도록 조정하는 장점을 가지고 있는 반면에 수학·과학이 중심인 만큼 수학 또는 과학교사가 모든 연계 교과의 학습요소들을 지도하여야 하는 부담이 있다.

둘째, 교과연계 수업형은 주제 중심으로 관련된 여러 교과를 연계하여 교육과정을 재구성하여 지도하는 것이다(권수미, 2012 재인용). 예를 들면, '나무로 실로폰 만들기'란 주제로 수학 시간에는 피타고라스의 음정이론과 평균율 같은 이론을 학습하고, 과학 시간에는 고등학교 물리의 '파동' 단원을 활용해 실제 실험을 통해 소리와 관련된 밀도와 진동을 배운다. 이처럼 교과연계를 통한 융합수업 유형은 연계된 교과의 교사들의 협력에 의해 새로운 지도방법을 개발할 수 있다. [그림 1-6]처럼 교과 연계 STEAM 수업형은 하나의 주제를 중심으로 STEAM 교과를 적절히 연계시켜 운영하는 것으로, 시간표를 작성할 때 블록 타임(block time)형식으로 구성하는 것이 바람직하다.

셋째, 교육과정 재구성 수업형은 주제 중심으로 전체의 교육과정을 재구성하거나 별도의 프로그램을 개발하여 운영하는 형태다. 이 유형은 교과서 위주의 교육과정에서 탈피하고 총체적으로 해결할 수 있도록 유도한 자유로운 STEAM 프로그램이 가능하다(권수미, 2012). 또한 교육과정 재구성 STEAM 수업은 교과활동에서부터 창의적 체험활동까지 STEAM 교육을 현실에 적용시켜 나가는 것이 가능하다.

참고문헌

권수미(2012). 예술중심 융합교육 프로그램 개발을 위한 제언. 음악교육연구, 41(2), 67-100.

권순범, 남동수, 이태욱(2012). STEAM 기반 통합교과학습이 초등학생의 창의적 인성에 미치는 영향. 한국 컴퓨터연구학회 논문지, 17(2), 79-86.

권혁수, 이효녕(2008). 과학, 기술, 공학 그리고 수학(STEM)교육에서 동기유발: 메타 분석적 접근. 중등교육연구, 56(3), 125-148.

금지헌(2012). 실과 가정생활 영역을 활용한 융합인재교육프로그램이 초등학생의 실과에 대한 태도와 학습몰입에 미치는 영향. 한국 가정과교육학회, 24(1), 61-71.

김문경(2014). 초등과학에서 융합인재교육(STEAM)프로젝트학습이 학생의 창의적문제해결력 및 학업성취도에 미치는 효과. 경인교육대학교 교육대학원 석사학위 청구논문.

김방희, 이희진, 김진수(2013). 중학교 기술교과의 T-STEAM 프로그램 개발 및 수업적용. 한국기술교육학회지, 13(1), 131-151.

김진수(2011). STEAM 교육을 위한 큐빅 모형. 한국기술교육학회지, 11(2), 124-139.

김진수(2012). STEAM 교육론. 서울: 양서원.

백윤수, 박현주, 김영민, 노석구, 박종윤, 이주연, 정진주, 최유현, 한혜숙(2011). 우리나라 STEAM 교육의 방향. 학습자중심교과교육연구, 11(4), 149-171.

송은주(2014). 스마트러닝 기반 STEAM 직업교육 프로그램이 특수학급 고등학생들의 직업에 대한 태도와 직업 인식 및 교사의 직업 수업 운영에 미치는 영향. 이화여자대학교 대학원 박사 학위 청구논문.

오영석, 김영진, 김희규, 김순금, 백정기, 서월미, 양인숙, 이윤우(2011). 직업과 주제중심 통합교육과정 운영 자료 개발. 충남: 국립특수교육원.

윤정교(2013). 중학교 1학년 기술교과에서 T-STEAM 프로그램이 흥미도와 학업성취도에 미치는 효과. p. 15. 한국교원대학교 대학원 석사학위 청구논문.

이철현(2012). 융합인재교육(STEAM)의 스마트러닝 전략. 한국실과교육학회지, 25(4), 123-147.

이효녕, 오영재, 권혁수, 박경숙, 한인기, 정현일, 이성수, 오희진, 남정철, 오영재, 방성혜(2012). 통합 교육과 통합 STEM 교육에 대한 초등 교사의 인식. 교원교육, 27(4), 117-139.

조향숙(2012). 현장적용사례를 통한 융합인재교육(STEAM)의 이해. 서울: 한국 교육개발원.

최유현, 노진아, 이봉우, 문대영, 이명훈, 장용철, 박기문, 손다미, 임윤진, 이은상(2012). 창의적 융합인재양성을 위한 STEAM 교육과정 모형 개발. 한국기술교육학회지, 12(3), 63-87.

한국과학창의재단(2011). 융합인재교육(STEAM)기초연수 커리큘럼. p. 43. 서울: 교육과학기술부.

Aronin, S., & Floyd, K. K. (2013). Using an ipad in inclusive preschool classrooms to introduce stem concepts. *Teaching Exceptional children, 45*(4), 34-39.

Basham, J. D., & Marino, M. T. (2013). Understanding STEM education and supporting students through universal design for learning. *Teaching Exceptional Children, 45*(4), 8-15.

Bryant, K. E., & Hardin, S. E. (2013). Making STEM fun: how to organize a STEM camp. *Teaching Exceptional Children, 45*(4), 60-67.

Burgstahler, S. (1994). Increasing the representation of people with disabilities in science, engineering and mathematics. *Journal of Information Technology and Disability, 24*(4), 319-330.

Dunn, C., Rabren, K. S., Taylor, S. L., & Dotson, C. K. (2012). Assisting students with high-incidence disabilities to pursue careers in science, technology, engineering, and mathematics. *Intervention in School and Clinic, 48*(1), 47-54.

Israel, M., Maynard, K., & Williamson, P. (2013). Promoting literacy—embedded, authentic STEM instruction for students with disabilities and other struggling learners. *Teaching Exceptional children, 45*(4), 18–25.

Lam, P., Doverspike, D., Zhao, J., Zhe, J., & Menzemer, C. (2008). An Evaluation of a stem program for middle school students on learning disability related IEPs. *Journal of Stem Education, 9*, 21–29.

Leddy, M. H. (2010). Technology to advance high school and Under—graduates students with disabilities in science, technology, engineering, and mathematics. *Journal of Special Education Technology, 25*(3), 3–8.

Marino, M. T., & Beecher, C. C. (2010). Conceptualizing RTI in 21st—century secondary science classrooms: Video games' potential to provide tiered support and progress monitoring for students with learning disabilities. *Learning Disability Quarterly, 33*(4), 299–311.

Ramsey, K., & Baethe, B. (2013). The Keys to Future STEM careers: Basic skills, critical thinking and ethics. *Future of Education, 4*, 26–33.

Tyson, W., Lee, R., Borman, K. M., & Hanson, M. A. (2007). Science, Technology, Engineering and Mathematics (STEAM) Pathways: High School Science and Math Coursework and Postsecondary Degree Attainment. *Journal of Education for Students Placed at Risk, 12*(3), 243.

Yakman, G. (2006). *STΣ@M Education: An overview of creating a model of integrative education.* Retrieved from http://www.steamedu.com/2088_PATT_Publication.pdf.

Yakman, G. (2008). STΣ@M Education: An overview of creating a model of integrative education. *STΣ@M Education Model*, 1–28.

Yakman, G. (2008). STΣ@M Education: An overview of crating a model of integrative education. *PATT 2008 Annual Proceeding*, p. 347.

Yakman, G. (2011). STEAM 교육 국제세미나 및 STEAM 교사 연구회 오리엔테이션 자료집. 서울: 한국과학창의재단.

제2장

장애학생을 위한
스마트러닝의 개요

스마트(Self-directed, Motivated, Adaptive, Resource free, Technology embedded: SMART)러닝은 정보통신기술과 이를 기반으로 네트워크 자원을 학교교육에 효과적으로 활용하여 교육내용, 방법, 평가, 환경 등 교육체제를 혁신함으로써 모든 학생이 글로벌 리더가 될 수 있도록 재능을 발굴·육성하는 21세기 교육 패러다임이다(교육과학기술부, 2011). 이러한 교육방법에 대한 패러다임의 변화에 따라 스마트러닝이 장애학생들의 흥미, 동기, 주의집중 및 자신감 향상에 효과적인 것으로 나타났으며(김철호, 전우천, 2010; 정미야, 전우천, 2010; 이금자, 전우천, 2012; Cheng & Ye, 2010; Xin & Sutman, 2011), 장애학생들의 학습태도, 자기주도적 학습능력 및 장애학생들의 지역사회 기술 및 일상생활 기술 향상에서도 많은 효과가 있음이 밝혀지고 있다(김영준, 강영심, 2013; 신지혜, 이숙향, 2013; 손정은, 2012; 이세흠, 신진숙, 2012; 임장현, 2011; 조유련, 박은혜, 2013). 특히 스마트러닝 교수매체를 이용한 수업이 기존 수업에 비해 학생들에게 다양하고 풍성한 수업자료를 제시하고 있으며, 학생들의 집중력 향상, 반복연습, 개별학습의 기회를 제공하며, 스마트러닝이 시간 제약 없이 개별적 접근 및 상호작용을 가능하게 하므로 장애학생에게 필요한 교육방법이며, 장애인의 삶의 질을 향상시킬 수 있다고 제시하였다(손정은, 2012).

이처럼 스마트러닝은 장애학생들의 동기유발 및 수업참여도를 높일 수 있으며, 다양한 장애특성과 요구에 맞추어 교육과정을 효과적으로 제공함으로써 장애학생의 교육적 통합에 기여할 수 있다.

이 장에서는 장애학생들을 위한 스마트러닝에 대한 전반적인 개요를 살펴봄으로써 장애학생들을 위한 스마트러닝의 교육현장에서의 성공적인 정착을 위한 교수·학습 모형, 장애특성에 맞는 교수·학습모델 및 콘텐츠 개발의 기초자료를 제공하고자 한다.

1. 스마트러닝의 개념

교육환경의 변화, 학습자의 변화, 인프라의 변화 같은 스마트 환경의 변화로 스마트러닝의 중요성이 강조됨에 따라 많은 연구에서 스마트러닝에 대한 정의 및 개념을 제시하고 있다. 이를 요약하면 〈표 2-1〉과 같다. 다음의 스마트러닝 개념 중 특히 교육과학기술부(2011)가 정의하고 있는 스마트러닝의 정의는 '정보통신기술과 이를 기반으로 한 네트워크 자원을 학교교육에 효과적으로 활용하여 교육내용, 교육방법, 교육평가, 교육환경 등 교육체제를 혁신함으로써 모든 학생이 글로벌 리더가 될 수 있도록 재능을 발굴하고 육성하는 21세기 교육 패러다임'이다.

〈표 2-1〉 스마트러닝의 정의 및 특징

연구자	정의	특징
곽덕훈(2010)	학습자들의 다양한 학습 형태와 능력을 고려하여 학습자의 사고력, 문제해결 능력 등의 개발을 높이며, 협력학습과 개별학습을 위한 기회를 창출하여 학습을 보다 즐겁게 만드는 학습으로서 장치보다 사람과 콘텐츠에 기반을 둔 학습자 중심의 지능형 및 소통기반 맞춤학습	• 학습자 중심 • 지능형, 협력형 • 개인형 • 소통능력 • 문제해결 능력
이수희(2010)	스마트 기술을 학습에 이용하는 차별화된 학습 서비스로 스마트폰 및 스마트 미디어에 내장된 센서와 애플리케이션을 이용하여 학습자의 현실감과 몰입감을 증대시키며, 놀이와 학습의 경계를 무의미하게 함으로써 학습자의 인지능력과 창조적 사고를 증대시키는 학습형태를 의미	• 현실감 • 몰입형 • 비형식적 학습 • 인지 지원체제 • 창조적 사고
장상현(2010)	지능형 맞춤 교수-학습 체제로 학교 교실 안과 밖에서 이루어지는 교수-학습을 지원하고 학습자가 스스로 학습을 설계할 수 있도록 지원하는 교육형태	• 지능형 • 비형식적 학습 • 학습자 중심
노규성, 주성환, 정진택(2011)	스마트 인프라(smart infra)와 스마트한 교육방식(smart way)으로 이루어지며, 스마트 인프라는 클라우딩, 네트워크, 서벗, 스마트 디바이스, 임베디즈 기기 등을 의미하며 스마트 웨이는 맞춤형, 지능형, 융합형, 소셜 러닝, 집단지성 등을 의미	• 맞춤형, 지능형 • 융합형 • 소셜 러닝

연구자	정의	특징
임희석(2011)	학습자-학습자, 학습자-교수자, 학습자-콘텐츠 간의 소통(communication), 협력(collaboration), 참여(participation), 개방, 공유 기능이 가능하도록 하는 ICT기술을 활용하여 수직적이고 일방적인 전통적인 교수-학습 방식을 수평적, 쌍방향적, 참여적, 지능적, 그리고 상호작용적인 방식으로 전환하여 학습의 효과를 높이고자 하는 총체적인 접근을 의미	• 학습자 중심 • 소통능력 • 개방 및 공유형 • 수평적, 쌍방향적 • 참여적, 지능적
임걸(2011)	스마트러닝을 도구적 접근, 환경적 접근, 이론적 접근으로 정의 내림. 스마트러닝은 스마트폰, 태블릿 PC, 스마트 TV 등의 다양한 스마트 기기를 활용하는 것이고, 환경적 접근은 스마트 기기들이 와이파이, 클라우드 컴퓨팅, 전자태그 등 유비쿼터스 환경의 지원을 받아 언제 어디서나 학습에 활용된다는 측면	• 개방 및 공유 • 독립성
교육과학기술부 (2011)	21세기 지식정보화 사회에서 요구되는 새로운 교육방법(pedagogy), 교육과정(curriculum), 평가(assessment), 교사(teacher) 등 교육체제 전반의 변화를 이끌기 위한 지능형 맞춤 교수-학습 지원체제로서 최상의 통신환경을 기반으로 인간을 중심으로 한 소셜 러닝(social learning)과 맞춤형 학습(adaptive learning)을 접목한 학습형태	• 지능형 • 맞춤 교수-학습 지원체제 • 소셜 러닝 • 맞춤형 학습
강인애, 임병노, 박정영(2012)	스마트기기 및 소셜 미디어를 활용하여 학습에서의 상호작용을 극대화한 학습으로 형식학습과 비형식 학습의 융합, 강화된 실재감, 학습의 외연적 확대, 앱 기반의 다양한 학습활동이 이루어지는 학습환경	• 소셜 미디어 학습 • 형식과 비형식 학습의 융합 • 실재감
Radford(2010)	새로운 지식과 기술, 형식과 비형식 교육 기간 동안에 독립적이고 지적인 활동을 통해 얻어진 사례를 구현하는 행동의 변화 결과	• 맞춤형, 지능형 • 학습자 중심 • 독립성
Kinshuk(2010)	단순히 모바일 기기를 활용한 또 다른 형태의 e-러닝이 아닌 스마트러닝은 e-러닝의 나아가야 할 방향을 제시하는 패러다임적 의미	• 패러다임의 변화

출처: 송은주(2014).

이 정의는 국가적 정의로서 여러 연구의 스마트러닝이나 스마트교육의 개념 중 가장 대표성을 지닌다고 볼 수 있다. [그림 2-1]은 교육과학기술부(2011)의 스마트러닝 개념도를 보여 주고 있다.

[그림 2-1] 스마트러닝의 개념도

출처: 교육과학기술부(2011).

선행연구들의 스마트러닝에 관한 다양한 정의를 바탕으로 그 스마트러닝의 핵심적인 특징 및 속성들을 다음과 같이 정리할 수 있다(송은주, 2014 재인용). 첫째, 스마트러닝은 첨단 스마트 기기 및 스마트 인프라를 활용하는 최첨단 정보통신기술을 적극 활용하는 수업을 의미한다. 둘째, 형식학습과 비형식학습이 결합된 융합학습으로 가상현실기술, 증강 현실기술 등의 정보통신기술을 접목하여 보다 학습자 중심적이고 인간 중심적인 학습방법을 가능하게 한다. 셋째, 상호협력학습의 구현이 가능하여 일방향적인 지식전달이 아닌 상호협력을 통해 학습효과를 극대화시킬 수 있는 교수방법이다. 특히, 소셜 러닝의 개념은 스마트러닝에서 매우 중요한 것으로 기존 이러닝의 한계로 여겨졌던 상호협력 기능을 보완하는 역할을 담당하고 있다. 넷째, 지능적, 개인 맞춤형 및 자기주도적 학습을 지향한다. 다섯째, 단순한 지식이나 정보 획득이 아닌 사고력과 문제해결력 신장을 위한 학습이다. 이러한 스마트러닝의 특징 및 속성들을 고려할 때 스마트러닝은 '형식적 학습과 비형식 학습의 융합, 소셜 러닝(Social learning)과 맞춤형 학습(Adaptive learning)을 접목하여 학습자의 사고력, 문제해결력 및 자기주도적 학습을 촉진시키기 위해 첨단 스마트 기기를 활용한 수업'으로 정의될 수 있다.

🌱 2. 스마트러닝의 수업원리 및 교수 · 학습 모형

1) 스마트러닝의 수업원리 및 학습원칙

　스마트러닝의 교수 · 학습 모형을 구축하기 위해서는 우선 스마트러닝 수업원리 및 학습원칙에 대한 이해가 필요하다. 스마트러닝 수업원리 및 학습원칙을 통해 교육내용, 교육방법 그리고 교육경험 제공 측면에서 스마트러닝 환경을 적절하게 활용할 수 있다. 임걸(2011)은 스마트러닝 교수 · 학습 모형 개발을 위한 수업원리를 [그림 2-2]와 같이 제시하였다. 이는, 첫째, 풍부한 학습자원의 활용, 둘째, 상호작용을 통한 참여적 환경, 셋째, 실제적 맥락과 경험 제공을 중심으로 스마트러닝 구현이다.

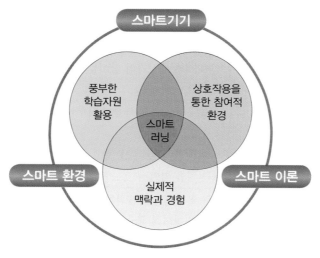

[그림 2-2] 스마트러닝 수업설계 원리
출처: 임걸(2011).

　강인애, 손정은과 주은진(2011)은 스마트러닝을 위해 여덟 가지의 학습원칙을 [그림 2-3]과 같이 제시하였다. 여덟 가지의 스마트러닝의 학습원칙을 설명하면 다음 〈표 2-2〉와 같다.

스마트러닝의 학습원칙

1. 개방(오픈 학습 환경)	5. 온라인-커뮤니티 2단계(social-learning)
2. 참여(학습자 주도성)	6. 실생활 기반 과제
3. 공유(소통과 관계 형성)	7. 멀티 플랫폼 학습
4. 형식교육과 비형식교육의 통합	8. 다양한 애플리케이션 활용

[그림 2-3] 스마트러닝의 여덟 가지 학습원칙

출처: 강인애, 손정은, 주은진(2011).

〈표 2-2〉 스마트러닝의 여덟 가지 학습원칙에 관한 설명

스마트러닝의 학습원칙	내용
개방	교수자와 학습자 외에 외부 전문가의 참여를 적극 활용하고 권장하여 오픈 학습 환경을 제공하는 것을 말함.
참여	교수 중심이 아닌 학습자 중심으로 학습이 이루어져 학생 중심으로 능동적으로 수업 활동이 이루어짐을 말함.
공유	협동학습을 통해 학습자 간, 교수자 간, 학습자-교수자 간에 서로의 정보 및 콘텐츠를 공개하고 공유하는 것을 의미
통합	스마트러닝의 특징을 잘 반영한 학습원칙으로 SNS 및 스마트폰, 스마트 패드와 같은 교실 외의 공간에서의 비형식적 교육과 형식교육을 모두 인정함으로써 통합적 접근을 시도
온라인 커뮤니티 형성 2단계 활용	사회적 커뮤니티에서 학습 커뮤니티로 변화되어 구성원 간의 원활한 스마트러닝의 요소인 개방, 참여, 소통을 통한 상호 간의 친밀감 및 신뢰형성이 중요하게 반영된 학습 커뮤니티 단계로 옮겨짐.
실생활 기반 과제	생활 주변 현상, 사회현상, 자연현상 등의 여러 가지 현상과 관련지어 배움으로써 확장적 사고를 촉진시키고 창의적으로 사고하는 능력을 길러 줌. 스마트러닝 환경에서 다루는 과제나 학습내용은 '실생활과 일상생활 기반'을 전제로 함.
멀티 플랫폼 (Multi Platform) 학습	클라우드 컴퓨터 환경을 통해 접속환경이 다른 학습자들에게 시간과 장소에 상관없이 동일한 학습자원 및 서비스를 제공할 수 있어야 함.
다양한 애플리케이션 활용	스마트러닝 환경에서 스마트기기를 사용하여 다양한 애플리케이션을 다루고 접할 수 있어야 함.

2) 스마트러닝 교수·학습 모형

일반적으로 스마트러닝 교수·학습 모형은 앞에 제시된 스마트러닝 설계원리 및 학습원칙을 기초로 하되, 별도의 수업모형을 개발하기보다는 기존의 수업모형에 스마트러닝 요소를 추가하여 기존의 수업모형을 발전시킨 모형들이다(이철현, 2012). 예를 들면, 임걸(2011)은 ADDIE(Analysis, Design, Development, Implement, Evaluation) 모형을 근간으로 스마트러닝 교수·학습 모형을 제시하였다([그림 2-4] 참조).

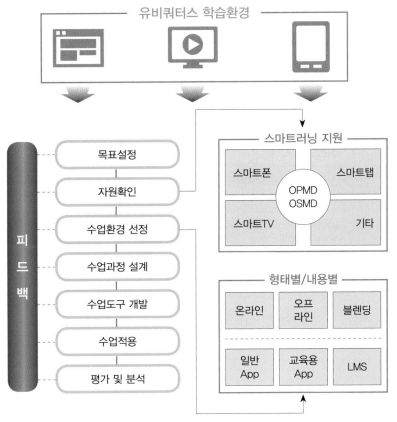

[그림 2-4] 스마트러닝 교수·학습 모형
출처: 임걸(2011).

앞의 모형은 일반적인 교수·학습 모형에 스마트러닝 자원과 수업환경의 특징을 반영한다. 자원확인 단계에서 스마트러닝에 사용할 수 있는 자원이 무엇인지 정하는 것과 수업환경 선정 단계에서는 어떤 형태의 학습형태를 적용할 것인지를 정하여 일반적인 교수·학습 모형과 차별성을 가지는 것이 특징이다. 이성숙(2013)은 임걸(2011)의 모형 중 5단계인 목표설정, 자원확인, 수업환경 선정, 수업과정 설계, 수업도구 개발 단계를 수업 전 활동으로 들어가게 함으로써 수업 준비에서 철저하게 스마트러닝 요소가 들어갈 수 있도록 하는 가정과 스마트러닝 교수·학습 모형을 제시하였다([그림 2-5] 참조).

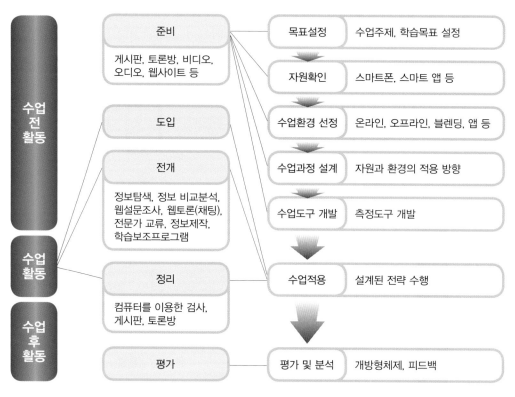

[그림 2-5] 가정과 스마트러닝 교수·학습 모형
출처: 이성숙(2013).

 강인애, 손정은과 주은진(2011)은 스마트러닝의 학습 원칙과 과제를 통한 학습, 프로젝트 기반 학습 그리고 체험 기반 학습을 기초로 하여 [그림 2-6]과 같은 스마트러닝 교수·학습 모형을 개발하였다. 스마트러닝 모형은 도입, 친밀감 형성, 주제·과제 제시, 주제·과제 수행, 종합 및 평가의 단계로 구분되어 있다.
 한편, 정재훈 외(2012)는 교육현장에서 스마트러닝의 다양한 콘텐츠와 스마트기기를 활용하여 교사가 수업을 할 때 먼저 학습자의 특성과 수준을 고려하여 스마트기기, 다양한 교수매체 및 자료를 선정하고 교수 방법 및 LMS, 온라인, 오프라인 등의 교육 형태를 선정하여야 함을 제안하였다. 아울러 ASSURE(Analyze learners, State objectives, Select methods, media and materials, Utilize

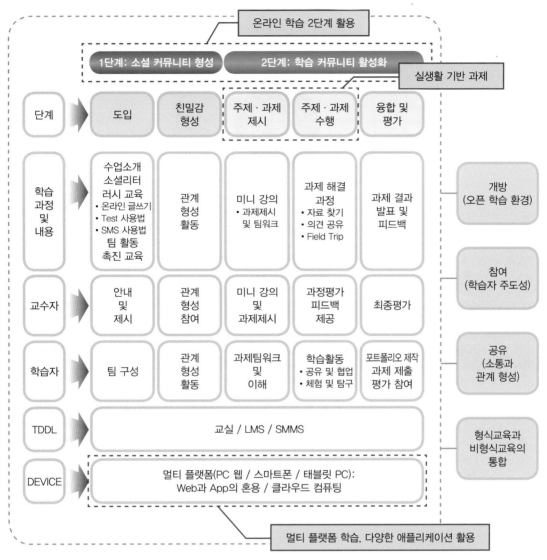

단계		도입	친밀감 형성	주제 · 과제 제시	주제 · 과제 수행	융합 및 평가
학습 과정 및 내용		수업소개 소셜리터 러시 교육 • 온라인 글쓰기 • Test 사용법 • SMS 사용법 팀 활동 촉진 교육	관계 형성 활동	미니 강의 • 과제제시 및 팀워크	과제 해결 과정 • 자료 찾기 • 의견 공유 • Field Trip	과제 결과 발표 및 피드백
교수자		안내 및 제시	관계 형성 참여	미니 강의 및 과제제시	과정평가 피드백 제공	최종평가
학습자		팀 구성	관계 형성 활동	과제팀워크 및 이해	학습활동 • 공유 및 협업 • 체험 및 탐구	포트폴리오 제작 과제 제출 평가 참여
TDDL		교실 / LMS / SMMS				
DEVICE		멀티 플랫폼(PC 웹 / 스마트폰 / 태블릿 PC): Web과 App의 혼용 / 클라우드 컴퓨팅				

온라인 학습 2단계 활용

1단계: 소셜 커뮤니티 형성   2단계: 학습 커뮤니티 활성화

실생활 기반 과제

개방 (오픈 학습 환경)

참여 (학습자 주도성)

공유 (소통과 관계 형성)

형식교육과 비형식교육의 통합

멀티 플랫폼 학습, 다양한 애플리케이션 활용

[그림 2-6] 스마트러닝 교수 · 학습 모형

출처: 강인애, 손정은, 주은진(2011).

and materials, Require learners participation, Evaluation and review) 교수설계 모형을 재구성 하여 학습자 분석, 목표 설정, 방법 · 매체 및 자료 선정, 매체와 자료의 활용, 수업 적용, 학습자 참여, 평가와 수정 7단계가 순환적으로 이루어지는 스마트러닝 교수 · 설계모형을 제시하였다 ([그림 2-7] 참조).

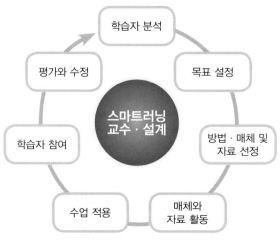

[그림 2-7] 스마트러닝 교수·설계 모형

출처: 정재훈 외(2012).

🌱 3. 장애학생을 위한 스마트러닝

스마트러닝이 학습자들의 다양한 학습 형태와 능력을 고려하여 학습자의 사고력, 의사소통 및 문제해결 능력 등을 높이고 협력학습과 개별학습을 위한 기회를 창출할 수 있다는 연구결과들(임정훈, 김상홍, 2013; 조재춘, 임희석, 2012)에서 알 수 있듯이 스마트러닝은 장애학생들에게도 일반학생과 같은 동등한 학습기회와 풍부한 경험을 제공해 주고 있다. 현재까지 장애학생들을 대상으로 한 스마트러닝의 효과들을 바탕으로 장애학생들의 학업적, 정서적, 사회성 및 행동적 측면으로 나누어 살펴보고자 한다.

첫째, 장애학생을 대상으로 하는 스마트러닝의 영향으로 장애학생들을 대상으로 스마트러닝을 중재한 후 장애학생들의 수학, 과학, 읽기 등의 학업성취도가 향상되었을 뿐만 아니라(이득예, 전우천, 2011; 이태수, 이승훈, 2012; 임장현, 2011; Aronin & Floyd, 2013; Burton et al., 2013; Hart & Whalon, 2012) 장애학생들의 과제집중도가 높아지고, ipad 사용을 통해 자신의 관심분야에 대한 지식, 표현 언어 및 의사소통이 향상된 것으로 나타났다(Aronin & Floyd, 2013). 또한, 스마트러닝은 장애학생들의 자기주도적 학습능력을 향상시키는 데도 효과적이었는데, 이와 관련하여 김정훈(2014)은 스마트기기를 활용하여 시각·중복장애학생들에게 자기주도적 학습을 지도한 결과, 자기주도적 학습이 향상되었고, 이세흠과 신진숙(2012)은 지적장애 초등학생을 대상으로 스마트폰과 태블릿 PC를 이용해서 학습자료를 검색하고 정보를 탐색, 의사소통 및 정보를 공유하는 학습활동을 통해 장애학생들의 자기주도적 학습능력이 향상되었다고 보고하였다.

둘째, 장애학생을 대상으로 하는 스마트러닝은 장애학생의 학습에 대한 흥미, 동기, 주의집중 및 자신감 등의 정서적인 면에도 긍정적인 영향을 가져왔다(김철호, 전우천, 2010; 장오선, 2013; 정미야, 전우천, 2010; 이득예, 전우천, 2011; 이금자, 전우천, 2012; 최재인 외, 2013; Cheng & Ye, 2010; Xin & Sutman, 2011). 청각장애학생을 대상으로 읽기능력 향상을 위한 모바일 학습시스템을 개발하여 적용한 후에 장애학생들의 공부에 대한 흥미가 향상되었고(정미야, 전우천, 2010), 발달장애학생 두 명을 대상으로 상황학습기반의 애플리케이션 개발을 통해 물건사기 상황에서 계산하기와 사회적응능력 훈련을 시킨 결과 흥미유발과 학습에 대한 자신감 향상을 가져오게 되었다(이금자, 전우천, 2012). 신과 수트먼(Xin & Sutman, 2011)은 스마트 보드, 스마트기기의 화면에서 자기모델링 동영상 혹은 프레젠테이션을 통해 장애학생들에게 상황이야기를 지도한 결과 자폐학생들의 동기유발과 적절한 행동에 향상이 나타났음을 제시하였다.

셋째, 장애학생을 대상으로 하는 스마트러닝은 장애학생들의 사회성 및 의사소통의 향상에도 긍정적인 영향을 보였다(Milrad & Spikol, 2007). 밀라드와 스피콜(Milrad & Spikol, 2007)은 스마트폰으로 매일의 일상적인 학업 및 일과에 대해 교사와 학생 간에 서로 의사소통을 하고, 학생들은 스마트기기로 학습에 대한 피드백을 받은 결과 장애학생들의 의사소통과 협력성이 향상된 결과를 보였다. 자폐 범주성 장애학생들에게 카페 상황의 가상현실 프로그램을 수업에 적용한 결과 가상현실에서 배운 사회성을 현실에서도 적용할 수 있는 능력이 향상되었다고 보고하였다(Parsons, Mitchell, & Leonard, 2005).

넷째, 스마트기기 및 스마트러닝의 적용은 장애학생들의 적응행동 및 과제수행에도 긍정적인 영향을 미쳤다(신지혜, 이숙향, 2013; Hourcade, Billock-Rest, & Hansen, 2012; Laarhoven et al., 2009). 태블릿 PC를 활용하여 지적장애 초등학생에게 자기관리 전략을 실행한 많은 논문에서 독립적인 일과수행과 수업준비행동이 향상된 결과(신지혜, 이숙향, 2013) 및 스마트러닝을 기반으로 하여 직업교육 프로그램을 자폐성 장애학생들에게 실시하였더니 장애학생들의 도서 분류작업 수행 면에서 향상을 보였다(송승민, 2013). Laarhoven 외(2009)는 고용환경에서 발달장애인들에게 작업에 관련된 과제에 대한 촉진 장치로 비디오 iPod을 사용한 결과, 장애인들의 독립성이 향상되었을 뿐만 아니라 비디오 iPod을 독립적으로 사용할 수 있게 되었다고 보고하였다.

이처럼 스마트러닝을 장애학생들에게 적용할 경우 학업성취 외에도 다양한 영역에서 긍정적인 효과가 있음을 알 수 있었다. 이러한 선행연구를 바탕으로 스마트러닝이 장애학생들에게 필요한 이유를 제시하면 다음과 같다(이태수, 김태준, 2012). 첫째, 스마트러닝을 통해서 학습자는 교사의 지도에서 벗어나 학습자들이 스스로 지식의 생산자로서의 기회를 가질 수 있으며, 둘째, 정의적 측면에서 지적장애, 학습장애 및 자폐성 장애와 같은 유형의 장애학생의 경우 학습에 대한 동기가 낮고 흥미와 관심을 가지지 못하는 어려움을 다양한 조작활동과 사진, 게임 및 영상과 같은 멀티미디어적인 기능을 활용함으로써 학습자들의 동기와 흥미를 유발시킬 수 있다. 셋째, 교육방법적인 측면에서 스마트러닝은 기존의 시·공간적 제약이 있는 교실수업에서 이러한 제약에서 벗어난 개방화된 교육형태를 가짐으로써 학습자 개개인의 수행능력과 개별화된 교육을 실시할 수 있다. 넷째, 클라우드 시스템을 활용하여 풍부한 교육용 콘텐츠를 자유롭게 활용할 수 있고, 교수자와 학습자, 학습자와 학습자, 학습자와 지역사회 등의 다양한 교육 관계자들과의 네트워킹을 구축하여 협력적인 교육활동을 실시할 수 있다. 다섯째, 스마트러닝에서의 정보통신기술은 교육환경을 확장시켜서 언제, 어디서나 학습자가 자유롭게 교육에 참여할 수 있는 장점을 가짐으로써 지적장애학생들이 스마트기기를 통해 물건을 사고 계산하는 애플리케이션을 이용하여 지역사회에서 물건을 사거나 계산하는 과제를 수행할 수 있다. 손지영(2013)도 장애학생을 위한 스마트러닝 효과에 대한 국내 연구고찰에서 장애학생을 위한 스마트러닝의 효과들을 밝혔는데, 첫째, 학업적 효과로 학업성취도, 자기주도적 학습능력, 학습과제에 대한 집중력이 향상되었으며, 둘째, 정서적인 면에서는 학습에 대한 흥미와 자신감이 향상되었고, 셋째, 행동적 측면에서는 적응행동 및 과제수행력이 향상되었고, 문제행동은 감소되었으며, 운동기능이 향상되었다는 결과를 제시하였다.

이상의 내용을 통해 볼 때 스마트러닝의 적용방식에서 장애학생의 특성을 고려해야 한다는 점을 제외하면 일반 교육적 맥락에서 스마트러닝의 적용 면에서의 차이를 발견할 수 없음을 알 수 있다. 스마트러닝은 장애학생들에게 스마트러닝의 정보기술을 활용하여 보다 풍부한 자료와 기술을 활용하여 장애학생들의 흥미와 동기를 북돋우고 장애학생의 수준과 적성을 고려하여 자기주도적인 학습태도와 사회적 상호작용 등을 기를 수 있는 교수방법이라 할 수 있다. 이와 같이 스마트러닝이 장애학생들이 가지고 있는 신체적·인지적 및 정서적인 면들에서의 문제해결 방안을 제시해 주는 교육방법이라 할 수 있기에 장애학생들에게 스마트러닝의 적용이 필요하다.

참고문헌

강인애, 손정은, 주은진(2011). 스마트러닝의 방향성 및 특징의 탐색. 한국교육학회 추계학술대회 발표자료
    집, 3–17.

교육과학기술부(2011). 융합인재교육(STEAM)활성화방안(연구보고서 2011). 서울: 교육과학기술부.

교육과학기술부(2011). 인재대국으로 가는 길: 스마트교육 추진 전략 실행 계획. 서울: 교육과학기술부.

김영준, 강영심(2013). 스마트폰 어머니 모델링 중재패키지가 지적장애학생의 라면 조리기술에 미치는
    효과. 특수교육학연구, 48(3), 89–110.

김정훈(2014). 스마트기기 활용을 중심으로 한 학습이 시각·중복장애학생들의 자기 주도적 학습에 미치
    는 영향. 조선대학교 교육대학원 석사학위 청구논문.

김철호, 전우천(2010). 학습장애 학생의 주의집중향상을 위한 m-ARCS 모형 기반 모바일앱커프로그램의
    개발과 적용. 정보교육학회논문지, 14(4), 605–617.

손정은(2012). 스마트러닝에 기반한 과학 캠프 프로그램이 청소년 핵심 역량에 미치는 효과. 경희대학교
    대학원 석사학위 청구논문.

손지영(2013). 장애학생을 위한 스마트러닝 활용 유형 및 효과성에 대한 국내 연구 고찰. 특수교육, 12(3),
    79–105.

송승민(2013). 스마트교육 기반의 직업교육 프로그램이 자폐성장애 학생의 도서 분류작업 수행에 미치는
    효과. 단국대학교 대학원 석사학위 청구논문.

송은주(2014). 스마트러닝 기반 STEAM 직업교육 프로그램이 특수학급 고등학생들의 직업에 대한 태도와
    직업 인식 및 교사의 직업 수업 운영에 미치는 영향. pp. 18–19. 이화여자대학교 대학원 박사학위
    청구논문.

신지혜, 이숙향(2013). 태블릿 PC를 활용한 자기관리전략이 지적장애초등학생의 독립적인 일과수행과 수
    업준비행동에 미치는 영향. 특수아동교육연구, 15(3), 203–229.

이금자, 전우천(2012). 발달장애학생을 위한 상황학습기반 스마트러닝 시스템의 개발. 한국초등교육,
    23(1), 251–268.

이득예, 전우천(2011). 학습장애아의 읽기 능력향상을 위한 PREP 기반의 모바일 학습시스템 설계 및 구
    현. 정보교육학회논문지, 15(2), 227–239.

이성숙(2013). 실과 가정영역에서의 스마트교육 활용 방안. 실과교육연구, 19(1), 53–72.

이세흠, 신진숙(2012). U-러닝이 지적장애학생의 자기 주도적 학습능력에 미치는 영향: 스마트기기 활용
    을 중심으로. 지적장애연구, 14(2), 75–99.

이철현(2012). 융합인재교육(STEAM)의 스마트러닝 전략. 한국실과교육학회지, 25(4), 123-147.

이태수, 김태준(2012). 장애학생 스마트러닝 적용의 특수교육적 타당성 확보를 위한 이론적 개념화. 충남: 국립특수교육원.

이태수, 이승훈(2012). 기능성 언어 게임이 지적장애학생의 단어 재인과 의미론에 미치는 효과. 특수교육학연구, 48(2), 71-93.

임걸(2011). 스마트러닝 교수학습 설계모형 탐구. 한국컴퓨터학회지, 14(2), 33-45.

임장현(2011). 태블릿 PC 기반의 AAC 중재가 통합된 중도장애학생의 의사소통행동 비장애학생의 인식에 미치는 영향. 이화여자대학교 대학원 박사학회 청구논문.

임정훈, 김상홍(2013). 스마트러닝 기반 개별학습 및 협력학습이 학업성취도, 자기 주도학습 및 사회적 효능감에 미치는 영향. 교육정보미디어연구, 19(1). 1-24.

장오선(2013). 스마트러닝에 기반한 교수학습활동이 지적장애아동의 학습태도 및 주의집중에 미치는 효과. 한국컴퓨터정보학회논문집, 18(10), 235-243.

정미야, 전우천(2010). 청각장애인의 읽기 능력 향상을 위한 2Bi 접근 모형을 활용한 모바일 학습 시스템의 설계 및 구현. 정보교육학회논문지, 14(1), 1-12.

정재훈, 김선희, 남동수, 이태욱(2012). 21세기 학습능력 및 스마트러닝 교수 설계 모형연구. 한국컴퓨터정보학회 하계학술대회, 20(2), 151-153.

조유련, 박은혜(2013). 가상현실 기반 게임 중재가 지체장애 학생의 보치아 던지기 수행에 미치는 영향. 중도·지체부자유아교육, 56(1), 121-140.

조재춘, 임희석(2012). 교수-학습 활동과 학습자의 특성을 고려한 스마트교육 개념모델. 컴퓨터교육학회논문지, 15(4), 41-49.

최재인, 김경래, 김태영(2013). 발달장애를 위한 증강현실 기반 상황 훈련 시스템. 멀티미디어학회 논문지, 16(5), 629-636.

현세희(2013). 스마트러닝을 활용한 수학과 교수-학습 지도방안. 성신여자대학교 교육대학원 석사학위 청구논문.

Aronin, S., & Floyd, K. K. (2013). Using an ipad in inclusive preschool classrooms to introduce stem concepts. *Teaching Exceptional children, 45*(4), 34-39.

Burton, C. E., Anderson, D. H., Prater, M. A., & Dyches, T. T. (2013). Video self-modeling on an iPad to teach function math skills to adolescents with autism and intellectual disability. *Focus on Autism and Other Developmental Disabilities, 28*(2), 67-77.

Cheng, Y., & Ye, J. (2010). Exploring the social competence of student with autism spectrum conditions in a collaborative virtual learning environment: The pilot study. *Computers & Education, 54*(4), 1068–1077.

Hart, J. E., & Whalon, K. J. (2012). Using Video Self modeling via iPads to increase academic responding of an adolescent with autism spectrum disorder and intellectual disability. *Education and Training in Autism and Developmental Disabilities, 47*(4), 438–446.

Hourcade, J. P., Bullock-Rest, N. E., & Hansen, T. E. (2012). Multitouch tablet applications and activities to enhance the social skills of children with autism spectrum disorders. *Personal and Ubiquitous Computing, 16*(2), 157–168.

Laarhoven, T. V., Johnson, J. W., Laarhoven–Myers, T. V., Grider, K. L., & Grider, K. M. (2009). The effective of using a video iPod as a prompting device in employment settings. *Journal of Behavioral education, 18*(2), 119–141.

Milrad, M., & Spikol, D. (2007). Anytime, anywhere learning supported by smart phone: Experiences and results from the MUSIS project. *Educational Technology & Society, 10*, 62–70.

Parson, S., Mitchell, P., & Leonard, A. (2005). Do adolescents with autistic disorders adhere to social conventions in virtual environments? *Autism, 9*(1), 95–118.

Xin, J. F., & Sutman, F. X. (2011). Using the Smart Board in teaching social stories to students with autism. *Teaching Exceptional Children, 43*, 18–24.

제3장

스마트러닝 기반
STEAM 직업교육 프로그램의 개발

스마트러닝 기반 STEAM 직업교육 프로그램 개발을 위해 우선적으로 2011년 개정 특수교육 교육과정, 2009 개정교육과정, 교육청 교육과정, 단위학교 교육과정, 학생, 학부모의 직업교과의 요구분석 및 교수 · 학습 활동 요구분석을 바탕으로 스마트러닝 기반 STEAM 직업교육 프로그램 을 개발하였다. 스마트러닝 기반 STEAM 직업교육 프로그램의 개발과정은 [그림 3-1]과 같다.

1단계: 직업과 연계된 중등 일반교육과정 STEAM 요소 분석

1) 중등 교과서에 포함된 STEAM의 5가지 교과영역(과학, 기술, 공학, 예술, 수학)에 대한 분류를 본 연구의 STEAM 직업교육 프로그램을 위해 4가지 교과영역(과학, 수학, 기술 · 가정, 예술)으로 분류함.
2) 2011년 특수교육 기본교육과정 '진로와 직업' 내용을 분석하여 STEAM 관련 교과 및 단원을 분석함.
3) '진로와 직업'과 연계된 중등 일반교육과정 관련 교과에 STEAM 요소 분석함.

2단계: STEAM 직업교육 프로그램 구성

1) 장애학생, 교사 및 학부모의 STEAM 관련 요구분석
2) STEAM 직업교육 프로그램 구성을 위한 수업유형은 교과내 수업형을 사용하고, STEAM 교육을 위한 학습준거인 상황제시, 창의적 설계, 감성적 체험을 포함하여 구성함.

3단계: 스마트러닝 기반 STEAM 직업교육 프로그램의 교수 · 학습 모형개발

4단계: 스마트러닝 도구 선정

1) 국내 교육용 애플리케이션 유형분석에 따른 스마트러닝 도구 선정 및 QR코드 제작
2) 직업교육과 관련된 스마트러닝 시스템 '바리스타교실' 애플리케이션 개발

5단계: 스마트러닝 기반 STEAM 직업교육 프로그램 개발

[그림 3-1] 스마트러닝 기반 STEAM 직업교육 프로그램 개발 단계

[그림 3-1]에서 보듯이 스마트러닝 기반 STEAM 직업교육 프로그램은 다음과 같은 단계로 개발되었다. ① 우선 중등 일반교과서에 포함된 STEAM의 과목 영역(수학, 과학, 기술 · 가정, 예술)을 분류하고 특수교육 기본교육과정 '진로와 직업' 과목의 내용 및 STEAM과 관련된 교과 및 단원을 확인한 후 중등 일반교육과정에서 '진로와 직업' 교육과정과 연계된 STEAM 요소를 분석하였다. 도출된 STEAM 요소에 대해 각 교과별 일반교과 전문가의 타당도 검증(과학, 수학, 기술 · 가정 각 4인, 예술분야 3인, 총 15명)을 거쳐 직업교과의 연계된 중등 일반교육과정 STEAM 요소들이 분석되었다. ② 직업과 연계된 중등 일반교육과정 STEAM 요소 분석 틀을 바탕으로 장애학생과 학부모의 요구를 분석하고 이를 반영하여 STEAM 교육의 학습준거(문제상황 제시, 창의적 설계, 감성적 체험)를 고려한 STEAM 직업교육 프로그램의 전체 틀을 구성하였다. ③ 실제적인 수업을 위해 스마트러닝 기반 STEAM 직업교육 프로그램 교수 · 학습 모형을 개발하고, ④ 관련 내용에 따른 스마트러닝 도구를 선정한 후, ⑤ 최종적으로 스마트러닝 기반 STEAM 직업교육 프로그램의 내용과 교수 · 학습 지도안이 개발되었다(〈표 3-1〉, 〈표 3-2〉 참조). 각 단계별 개발과정을 좀 더 자세히 살펴보면 다음과 같다.

1. 1단계: 직업과 연계된 중등 일반교육과정 STEAM 요소 분석

직업과 연계된 중등 일반교육과정 STEAM 요소의 분석단계는 다음과 같다(송은주, 이숙향, 2014 재인용).

첫 번째로 야크먼(2008)이 제시한 STEAM의 다섯 가지 교과영역인 과학, 기술, 공학, 예술, 수학에 대한 분류를 STEAM 직업교육 프로그램을 위한 STEAM 요소를 분석하기 위해 중등 일반교육과정에 따라 과학, 수학, 기술 · 가정, 예술의 네 가지 교과의 영역으로 새롭게 분류하였다. 예를 들면, 야크먼(2008)의 과학영역의 하위영역인 생물학, 생화학, 화학, 지구과학, 물리학, 우주과학, 생명과학 등을 본 연구를 위한 중등 교육과정에 따라 단원에서 주요하게 다루는 물질, 생명, 운동과 에너지, 지구와 우주, 과학과 문명, 정보와 통신, 물질과 저자기장, 정보와 통신, 세포와 생명의 연속성, 항상성과 건강, 세포와 물질대사로 더욱 세분화하여 분류하였다. 두 번째로 새롭게 분류된 네 가지 STEAM 영역 분류(과학, 수학, 기술 · 가정, 예술)를 기초로 하여 2011년 특수교육 기본교육과정 '진로와 직업'의 단원 및 제재와 연관된 중등 일반교과영역에서의 STEAM

관련 교과 및 단원을 분석하였다. 예를 들면, '진로와 직업'의 직업생활 영역에서 옷차림의 단원에서 지도해야 할 제재로 단정한 옷차림, 세탁하기, 의복관리, 옷 입기와 단장하기, 다양한 작업복 착용을 지도해야 할 경우, 본 연구를 위한 STEAM 영역의 관련 교과 및 단원으로 과학교과의 힘과 에너지 단원을 연계하여 '진로와 직업' 세탁하기에서의 세탁기의 힘의 원리를 지도할 수 있으며, 기술·가정 교과에서는 옷차림 단원의 '의복선택', 예술교과에서는 표현하기 단원의 다양한 옷 입기에 따른 '의복 디자인하기' 등과 연계하여 지도할 수 있을 것이다. 이처럼 '진로와 직업'의 단원에 따른 일반교육과정의 관련 교과 및 단원을 분석한 후에는 직업과 연계된 중등 일반교육과정 관련 교과 STEAM 요소 분석을 하였다. 즉, 직업교과를 중심에 놓고 상황의 원리를 탐구하고 문제를 해결하는 과정에 타 교과를 부분적으로 연결시킬 수 있도록 중등 일반교육과정 STEAM 요소를 분석하였다. 이를 위해 〈표 3-1〉과 같이 2011년 특수교육 기본교육과정 '진로와 직업'에 나타난 STEAM 영역 관련 교과 및 단원에 연계된 2009 개정 중등 일반교육과정인 과학, 수학, 기술·가정, 예술(미술) 교과에서 STEAM 요소들이 분석되었다.

〈표 3-1〉 직업과 연계된 중등 일반교육과정 STEAM 요소 분석(예시)

2011년 특수교육 기본교육과정 '진로와 직업'			2009 개정 중등 일반교육과정		
영역	단원	내용 요소	교과	STEAM 요소	관련 단원
직업 탐색	신체 기능	• 다양한 활동에서의 작업 자세히 알기 • 조립 작업, 식기세척, 다림질하기 등 팔을 사용하는 작업의 종류와 작업하기(물품 집기, 나사 조이기, 구슬 꿰기, 보자기 묶기, 도장 찍기, 스티커 붙이기) • 작업지속성 기르기	과학	• 감각기관의 구조와 기능 알기	자극과 반응, 건강과 질병
			기술·가정	• 건강한 생활 유지를 위해 필요한 세포의 물질대사, 성장, 조직형성 과정을 알고 일과 운동을 통한 에너지 소비 과정 알기	정보통신 기술 활용
			예술	• 문학작품 속의 이야기를 스토리보드로 만들고 신체적으로 표현하기 • 매듭공예(노리개, 팔찌 만들기)	감상하기 표현하기

　　마지막으로 직업과 연계된 중등 일반교육과정 STEAM 요소 분석 결과에 대해 STEAM 관련 교과인 과학, 수학, 기술·가정, 예술(미술, 체육) 교사들에게 전문가 타당도 검사를 의뢰하고 타당도를 점검받았다. 전문교과 타당도 검사는 과학(4명), 수학(4명), 예술(미술, 체육 교과 포함 3명), 기술·가정(4명) 교과분야에서 총 15명의 교사를 대상으로 실시하였다.

🌱 2. 2단계: STEAM 직업교육 프로그램 구성

학교환경과 학습자 수준을 고려하여 STEAM 직업교육 프로그램의 내용과 틀을 개발하고자 학부모(20명)와 학생(20명)의 요구를 분석하였다. 그 결과, '진로와 직업'의 직업생활 영역에서 건강과 안전, 대인관계, 금전관리 단원, 직업탐색 영역에서는 직업이해와 직업태도 단원, 직업준비 영역에서는 공예, 판매·포장·배달, 사무보조, 음식조리 단원의 순서로 각 영역마다 해당 단원에 가장 많은 요구가 나타났다. 학교환경과 학습자 수준이 다르기 때문에 STEAM 직업교육 프로그램의 구성내용은 다양성이 반영될 것이다. 수업내용 구성에 이어서 STEAM 직업교육 프로그램 구성을 위한 수업유형을 구조화하기 위해 이철현(2012)의 연구에서 제시된 융합인재교육 수업유형 중 교과내 수업형을 사용하였다([그림 3-2] 참조). 또한, STEAM 교육을 준비할 때 중요하게 고려해야 할 학습준거들인 상황제시, 창의적 설계, 감성적 체험을 포함하여([그림 3-3] 참조) 학생이 자신의 삶과 밀접한 관련이 있는 상황 속에서 문제를 발견하고 이를 해결하기 위해 문제해결 과정을 창의적으로 설계하며, 문제를 성공적으로 해결함으로써 학습에 대한 흥미와 동기를 갖게 해 주는 감성적 체험을 하도록 하였다.

STEAM 직업교육 프로그램의 구조의 예시는 〈표 3-2〉와 같으며 교수·학습 지도안, 교수·학습자료 및 활동지의 세 가지 영역으로 구성되었다.

[그림 3-2] STEAM 교육 수업유형
출처: 이철현(2012).

[그림 3-3] STEAM 교육의 학습준거
출처: 조향숙(2012).

영역 (단원)	차시	프로 그램명	관련 차시 학습목표	STEAM 요소	STEAM 학습준거		관련 문헌 및 자료
직업 생활 (옷차림)	1	옷에 날개를 달고!	• 상황에 맞는 단정한 옷차림 방법을 알고 의복의 종류에 따른 다림질의 방법을 익힌다. • 깨끗한 옷차림을 유지하기 위해 세탁기호를 알고 세탁방법을 안다.	S, T, E, A, M	상황제시	• 여러 사진 중에서 상황에 맞지 않는 옷을 입고 있는 사람은 누구인가? • 상황에 맞는 옷을 입어야 하는 이유 알기	이성숙 (2013) 오영석 외 (2011) 교육과학 기술부 (2011) 금지헌 (2012)
					창의적 설계	• 자신이 가지고 있는 옷으로 서로 잘 어울리는 옷 한 벌의 경우의 수를 표로 만들기 • 다림질 동영상을 보고 자신의 다림질 방법 찾아보기 • 세탁기의 원리를 알고 세탁기의 작동법 알아보기 • 세탁기호를 알고 자신만의 다양한 기호 만들어 보기	
					감성적 체험	• 옷감의 특성을 알고 옷감에 자유롭게 그림을 그리거나 명화로 표현해 보기 • 모둠별 활동을 통해 옷감에 명화를 그려 보거나 표현해 보기	

⚘ 3. 3단계: 스마트러닝 기반 STEAM 직업교육 프로그램의 교수 · 학습 모형 개발

 개발된 STEAM 직업교육 프로그램과 스마트러닝의 연계를 위해 스마트러닝의 여덟 가지 학습원칙과 임걸(2011), 이성숙(2013)과 이철현(2012)의 연구에서 사용된 스마트러닝 기반 교수 · 학습 모형을 토대로 [그림 3-4]와 같이 스마트러닝 기반의 STEAM 직업교육 프로그램을 위한 교수 · 학습 모형을 개발하였다(송은주, 이숙향, 2014 재인용). 적용한 스마트러닝의 8가지 학습원칙(강인애, 손정은, 주은진, 2011)은 ① 개방(오픈 학습 환경), ② 참여(학습자 주도성), ③ 공유(소통과 관계 형성), ④ 형식교육과 비형식교육의 통합, ⑤ 온라인 커뮤니티 형성 2단계(social-learning), ⑥ 실생활 기반 과제, ⑦ 멀티 플랫폼(Multi-Platform) 학습, ⑧ 다양한 애플리케이션의 활용이다.

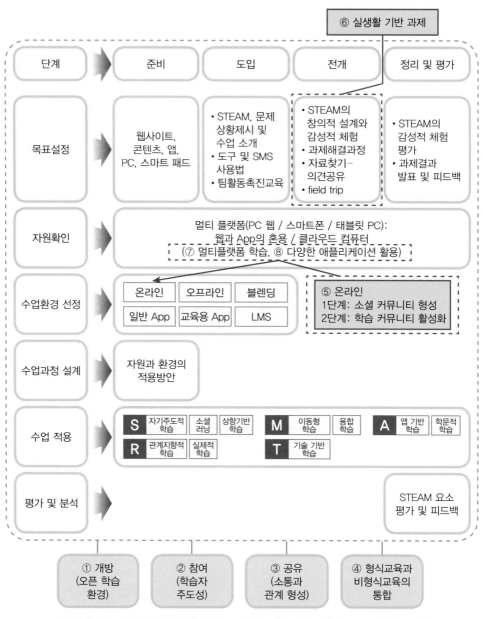

[그림 3-4] 스마트러닝 기반 STEAM 직업교육 프로그램의 교수 · 학습 모형

아울러 본 연구에서 사용된 스마트러닝 기반 STEAM 직업교육 프로그램 교수 · 학습 모형의 수업 적용 단계에서 사용된 스마트러닝 전략들은 이철현(2012)의 연구에서 제시된 STEAM 교육을 위한 스마트러닝의 기본 전략 요소에 기초하고 있으며 각 전략의 구체적인 내용은 〈표 3-3〉과 같이 정리할 수 있다.

구분	기본 전략 요소	내용
S	자기주도적 학습	학습자 스스로 자신의 학습을 계획하고 통제할 수 있도록 하는 전략
	소셜 러닝	클래스팅, 카카오톡, 블로그 등 소셜 미디어를 활용하여 학습자 간, 교사와 학습자 간의 상호작용과 협업을 통해 학습 수행
	상황기반 학습	실제적이고 유의미한 상황이 제시되고 그 안에서 학습문제를 발견
M	이동형 학습	스마트폰, 스마트 패드 등 이동이 가능한 스마트기기를 이용하여 시간과 장소의 제한을 벗어나 원하는 시간과 장소에서 학습
	융합 학습	여러 영역의 내용 및 기술이 한 주제를 중심으로 자연스럽게 융합된 형태로 진행
A	앱 기반 학습	개발된 풍부한 앱을 토대로 학습에 적절한 일반 앱 또는 교육용 앱을 설치 및 활용
	역동적 학습	학습자의 신체 및 감각을 이용하는 체험적인 활동
R	관계지향적 학습	학습자 간, 교수자-학습자 간의 상호의존적 관계를 온오프라인에서 지속적으로 유지
	실제적 학습	현실세계의 생활과 자연스럽게 연결할 수 있는 내용과 방법을 적용함.
T	기술 기반 학습	학습상황에 필요한 기기, 응용프로그램, 시스템 등을 선정하여 이를 적절히 활용
	시행착오 학습	실패를 두려워하지 않고 새로운 시도를 통해 의미 있는 성취 경험을 가짐.

출처: 이철헌(2012).

4. 4단계: 스마트러닝 도구 선정

장애학생들의 수업내용과 활동을 고려하여 스마트러닝 기반 STEAM 직업교육 프로그램에 사용될 스마트러닝 도구들을 선정하였다. 스마트러닝 도구는 한국교육학술정보원에서 제시한 국내 교육용 애플리케이션 유형분석에 따라 분류하였다(김은수, 2012). 스마트러닝 도구들의 활동유형으로는 개별학습, 창작, 협력, 토론으로 구분하였고 이러한 활동유형에 따라 다양한 스마트러닝 도구를 사용하였다(〈표 3-4〉 참조). 예를 들어, 개별학습의 활동유형에 사용된 스마트러닝 도구들에는 직업월드컵, 이력서의 품격, 장애인 도우미, 스마트사서 보조, 그린퀴즈, 지구를 부탁해, 코디북, 커리어넷, 종이재활용, 스토리 쿡, 푸드 아바타, 칼로리 카운터, 나도 요리사, 꿈꾸는 고양이, 용돈 기입장, 직장예절, 바리스타교실, 세계의 명화 등이 포함되었다(송은주, 2014).

〈표 3-4〉 활동유형 분석에 따른 스마트러닝 도구들

활동유형	특징	본 연구에 사용된 스마트러닝 도구들
개별학습	새로운 개념이나 지식전달을 목적으로 학습내용을 제시하여 학습하는 유형	직업월드컵, 이력서의 품격, 장애인 도우미, 스마트사서 보조, 그린퀴즈, 지구를 부탁해, 코디북, 커리어넷, 종이재활용, 스토리 쿡, 푸드 아바타, 칼로리 카운터, 나도 요리사, 꿈꾸는 고양이, 용돈 기입장, 직장예절, 바리스타교실, 세계의 명화
창작	창의력을 키우고 발전시키는 학습	올레뮤직, 네이버 카메라, QR코드
협력	적극적인 상호작용을 통해 공통적인 목표를 가지고 학습하는 유형	카카오톡, 드롭박스, 사다리 타기 등
토론	게시판이나 대화하기 등을 통하여 상호의견을 주고받으며 학습하는 유형	클래스팅, 카카오톡

※ 이 프로그램에서 제시된 스마트러닝 도구들은 예시로 된 것이므로 교사들이 학생들의 수준을 고려하여 최근에 업그레이된 스마트러닝 도구를 사용하는 것이 더욱 유익할 것임.

또한, 스마트러닝 도구로 가로, 세로 두 방향으로 정보를 보유함으로써 기록할 수 있는 정보량을 비약적으로 증가시킬 수 있는 QR코드를 개발하여 사용하였다(송은주, 2014 재인용). 스마트러닝 기반 STEAM 직업교육 프로그램을 위해 QR코드를 제작하여 사용하였다.

✙ 5. 5단계: 스마트러닝 기반 STEAM 직업교육 프로그램 개발

이상의 단계를 거쳐 스마트러닝 기반 STEAM 직업교육 프로그램이 개발되었다. 〈표 3-5〉에 제시된 스마트러닝 기반 STEAM 직업교육 프로그램은 본 저자 송은주(2014)의 논문에서 발췌된 프로그램을 기반으로 하여 기본교육과정 '진로와 직업'의 직업생활, 직업탐색, 직업준비, 진로지도의 각 영역에 대한 스마트러닝 기반 STEAM 직업교육 프로그램을 개발하였다. 더욱이 스마트러닝 기반 STEAM 직업교육 프로그램의 각 단원 주제 및 활동을 최종 선정하기 위해 다음과 같은 기준이 사용되었다(송은주, 2014 재인용). 첫째, 학습자 수준에 따른 적합성을 고려하였다. 둘째, 현실생활과의 관련성을 고려하여 장애학생들이 실제적인 생활과 관련된 활동들을 선정하였다. 셋째, 직업과 연계된 STEAM 관련성이 높은 주제 및 활동과제를 선정하였다. 넷째, 장애학생들의 흥미를 고려하여 기본교육과정 '진로와 직업'의 각 영역이 고르게 구성되도록 하였다.

〈표 3-5〉 스마트러닝 기반 STEAM 직업교육 프로그램

2011년 특수교육 기본교육과정 '진로와 직업'				2009 개정 중등 일반교육과정		스마트러닝 기반		
영역 (단원)	차시	프로 그램명	내용 요소	교과	STEAM 내용 요소	스마트러닝 기반 도구들		관련 문헌과 자료
직업 생활 (청소)	1	청소의 모든 것!	• 도구를 사용한 청소(빗자루, 손 걸레, 대걸레, 진공청소기)에 대해 알기 • 가정, 학교, 사무실 작업장 청소 • 쓰레기 분리수거 하기	과학	• 도르래를 이용한 다양한 청소 도구 알기		지구를 부탁해	정윤경 외 (2011) 교육과학 기술부 (2011)
				기술·가정	• 주거 공간 활용법 알기, 분리수거 하기		그린 퀴즈	
				예술	• 상자를 활용한 공간 디자인하기			
직업 생활 (옷 차림)	2	옷에 날개를 달고!	• 상황에 맞는 의복 착용 및 의복 관리법 알기 • 다림질 방법 알기 • 세탁기호를 알고 세탁방법 알기	과학	• 세탁기의 원리(원심력) 이해하기		코디북	이성숙 (2013) 오영석 외 (2011) 교육과학 기술부 (2011) 금지헌 (2012)
				기술·가정	• 얼룩 제거법, 옷 보관법 알기			
				예술	• 나만의 옷장 그려 보기, 옷감으로 명화 만들기			
				수학	• 내가 가진 옷으로 서로 잘 어울리는 옷 한 벌을 만들 수 있는 경우의 수를 표로 만들기		다림질 방법	

* QR코드와 연결된 인터넷 사이트가 바뀐 경우가 있을 수 있으니 관련된 QR코드를 선생님들이 직접 제작 · 사용 가능함.

2011년 특수교육 기본교육과정 '진로와 직업'				2009 개정 중등 일반교육과정		스마트러닝 기반	
영역 (단원)	차시	프로 그램명	내용 요소	교과	STEAM 내용 요소	스마트러닝 기반 도구들	관련 문헌과 자료
직업 생활 (건강과 안전)	3	체력은 국력!	• 균형 잡힌 식사의 중요성 알기 • 기초 식품군 분류하기 • 자신의 식사 반성 및 평가 • 비만의 원인과 문제점 알기 • 올바른 식습관 형성하기	과학	• 건강생활 유지를 위한 영양소의 종류 알기	푸드 아바타	정윤경 외 (2011) 김남은, 이혜자 (2010)
				수학	• 식품의 칼로리를 알고 자신이 먹은 음식의 칼로리 계산해 보기		
				기술·가정	• 녹색물레방아 만들어 보기	칼로리 카운터	
				예술	• 기초 식품군 피라미드 만들기		
직업 생활 (대인 관계)	4	소중한 나를 만나다!	• 신체의 변화과정 알기 • 성에 대해 알기 • 건전한 이성교제에 대해 알기	과학	• 사람의 주요 호르몬의 기능을 알고 청소년의 신체적 변화를 호르몬과 관련지어 이해하기	패밀리 맵	고경식, 김영일, 김금옥 (2011) 정윤경 외 (2011) 신경선 (2013)
				기술·가정	• 이성교제에 대해 찬반 토론하기	세계의 명화	
				예술	• 명화를 통해 본 사랑 • 이성교제란 주제로 표어 만들어 보기		
직업 생활 (전화기 사용)	5	전화기 사용법에 대해 알기	• 전화기의 구조와 기능 이해하기 • 전화예절 알기	과학	• 최초로 전화기를 특허 받은 사람은? • 알렉산더 그레이엄 벨에 대해 알아보기	전화벨 소리 다운 받기	정윤경 외 (2011) 교육과학 기술부 (2011) 박희찬 외 (2013)
				기술·가정	• 미래 기술의 전망과 관련된 직업에 대해 알아보기		
				예술	• 전화기 만들기		

2011년 특수교육 기본교육과정 '진로와 직업'				2009 개정 중등 일반교육과정		스마트러닝 기반	
영역(단원)	차시	프로그램명	내용 요소	교과	STEAM 내용 요소	스마트러닝 기반 도구들	관련문헌과 자료
직업생활(금전관리)	6	나의 가계부	• 현명한 소비자의 능력과 태도를 알고 물건 구입 계획 세우기 • 합리적인 용돈 관리와 급여 관리 방법 알기	과학	• 온실가스에 대해 알기 • 일회용품을 사용해서는 안 되는 이유 알기	용돈 기입장	정윤경 외 (2011) 교육과학부 (2011) 박민혜 (2012)
				수학	• 물건에 따른 탄소배출량을 비교해서 표로 만들기		
				예술	• 문학작품 속에 나오는 상품명(브랜드) 알기 • 물건구입 수첩 만들기	문학작품 속에 나오는 상품명	
직업생활(이동)	7	출·퇴근길 이동하기	• 대중교통 시설물과 관련 표지판 익히기 • 학교에서 복지관까지의 대중교통 조사하기	과학	• 교통카드 원리 알아보기(자기장, 전류의 흐름)	대중교통	정윤경 외 (2011) 교육과학기술부 (2011) 박희찬 외 (2013)
				기술·가정	• 대중교통 수단의 요금을 조사해서 표로 만들어 보기		
				예술	• 창의적인 표지판 그려 보기		
직업생활(여가생활)	8	나의 여가활동은?	• 여가활동의 개념 및 종류 알기 • 여가활동에 필요한 준비물과 준비사항 알기 • 지역사회에서 이용할 수 있는 여가활동의 종류 알기 • 영화 속에 나오는 과학 이야기	과학	• 〈아이언맨〉, 〈미션임파서블〉에 나온 빛의 원리 알기	종이 재활용	정윤경 외 (2011) 교육과학기술부 (2011) 박희찬 외 (2013)
				기술·가정	• 지역사회에 있는 여가활용 장소 조사하기		
				예술	• 종이 재활용품 만들기 • 아트 페인팅		

2011년 특수교육 기본교육과정 '진로와 직업'				2009 개정 중등 일반교육과정		스마트러닝 기반		
영역 (단원)	차시	프로그램명	내용 요소	교과	STEAM 내용 요소	스마트러닝 기반 도구들		관련 문헌과 자료
직업 생활 (자기 결정)	9	자기 결정	• 자기 권리와 책임 알기 • 자신의 꿈과 친구들의 꿈 조사하기 • 나의 진로계획 하기 • 문제해결 방법 모색하기	과학	• 내 삶의 지표로 삼고 싶은 나의 '롤 모델' 과학자 찾기		생생 진로 정보	정윤경 외 (2011) 교육과학 기술부 (2011) 박민혜 (2012)
				수학	• 우리 반 친구들의 장래희망을 조사하여 표로 나타내 보기			
				예술	• 나의 미래 직업을 홍보하는 광고 만들기			
직업 탐색 (신체 기능)	10	나의 신체 기능 향상 시키기	• 다양한 활동에서의 작업 자세 알기 • 팔과 다리를 사용하여 작업하기 • 도구를 사용하여 작업하기	과학	• 감각기관의 구조와 기능 알기 • 건강한 생활을 위해 필요한 세포의 물질 대사, 성장, 조직형성 과정을 알고 일과 운동을 통한 에너지 소비 과정 알기		너도 나도 무엇일 까요? (직업편)	고경식, 김영일, 김금옥 (2011) 정윤경 외 (2011) 신경선 (2013)
				기술·가정	• 시각의 경험을 통한 조형, 시각 문화 환경과 관련된 직업 알아 보기			
				예술	• 빈 상자를 이용하여 공간 디자인하기			

2011년 특수교육 기본교육과정 '진로와 직업'				2009 개정 중등 일반교육과정		스마트러닝 기반		
영역 (단원)	차시	프로 그램명	내용 요소	교과	STEAM 내용 요소	스마트러닝 기반 도구들		관련 문헌과 자료
직업 탐색 (학습 기능)	11	직업의 세계로 나아 가는 첫걸음	• 직업 관련 용어 알기 • 직업 관련 문서 (고용계약서, 근 무일지 작성) • 직업에 필요한 서류 준비(주민 등록 등본, 졸업 증명서, 구직신 청서 방법 알기) • 주민자치센터에 서 직업관련서류 발급 방법 알기	과학	• '숨비소리'에 대해 알 고 폐활량이 커서 도 움이 되는 직업에 대 해 조사하고 직업 유 지를 위해 요구되는 자세 알기		이력서의 품격	정윤경 외 (2011) 나현식 외 (2011) 교육과학 기술부 (2011)
				기술 · 가정	• 직업 관련 용어 중 직업윤리 용어를 알 고 직업윤리 의식에 대해 알기			
				예술	• 특색 있는 자기 소개 서, 자기 명함 만들기			
직업 탐색 (도구 사용)	12	다양한 도구의 종류 알기	• 생활도구의 종 류 알기 • 생활도구의 종류 별 쓰임새 알기	과학	• 아날로그 신호와 디 지털 신호를 비교하 고 시대의 변화에 맞 는 정보통신 도구에 대해 알기		두들 유틸 도구 모음	정윤경 외 (2011) 교육과학 기술부 (2011) 박희찬 외 (2013)
				예술	• 생활도구 만들기			
직업 탐색 (컴퓨터 사용)	13	컴퓨터 사용법 익히기	• 컴퓨터 구성요 소의 기능 알기 • 컴퓨터 정보의 입력과 저장 • 인터넷 쇼핑몰 에서 물품 구입 하기 • 전자메일을 활 용하여 문서작 성과 출력	수학	• 컴퓨터 문서작성을 이용해서 물건 가격 표 만들기		얼굴 바꾸기	정윤경 외 (2011) 교육과학 기술부 (2011) 박희찬 외 (2013)
				예술	• 얼굴 바꾸기 앱 활동 을 통해 캐릭터 만 들기			

2011년 특수교육 기본교육과정 '진로와 직업'				2009 개정 중등 일반교육과정		스마트러닝 기반		
영역 (단원)	차시	프로 그램명	내용 요소	교과	STEAM 내용 요소	스마트러닝 기반 도구들		관련 문헌과 자료
직업 탐색 (직업 태도)	14	내 인생의 방향키!	• 직업의 역할과 소중함 알기 • 직업별로 하는 일과 요구되는 능력을 알고 직업카드 만들기 • 직업적 흥미와 적성을 고려하여 자신에게 맞는 직업 선택하기	과학	• 건축구조설계사 등 구조물의 안정에 대해 공부해야 하는 관련 직업 찾아보기		커리어 넷	정윤경 외 (2011) 교육과학 기술부 (2011) 박희찬 외 (2013)
				기술· 가정	• 직업흥미검사, 직업 카드 빙고 게임			
				예술	• 고무찰흙을 이용해서 미래의 자화상 만들기			
	15	나는 직장 예절 지킴이	• 작업장의 조직도를 이해하고 관계알기 • 직장예절 알기	수학	• 조직도를 이해하고 직장상사의 조직도 만들기		직장 예절	정윤경 외 (2011) 고경식, 김영일, 김금옥 (2011)
				기술· 가정	• 의식주 생활문화와 관련된 직업 탐색과 작업장의 규칙 알기			
				예술	• 작업장에서 일어날 수 있는 상황에 따른 상황극 하기(역할놀이)			
직업 탐색 (작업 능력)	16	작업 재료 분류와 작업장 규칙 알기	• 작업재료 분류하기 • 작업의 바른 자세 알기 • 협력 작업하기 • 신속한 작업, 작업의 정확성향상	수학	• 작업재료를 용도에 따라 분류하고 표로 나타내기		나의 작업장 정비소	정윤경 외 (2011) 교육과학 기술부 (2011) 금지헌 (2012)
				예술	• 협동화 그리기			

2011년 특수교육 기본교육과정 '진로와 직업'				2009 개정 중등 일반교육과정		스마트러닝 기반		
영역 (단원)	차시	프로 그램명	내용 요소	교과	STEAM 내용 요소	스마트러닝 기반 도구들		관련 문헌과 자료
직업 준비 (재배)	17	재배 하기	• 재배의 기초알기 • 재배 도구의 이름을 알고 쓰임새에 따라 분류하기 • 도구를 사용하여 재배하기	과학	• 식물의 구조와 기능 알기		원더주 동물 구하기	정윤경 외 (2011) 교육과학 기술부 (2011) 박희찬 외 (2013)
				수학	• 동물들이 사는 장소에 따라서 표로 만들어 보기			
				예술	• 자연 재료를 이용한 작품 만들기(압화)			
직업 준비 (음식 조리)	18	건강 간식 만들기	• 간식의 중요성 알기 • 올바른 간식 선택하기 • 토스트 기기를 이용한 샌드위치 만들기 • 야채 샌드위치 만들기	과학	• 샌드위치와 지층의 모습 비교하기		나도 요리사	정윤경 외 (2011) 고경식, 김영일, 김금옥 (2011) 교육과학 기술부 (2011)
				수학	• 토스트 기기의 원리를 이해하고 작동법 알기			
				예술	• 식빵으로 만든 '토스트 아트'		식빵으로 만든 토스트 아트	
직업 준비 (사무 보조)	19	사무 보조란?	• 간단한 사무보조(가정, 학교에서 사무보조하는 모습 찾아보기) • 사무보조의 종류, 방법, 특징 알기 • 간단한 사무보조 하기 • 사무보조 교내, 지역사회 실습	과학	• 지렛대를 이용한 사무용품에는 어떤 것들이 있는지 알기		스마트 사서 보조	정윤정 외 (2011) 고경식, 김영일, 김금옥 (2011) 교육과학 기술부 (2011)
				수학	• 사무용품을 용도에 따라 분류해 보기			
				예술	• 냅킨 아트(냅킨을 이용한 다양한 예술품 만들기)		냅킨 아트하는 방법 알기	

2011년 특수교육 기본교육과정 '진로와 직업'				2009 개정 중등 일반교육과정		스마트러닝 기반		
영역 (단원)	차시	프로 그램명	내용 요소	교과	STEAM 내용 요소	스마트러닝 기반 도구들		관련 문헌과 자료
직업 준비 (대인 서비스)	20	다양한 대인 서비스 종류 알고 체험 하기	• 대인 서비스 활동의 기초 • 도구를 사용한 대인 서비스 활동 • 대인 서비스 과제 수행(영유아, 노인, 환자 돌보기, 안내 서비스·주차 서비스 서빙하기) • 대인 서비스 교내, 지역사회 실습	과학	• 생태먹이 피라미드를 이해하고 나의 인간관계 피라미드 만들어 보기		사이버 교통 학교	정윤경 외 (2011) 박희찬 외 (2013) 교육과학 기술부 (2011)
				기술·가정	• 노인 돌봄을 통해 개인과 가족, 사회적 부양의 필요성을 알고 파생직업에 대해 관심 갖기			
				예술	• 주차 도우미 수신호를 통해 자신의 감정 표현해 보기 • 먹이사슬 피라미드 만들기			
	21	바리 스타 직업 알기	• 바리스타가 되기 위한 기본 기능 익히기 • 커피 판매원이 되어 커피 판매 서비스 수행하기	과학	• 우유 속의 단백질 분리하기		바리스타 교실	정윤경 외 (2011) 교육과학 기술부 (2011) 박희찬 외 (2013)
				기술·가정	• 에스프레소 머신의 원리와 명칭 알기		우유 스티밍	
				예술	• 커피 원두를 재활용하여 커피 방향제 만들기		커피 방향제 만들기	

2011년 특수교육 기본교육과정 '진로와 직업'				2009 개정 중등 일반교육과정		스마트러닝 기반		
영역 (단원)	차시	프로 그램명	내용 요소	교과	STEAM 내용 요소	스마트러닝 기반 도구들		관련 문헌과 자료
진로 지도 (진로 이해)	22	내가 꿈꾸는 미래	• 진로과정(초등 학교, 중학교, 고 등학교의 진로 과정 이해하기) • 일의 개인적 측 면 이해하기 • 성인 생활의 측 면 이해하기 • 일의 사회적 측 면 이해하기	수학	• 경우의 수 구하는 방 법을 통해 분류된 직 업의 경우의 수를 구 해 보기 • 진로계획 흐름도 작 성하기		직업 월드컵	정윤정 외 (2011) 고경식, 김영일, 김금옥 (2011) 교육과학 기술부 (2011) 박민혜 (2012)
				기술·가정	• 생애주기별 발달과 업에 따른 진로선택 • 내 삶의 중·장기 로 드맵 작성하기 • 나의꿈 리스트 만들기			
				예술	• 나의 미래의 직업 리 플릿 만들기 • 내가 꿈꾸는 미래의 모습을 그림으로 표 현해 보기 • 명화 감상을 통해 직 업세계에 대해 알기			
진로 지도 (직업 평가)	23	나의 장점과 단점은?	• 진로와 직업의 의미 및 중요성 알기 • 좋아하는 일과 잘하는 일 알기 • 직업 기능 평가 하기(직업적성, 직업흥미, 직업 가치관 검사)	과학	• 진로적성검사를 통 해 나의 꿈을 이룰 수 있는 충분조건과 필요조건이 무엇인 지 알고 나의 꿈 계획 짜기		커리어 넷	고경식, 김영일, 김금옥 (2011) 정윤경 외 (2011) 송은주, 이숙향 (2014)
				수학	• 내가 잘하는 것과 못 하는 것을 좌표평면 위에 나타내어 꿈의 좌표평면 완성하기 (have-want matrix 이용)			
				예술	• 직업 관련 속담을 몸 으로 표현해 보기			

2011년 특수교육 기본교육과정 '진로와 직업'				2009 개정 중등 일반교육과정		스마트러닝 기반		
영역 (단원)	차시	프로 그램명	내용 요소	교과	STEAM 내용 요소	스마트러닝 기반 도구들		관련 문헌과 자료
진로 지도 (전환 교육 설계)	24	내 미래의 자화상	• 자기관리기술(나 의 시간관리 점 검계획 세우기) • 진로장애 극복 방법 알기 • 일반고용, 지원 고용, 보호고용, 자립생활 등 전 환계획 방향 설 정하기 • 전환계획 실행하 기(현장실습 등)	과학	• 회복탄력성(resil- ience)의 의미를 알 고 회복탄력성을 가 진 사람들의 진로장 애물 극복방법 알아 보기		꿈누리 습관 플래너	정윤경 외 (2011) 고경식, 김영일, 김금옥 (2011) 교육과학 기술부 (2011) 박민혜 (2012)
				수학	• 중앙값과 최빈값에 대해 알고, 다양한 직 업과 평균 근속연수, 평균 임금을 파악하 여 표로 나타내기		장애인 도우미	
				예술	• 나의 진로상자 만들기			

〈표 3-6〉 스마트러닝 기반 STEAM 직업교육 지도안(예시)

대상	차시	영역	활동형태	수업전략
특수교육대상학생	2차시(3시간)	직업생활(옷차림)	개별 및 모둠 활동	상황기반, 융합학습, 소셜 러닝, 앱 기반 학습

활동 프로그램 명	옷에 날개를 달고!
학습목표	상황에 맞는 단정한 옷차림 방법을 알고, 의복의 종류에 따른 다림질 방법을 익힌다. 깨끗한 옷차림을 유지하기 위한 세탁기호를 알고 세탁방법을 안다.
수업자료 및 매체	동영상 자료, 활동지, 스마트기기, 스마트 앱, QR코드
관련 교육과정 (융합요소)	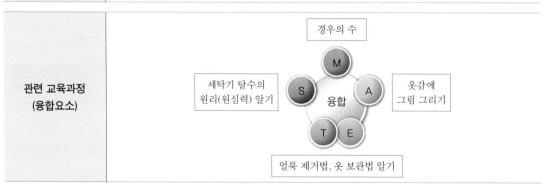

사용 애플리케이션	코디북, 다림질 방법(QR코드), QR Droid, 사다리 타기, 클래스팅 앱

단계	학습내용	교사활동	학생활동	시간	STEAM 및 스마트 기반 요소	지도상의 유의점
준비 단계	이번 시간에 사용될 앱과 QR 코드 연결하기	❖코디북 앱 다운받는 법 설명하기 ❖QR코드 실행 앱 다운받기	❖코디북 앱 다운받기 ❖QR코드 실행 앱 다운받기	10분	스마트 기반 학생들이 주도적으로 다양한 앱과 QR코드 실행	각자 앱을 다운받는 연습을 할 수 있도록 지도함.
문제 상황 제시	동기부여 학습목표 확인	❖문제상황 제시 -여러 사진 중에서 상황에 맞지 않는 옷을 입고 있는 사람은 누구이며 그 이유를 설명해 보기 ❖학습목표 소개하기	❖문제상황 인식 -여러 사진 중에서 상황에 맞지 않는 옷을 입고 있는 사람은 누구이며 그 이유를 말해 보기 ❖학습목표 확인하기	5분		
창의적 설계	▶활동 1 ▶활동 2	❖상황에 알맞은 옷을 찾아보기 -활동지를 통해 상황에 맞는 옷을 찾아볼 수 있도록 하기 -코디북 앱에서 자신에 어울리는 옷을 찾아서 만들어 보기 ❖자신이 가지고 있는 옷으로 서로 잘 어울리는 옷 한 벌을 만들어 볼 수 있도록 하고 표로 만들어 보기	❖상황에 알맞은 옷을 찾기 -활동지에 상황에 맞는 옷을 찾아 일치시켜 보기 -코디북 앱을 열어 자신에게 어울리는 옷 찾아보기 ❖자신이 가지고 있는 옷으로 서로 잘 어울릴 옷 한 벌을 만들어 볼 수 있는 경우의 수를 표로 만들어 보기	30분	M 활동 내가 가진 옷으로 서로 잘 어울리는 옷 한 벌을 만들 수 있는 경우의 수를 표로 만들기 스마트 요소 코디북 앱을 다운받아 실행	

단계	학습내용	교사활동	학생활동	시간	STEAM 및 스마트 기반 요소	지도상의 유의점
창의적 설계	▶활동 3	❖다림질 방법 알기 －옷이 구겨진 경우에 어떻게 해야 하는지 상황제시 －QR 코드를 실행시켜 다림질 방법 알기 －셔츠를 다림질 해보기	❖다림질 방법 알기 －QR코드를 실행시켜 셔츠를 다림질 하는 방법 익히기 －셔츠를 다림질 해보기	30분	스마트 요소 －QR코드 실행 하기(다림질 방법) －셔츠 다림질, 사진 찍기, 드롭박스 및 클래스팅 앱에 사진 및 자료 올리기	
	▶활동 4	❖세탁기호를 알고 옷에 붙어 있는 취급표시 기호를 보고 알맞은 관리방법 설명하기 ❖옷에 얼룩이 묻은 경우 얼룩 제거법에 대해 설명하기	❖세탁기호 알기 －세탁 기호와 취급 표시 기호를 보고 알맞은 관리방법 알기 ❖옷의 얼룩 제거법에 대해 설명 듣기	40분	T, E 활동 얼룩 제거법 및 옷 보관법 알기	
	▶활동 5	❖세탁기 탈수의 원리를 지도하고 몸으로 체험해 보기 ❖세탁기 작동법 알기 －동영상 자료를 통해 세탁기 작동순서에 대해 설명하기 －세탁기 작동법을 활동자료를 통해 설명하기	❖세탁기 탈수의 원리를 지도하고 몸으로 체험해 보기 ❖세탁기 작동법 알기 －동영상 자료 시청하기 －동영상과 활동자료를 통해 세탁기 작동법 익히기	30분	S 활동 세탁기의 원리인 원심력에 대해 알기	원심력을 모둠별로 몸으로 표현해 볼 수 있도록 함.

제3장 스마트러닝 기반 STEAM 직업교육 프로그램의 개발

단계	학습내용	교사활동	학생활동	시간	STEAM 및 스마트 기반 요소	지도상의 유의점
감성적 체험	▶활동 6	❖옷감을 가지고 그림을 그려 보거나 명화로 표현해 보기 -옷감의 특성을 알고 옷감에 자유롭게 그림을 그리거나 명화로 표현해 보기 ❖모둠활동 결과물 감상하기 -결과물을 학급 뒤에 게시하기	❖옷감을 가지고 그림을 그려 보거나 명화로 표현해 보기 -옷감을 가지고 그림을 그려 보거나 명화로 표현해 보기 ❖작품 전시 및 느낌 표현하기 -서로의 작품을 감상하고 표현하기	30분	A 활동 옷감에 그림을 그리거나 명화로 표현해 보기	
정리 및 평가	▶정리활동	❖정리활동지를 통한 마인드맵 작성하기 ❖클래스팅 앱을 열어서 오늘 수업에 대한 평가 및 소감에 대해 서로 토론하기	❖마인드맵 작성을 통해 직업시간에 다양한 과목을 배워서 좋은 점 나누기 ❖클래스팅 앱에서 서로의 수업 평가 및 수업에 대해 토론해 보기 ❖주변 정리하기	5분	스마트 기반 클래스팅 앱을 이용해서 서로의 수업 평가 및 수업에 대해 토론해 보기	

평가 영역	평가기준	평가척도			비고
		매우 잘함	보통	미흡	
교수 학습 및 융합 교육 목표	세탁기의 원리를 몸으로 표현할 수 있는가?				
	내가 가진 옷으로 서로 잘 어울리는 옷들의 경우의 수를 표로 만들 수 있는가?				
	깨끗한 옷차림을 유지하기 위한 세탁기호를 알고 세탁방법을 말할 수 있는가?				
	옷감을 가지고 그림을 그리거나 명화로 표현할 수 있는가?				
	상황에 맞는 단정한 옷차림 방법에 대해 말할 수 있는가?				

참고문헌

강인애, 손정은, 주은진(2011). 스마트러닝의 방향성 및 특징의 탐색. 한국교육학회 추계학술대회 발표자료집, 3-17.

고경식, 김영일, 김금옥(2011). 중학교 진로교육 매뉴얼. 강원: 예문사.

교육과학기술부(2009). 진로 및 직업교육 내실화방안. 서울: 교육과학기술부.

교육과학기술부(2010). 2009 개정교육과정. 서울: 교육과학기술부.

교육과학기술부(2011). 2011 개정특수교육 교육과정. 서울: 교육과학기술부.

교육과학기술부(2011). 기본교육과정 직업준비. 서울: 교육과학기술부.

교육과학기술부(2011). 기본교육과정 직업생활. 서울: 교육과학기술부.

교육과학기술부(2011). 기본교육과정 직업기능. 서울: 교육과학기술부.

교육과학기술부(2011). 융합인재교육(STEAM) 활성화방안(연구보고서 2011). 서울: 교육과학기술부.

교육과학기술부(2012). 2011 특수교육 교육과정. 서울: 교육과학기술부.

금지현(2012). 실과 가정생활 영역을 활용한 융합인재교육프로그램이 초등학생의 실과에 대한 태도와 학습몰입에 미치는 영향. 한국 가정과교육학회, 24(1), 61-71.

김남은, 이혜자(2010). 주제중심 통합적 접근에 의한 가정교과 의생활 영역 교육프로그램 개발과 평가: 의복관리와 섬유 주제를 중심으로. 한국가정과교육학회, 22(3), 163-188.

김은수(2012). 앱 저작도구를 이용한 교육용 앱 개발연구. 인하대학교 대학원 석사학위 청구논문.

나현식 외(2011). 고등학교 통합교육 교수-학습자료: 생명과학·지구과학. 충남: 국립특수교육원.

박민혜(2012). 미술과 과학의 통합을 통한 창의력 향상 프로그램 개발 및 적용: 초등학교 3학년을 중심으로. 청주대학교 대학원 석사학위 청구논문.

박희찬 외(2013). 중학교 진로와 직업. 서울: 미래엔.

송은주(2014). 스마트러닝 기반 STEAM 직업교육 프로그램이 특수학급 고등학생들의 직업에 대한 태도와 직업 인식 및 교사의 직업 수업 운영에 미치는 영향. 이화여자대학교 대학원 박사학위 청구논문.

송은주, 이숙향(2014). 스마트러닝 기반 STEAM 직업교육 프로그램이 특수학급 고등학생들의 직업에 대한 태도와 직업인식에 미치는 영향. 특수교육저널: 이론과 실천, 15(4), 229-263.

신경선(2013). STEAM 교육에 근거한 2009 개정 고등학교 과학 교과서 분석. 한양대학교 대학원 석사학위 청구논문.

오영석, 김영진, 김희규, 김순금, 백정기, 서월미, 양인숙, 이윤우(2011). 직업과 주제중심 통합교육과정 운영 자료 개발. 충남: 국립특수교육원.

이성숙(2013). 실과 가정영역에서의 스마트교육 활용 방안. 실과교육연구, 19(1), 53-72.

이철현(2012). 융합인재교육(STEAM)의 스마트러닝 전략. 한국실과교육학회지, 25(4), 123-147.

임걸(2011). 스마트러닝 교수학습 설계모형 탐구. 한국컴퓨터학회지, 14(2), 33-45.

정윤경, 변태진, 김나라, 정진철, 남미숙, 장희병, 공기연, 이갑정(2011). 중등 과학 교과통합 진로교육 교수 · 학습자료 개발 매뉴얼. 서울: 교육과학기술부.

정윤경, 김나라, 정진철, 남미숙, 이용경, 강효주, 김은정, 박수정(2011). 중등 수학 교과통합 진로교육 교수 · 학습자료 개발 매뉴얼. 서울: 교육과학기술부.

정윤경, 성의석, 김나라, 정진철, 남미숙, 유민영, 권계옥, 김은정(2011). 중등 미술 교과통합 진로교육 교수 · 학습자료 개발 매뉴얼. 서울: 교육과학기술부.

정윤경, 이후창, 김나라, 정진철, 남미숙, 전재현, 안혜경, 유장열(2011). 중등 기술 · 가정 교과통합 진로교육 교수 · 학습자료 개발 매뉴얼. 서울: 교육과학기술부.

조향숙(2012). 현장적용사례를 통한 융합인재교육(STEAM)의 이해. 서울: 한국교육개발원.

한국과학창의재단(2011). 융합인재교육(STEAM) 기초연수 커리큘럼. 서울: 교육과학기술부.

Yakman, G. (2008). STΣ@M Education: An overview of creating a model of integrative education. *STΣ@M Education Model*, 1-28.

Yakman, G. (2011). STEAM 교육 국제세미나 및 STEAM 교사 연구회 오리엔테이션 자료집. 서울: 한국과학창의재단.

제4장

스마트러닝 기반
STEAM 직업교육 프로그램의 실제

1. 프로그램 실제 구성요소

이 장에 제시된 스마트러닝 기반 STEAM 직업교육 프로그램은 교육현장에서 유용하게 사용될 수 있는 스마트러닝 기반 STEAM 직업교육 프로그램으로, 장애학생들의 '진로 및 직업교육'의 네 가지 영역인 직업생활, 직업탐색, 직업준비, 진로지도와 연계된 과학, 수학, 기술·가정 및 예술 과목의 STEAM 요소를 추출하여 각 단원 주제 및 활동을 선정하여 총 26차시로 구성되었다.

이 프로그램 실제의 구성요소를 설명하면 다음과 같다.

① 학습주제: 2011 개정 특수교육 교육과정의 '진로 및 직업교육'의 네 가지 영역 직업생활, 직업탐색, 직업준비, 진로지도의 각 단원에서 장애학생들에게 지도해야 할 학습주제들을 뽑아서 제시하였다.

② 학습목표: 스마트러닝 기반 STEAM 직업교육 프로그램을 통해서 학생들이 학습해야 할 목표들을 제시하였다.

③ 관련 교육과정 및 융합요소: 학습주제와 관련되어 장애학생들이 학습할 관련 교육과정이나 융합요소를 STEAM 항목에 따라 제시하였다.

④ 평가 관점: 한 차시에 학생들이 습득한 내용에 대해 이해, 기능, 태도의 영역으로 나누어 평가해야 할 항목들을 제시하였다.

⑤ 교수·학습 지도안: 수업의 전체적인 교수·학습 지도안이 제시되었으며, 준비단계, 문제상황제시, 창의적 설계, 감성적 체험 단계와 교수학습 및 융합교육 목표에 따른 평가부분으로 나뉘어 있다.

단계	학습내용	교사활동	학생활동	시간	STEAM 및 스마트 기반 요소	지도상의 유의점
감성적 체험	▶활동 4	❖상자를 활용한 공간 디자인하기 －쓰레기 분리수거 상자를 이용하여 상자 꾸며 보기	❖상자를 활용한 공간 디자인하기 －쓰레기 분리수거 상자를 이용하여 상자 꾸며 보기	35분	A 활동 상자를 활용한 공간 디자인하기	모둠별 활동을 할 수 있도록 팀을 구성하여 지도한다.
		❖모둠활동 결과물 감상하기 －결과물을 학급 뒤에 게시하기	❖작품 전시 및 느낌 표현하기 －서로의 작품을 감상하고 표현하기	30분		
정리 및 평가	▶정리활동	❖정리활동지를 통한 마인드맵 작성하기 －클래스팅 앱에 오늘의 수업 내용을 올리고 서로의 의견 나누기 ❖주변 정리 및 활동지 정리하기	❖마인드맵 작성하기 －클래스팅 앱에서 서로의 수업 평가 및 수업에 대해 의견 나누기 ❖활동지 정리하기 ❖주변 정리하기	5분	스마트 기반 클래스팅 앱을 이용해서 서로의 수업 평가 및 수업에 대해 토론해 보기	

평가 영역	평가기준	평가척도			비고
		매우 잘함	보통	미흡	
교수 학습 및 융합 교육 목표	청소도구의 명칭을 알고 사용법에 대해 알고 있는가?				
	청소도구의 사용법에 따라 가정, 학교, 사무실 작업장 청소를 할 수 있는가?				
	분리수거 품목을 알고 분리수거를 할 수 있는가?				
	청소 후 뒷정리 방법에 대해 알고 있는가?				

본 수업에 사용된 앱 및 QR코드

앱 및 QR코드	앱 화면	앱 설명	수업활용 전략
지구를 부탁해		지구를 살리기 위해 쓰레기 모으기, 쓰레기맨을 움직여 세균맨이 던지는 쓰레기를 잡을 수 있는 교육용 앱	쓰레기 분리수거 항목을 알고, 쓰레기 분리수거를 지도할 때 사용 가능
그린퀴즈		지구환경을 지키는 환경애플로서 환경상식에 관한 퀴즈를 풀 수 있는 교육용 앱	현명한 소비방법과 일회용품의 사용을 금지하는 환경교육 지도
클래스팅 앱		학생 및 학부모들과 편하게 소통할 수 있는 기능을 가지고 있는 정보교류 커뮤니티 앱	학생-학생, 학생-교사, 교사-학부모가 편하게 의사소통을 할 수 있음.

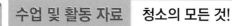
활동 1 관련 자료

1) 도르래와 지레에 대해 알기

가. 도르래

　　무거운 물체를 쉽게 들어 올리기 위해 줄과 함께 사용하는 바퀴로, 축을 중심으로 회전하는 바퀴 둘레에 홈을 파고 그 홈에 줄을 걸어 물체를 끌어올리는 장치다. 도르래의 종류에는 고정도르래와 움직도르래가 있다.

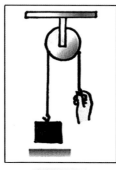 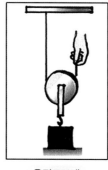

고정도르래　　　　　움직도르래

1) 고정도르래의 원리

　　일정한 곳에 고정되어 있는 도르래다.

 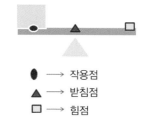

● → 작용점
▲ → 받침점
□ → 힘점

① 고정도르래는 받침점에서 힘점까지의 거리와 받침점에서 작용점까지의 거리가 같다.
② 이동거리는 물체가 올라간 높이와 같다.
③ 고정도르래는 물체를 직접 들 때와 필요한 힘의 크기가 같고, 힘의 방향은 바뀐다.
④ 고정도르래가 사용되는 예로는 국기 게양대가 있다.

2) 움직도르래

물체와 함께 움직이는 도르래다.

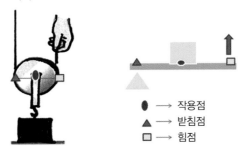

● ──→ 작용점
▲ ──→ 받침점
□ ──→ 힘점

① 힘의 크기는 물체의 무게보다 작다. (1/2배)

② 이동거리는 물체가 올라간 높이보다 길다. (2배)

③ 힘의 방향은 바뀌지 않는다.

④ 움직도르래가 사용되는 예

• 견인차: 움직도르래를 이용하여 고장 나서 움직일 수 없는 차를 끌고 간다.

• 기중기: 동력을 이용하여 줄을 감기 때문에 편리하게 무거운 물체를 높은 곳으로 들어 올릴 수 있다.

평가 활동

🖱 고정도르래와 움직도르래의 작용점, 받침점, 힘점을 찾아봅시다.

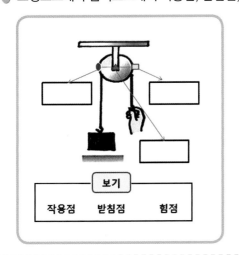

보기

작용점   받침점   힘점

보기

작용점   받침점   힘점

활동 2 관련 자료

1) 진공청소기 사용방법 알기

① 청소기의 전선 빼기

② 콘센트에 전선 꽂기

③ 청소기 전원 켜기

④ 청소기 흡입력 선택하기

⑤ 청소하기

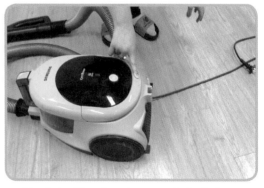

⑥ 전선 감는 버튼 누르고 전선 넣기

활동 3 관련 자료

1) '지구를 부탁해' 및 '그린퀴즈' 앱 활동

명칭	앱 화면	실행한 후 느낌 써 보기
지구를 부탁해		
그린퀴즈		

2) 쓰레기 분류하기

폐기용 쓰레기

일반폐기용 쓰레기	폐건전지 · 폐형광등	폐가구 · 폐가전제품
↓	↓	↓
종량제 봉투에 넣어 배출	전용 수거함에 배출	폐기물 스티커를 붙여서 배출

재활용 쓰레기

내용물을 비우고 뚜껑을 제거
하여 처리한다.

납작하게 펼치거나 묶어서 처
리한다.

내용물을 비우고 눌러서 처리
한다.

내용물을 비우고 처리한다.

물기를 제거하여 처리한다.

헌옷은 세탁한 후 헌옷수거함
에 넣는다.

쓰레기 분리수거 활동지

① 일반폐기용 쓰레기는 어디에 넣어서 버려야 하나요?

② 다음의 폐건전지는 어디에 배출해야 하나요?

③ 폐가구, 폐가전제품은 어떻게 버려야 하나요?

④ 폐기물 스티커는 어디에서 구입할 수 있나요?

⑤ 음식물 쓰레기는 어떻게 해서 버려야 할까요?

⑥ 플라스틱 용기는 어느 분리수거함에 버려야 할까요?

1) 쓰레기 분리수거 상자 만들기

① 빈 상자 준비하기

② 시트지를 빈 상자에 맞게 자르기

③ 시트지를 빈 상자에 붙이기

④ 분리수거 상자 만들기

⑤ 분리수거 분류 표지판 붙이기

가. 학습주제

상황에 맞는 단정한 옷차림 방법 알기, 다림질 방법 알기, 세탁기호를 알고 세탁방법 알기

나. 학습목표

○ 상황에 맞는 단정한 옷차림 방법을 알고 의복의 종류에 따른 다림질 방법을 익힌다.
○ 깨끗한 옷차림을 유지하기 위해 세탁기호를 알고 세탁방법을 안다.

다. 관련 교육과정 및 융합요소

이번 학습주제와 관련되어 학습할 관련 교육 과정이나 융합요소를 STEAM 항목에 맞게 오른 쪽에 제시하였다. 여기서 'S'는 과학, 'T'는 기술, 'E'는 기술 · 가정, 'A'는 예술, 'M'은 수학 과목을 나타낸다.

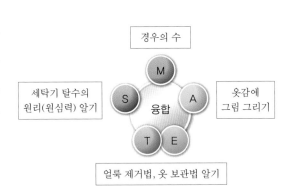

라. 평가 관점

1) 이 해

세탁기의 원리를 몸으로 표현할 수 있는가?

2) 기 능

- 내가 가진 옷으로 서로 잘 어울리는 옷들의 경우의 수를 표로 만들 수 있는가?
- 깨끗한 옷차림을 유지하기 위한 세탁기호를 알고 세탁방법을 말할 수 있는가?
- 옷감을 가지고 그림을 그리거나 명화로 표현할 수 있는가?

3) 태 도

상황에 맞는 단정한 옷차림 방법에 대해 말할 수 있는가?

마. 교수 · 학습 지도안

대상	차시	영역	활동형태	수업전략
특수교육대상학생	2차시(3시간)	직업생활(옷차림)	개별 및 모둠 활동	상황기반, 융합학습, 소셜 러닝, 앱 기반 학습

활동 프로그램 명	옷에 날개를 달고!
학습목표	• 상황에 맞는 단정한 옷차림 방법을 알고, 의복의 종류에 따른 다림질 방법을 익힌다. • 깨끗한 옷차림을 유지하기 위한 세탁기호를 알고 세탁방법을 안다.
수업자료 및 매체	동영상 자료, 활동지, 스마트기기, 스마트 앱, QR코드
관련 교육과정 (융합요소)	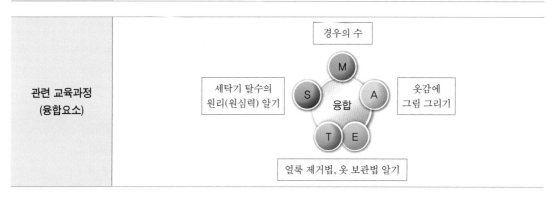
사용 애플리케이션	코디북, 다림질 방법(QR코드), QR Droid, 사다리 타기, 클래스팅 앱

단계	학습내용	교사활동	학생활동	시간	STEAM 및 스마트 기반 요소	지도상의 유의점
준비 단계	이번 시간에 사용될 앱과 QR코드 연결하기	❖코디북 앱 다운받는 법 설명하기 ❖QR코드 실행 앱 다운받기	❖코디북 앱 다운받기 ❖QR코드 실행 앱 다운받기	10분	스마트 기반 학생들이 주도적으로 다양한 앱과 QR코드 실행	각자 앱을 다운받는 연습을 할 수 있도록 지도함.
문제 상황 제시	동기부여 학습목표 확인	❖문제상황 제시 －여러 사진 중에서 상황에 맞지 않는 옷을 입고 있는 사람은 누구이며 그 이유를 설명해 보기 ❖학습목표 소개하기	❖문제상황 인식 －여러 사진 중에서 상황에 맞지 않는 옷을 입고 있는 사람은 누구이며 그 이유를 말해 보기 ❖학습목표 확인하기	5분		

단계	학습내용	교사활동	학생활동	시간	STEAM 및 스마트 기반 요소	지도상의 유의점
창의적 설계	▶활동 1	❖상황에 알맞은 옷을 찾아보기 －활동지를 통해 상황에 맞는 옷을 찾아볼 수 있도록 하기 －코디북 앱에서 자신에 어울리는 옷을 찾아서 만들어 보기	❖상황에 알맞은 옷을 찾기 －활동지에 상황에 맞는 옷을 찾아 일치시켜 보기 －코디북 앱을 열어 자신에게 어울리는 옷 찾아보기	30분	M 활동 내가 가진 옷으로 서로 잘 어울리는 옷 한 벌을 만들 수 있는 경우의 수를 표로 만들기	
	▶활동 2	❖자신이 가지고 있는 옷으로 서로 잘 어울리는 옷 한 벌을 만들어 볼 수 있도록 하고 표로 만들어 보기	❖자신이 가지고 있는 옷으로 서로 잘 어울릴 옷 한 벌을 만들어볼 수 있는 경우의 수를 표로 만들어 보기		스마트 요소 코디북 앱을 다운받아 실행	
	▶활동 3	❖다림질 방법 알기 －옷이 구겨진 경우에 어떻게 해야 하는지 상황제시하기 －QR코드를 실행시켜 다림질 방법 알기 －셔츠를 다림질해 보기	❖다림질 방법 알기 －QR코드를 실행시켜 셔츠를 다림질 하는 방법 익히기 －셔츠를 다림질해 보기	30분	스마트 요소 －QR코드 실행 하기(다림질 방법) －셔츠 다림질, 사진 찍기, 드롭박스 및 클래스팅 앱에 사진 및 자료 올리기	
	▶활동 4	❖세탁기호를 알고 옷에 붙어 있는 취급표시 기호를 보고 알맞은 관리방법 설명하기 ❖옷에 얼룩이 묻은 경우 얼룩 제거법에 대해 설명하기	❖세탁기호 알기 －세탁기호와 취급표시 기호를 보고 알맞은 관리방법 알기 ❖옷에 얼룩 제거법에 대해 설명 듣기	40분	T, E 활동 얼룩 제거법 및 옷 보관법 알기	

단계	학습내용	교사활동	학생활동	시간	STEAM 및 스마트 기반 요소	지도상의 유의점
창의적 설계	▶활동 5	❖세탁기 탈수의 원리를 지도하고 몸으로 체험해 보기 ❖세탁기 작동법 알기 −동영상 자료를 통해 세탁기 작동순서에 대해 설명하기 −세탁기 작동법을 활동자료를 통해 설명하기	❖세탁기 탈수의 원리를 지도하고 몸으로 체험해 보기 ❖세탁기 작동법 알기 −동영상 자료 시청하기 −동영상과 활동자료를 통해 세탁기 작동법 익히기	30분	S 활동 세탁기의 원리인 원심력에 대해 알기	원심력을 모둠별로 몸으로 표현해 볼 수 있도록 함.
감성적 체험	▶활동 6	❖옷감을 가지고 그림을 그려 보거나 명화로 표현해 보기 −옷감의 특성을 알고 옷감에 자유롭게 그림을 그리거나 명화로 표현해 보기 ❖모둠활동 결과물 감상하기 −결과물을 학급 뒤에 게시하기	❖옷감을 가지고 그림을 그리거나 명화로 표현해 보기 −옷감을 가지고 그림을 그리거나 명화로 표현해 보기 ❖작품 전시 및 느낌 표현하기 −서로의 작품을 감상하고 표현하기		A 활동 옷감에 그림을 그리거나 명화로 표현해 보기	
정리 및 평가	▶정리활동	❖정리활동지를 통한 마인드 맵 작성하기 ❖클래스팅 앱을 열어서 오늘 수업에 대한 평가 및 소감에 대해 서로 토론하기	❖마인드맵 작성을 통해 직업시간에 다양한 과목을 배워서 좋은 점 나누기 ❖클래스팅 앱에서 서로의 수업 평가 및 수업에 대해 토론해 보기 ❖주변 정리하기	5분	스마트 기반 클래스팅 앱을 이용해서 서로의 수업 평가 및 수업에 대해 토론해 보기	

평가 영역	평가기준	평가척도			비고
		매우 잘함	보통	미흡	
교수 학습 및 융합 교육 목표	세탁기의 원리를 몸으로 표현할 수 있는가?				
	내가 가진 옷으로 서로 잘 어울리는 옷들의 경우의 수를 표로 만들 수 있는가?				
	깨끗한 옷차림을 유지하기 위한 세탁기호를 알고 세탁방법을 말할 수 있는가?				
	옷감을 가지고 그림을 그리거나 명화로 표현할 수 있는가?				
	상황에 맞는 단정한 옷차림 방법에 대해 말할 수 있는가?				

본 수업에 사용된 앱 및 QR코드

앱 및 QR코드	앱 화면	앱 설명	수업활용 전략
코디북		나만의 옷장을 만들 수 있는 프로그램으로 자유롭게 코디를 만들고, 상황에 맞는 옷차림 등을 할 수 있도록 하는 교육용 앱	다양한 옷의 종류를 알고 상황에 맞는 의복 착용과 관리법을 알 수 있음.
다림질 방법		다림질하는 방법에 대해 알 수 있는 QR코드	다림질의 방법과 순서, 주의점 등을 지도함.
QR Droid		QR코드를 읽어 줌.	QR코드를 읽는 법 지도
사다리 타기		2~8명이 팀을 정할 때 사다리 타기 게임 앱을 통해 팀을 결정	팀을 만들거나 게임을 시작할 때 팀원 만들기
클래스팅 앱		학생 및 학부모들과 편하게 소통할 수 있는 기능을 가지고 있는 정보교류 커뮤니티 앱	학생-학생, 학생-교사, 교사-학부모가 편하게 의사소통을 할 수 있음.

* QR코드와 연결된 인터넷 사이트가 바뀐 경우가 있을 수 있으니 다림질 방법과 관련된 QR코드를 선생님들이 직접 제작 · 사용 가능함.

수업 및 활동 자료 | 옷에 날개를 달고!

 활동 1 관련 자료

1) 상황에 맞는 알맞은 옷 찾아보기

🌰 다음에 맞는 옷차림의 번호를 찾아 ○표 안에 써 봅시다.

가족과 함께 공원에 산책하러 가요. ⋯⋯◯

회사에 출근해요. ⋯⋯◯

세차장에서 세차원으로 일할 때 입어야 하는 옷은? ⋯⋯◯

제과점에서 빵을 만들 경우 입는 작업복은? ⋯⋯◯

할아버지께서 돌아가셨어요. ⋯⋯◯

명절날이에요. ⋯⋯◯

상점에서 일할 때 입어야 하는 옷은? ⋯⋯◯

등산 갈 때 옷차림 ⋯⋯◯

출처: 송은주, 2014.

2) '코디북' 앱 활동하기

명칭	앱 화면	실행한 후 느낌 써 보기
코디북		

3) 의복 관리하는 방법 알기

걸어서 보관하면 좋은 옷	
접어서 보관하면 좋은 옷	
계절이 지난 옷 보관방법	• 계절별로 수납상자에 보관하기 • 드라이클리닝 한 후 보관하기 • 옷을 세탁한 후 서랍장에 종이를 깔고 방습제를 넣어 보관하기 • 옷에 묻어 있는 얼룩을 제거하여 보관하기 • 양복은 드라이클리닝 한 후, 옷장에 걸어 보관하기

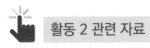 활동 2 관련 자료

1) 의복의 경우의 수 알기

보기

5			
4			
3			
2			
1			
다음 의복과 어울리는 옷을 보기에서 골라 봅시다.			

 활동 3 관련 자료

1) 다림질 방법을 볼 수 있는 QR코드 실행하기

명칭	QR코드	실행한 후 느낌 써 보기
다림질 방법 및 세탁방법		

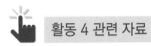
1) 세탁기호와 세탁방법 알기

세부과제	활동내용	지도상의 유의점
95℃	• 물의 온도, 세탁기 사용 가능 • 물 온도 90℃로 약하게 손세탁, 중성세제 사용	세탁표시 기호에 따라 세탁하여 세탁물의 손상을 방지하도록 함.
손세탁 약30℃ 중성	• 물 온도 약 30℃로 약하게 손세탁, 중성세제 사용	
물세탁 안 됨	• 물세탁 안 됨.	
180~210℃로 다림질	• 원단 위에 천을 덮고 180~210℃로 다림질	
다림질 할 수 없음	• 다림질 할 수 없음.	

출처: 김은주(2011).

2) 얼룩 제거법

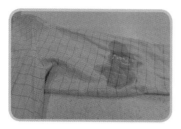

음료수 얼룩 제거법

• 음료수 얼룩 제거법은 타월에 연한 농도의 소금물을 적신 다음 톡톡 두드리듯 닦아 주면 된다.

• 주스는 중성세제를 탄 물에 거즈를 묻혀 닦은 뒤 물로 헹군다.

과일즙 얼룩 제거법

• 과일즙 얼룩이 생긴 한쪽 면에 마른 타월을 댄 다음 반대편에 식초물을 묻힌 타월로 톡톡 두드려 주면 된다.

• 과일즙은 일단 열이 가해지면 얼룩이 빠지지 않으므로 묻은 즉시 빼거나 세탁 전 부분 세탁으로 얼룩을 제거한다.

커피 얼룩 제거법

• 커피 얼룩은 설탕이 들어 있지 않은 탄산수를 적신 거즈를 두드려 닦은 뒤 물수건으로 닦아 내면 된다.

• 우유나 생크림이 든 커피 얼룩은 찬물에 한 번 헹군 뒤 암모니아를 엷게 희석시킨 액체를 바르고 다시 찬물에 헹군다.

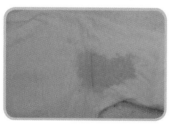

땀 얼룩 제거법

• 미지근한 물에 알코올을 섞은 뒤 얼룩 부위에 묻히고 가볍게 두드려 닦아 준다. 땀 얼룩이 진 부분은 소다를 1티스푼 정도 탄 물에 3분 정도 담궜다가 세탁해도 좋다.

얼룩 제거 활동지

① 음료수 얼룩을 제거하기 위해서는 어떤 물질로 톡톡 두드리듯 닦아 주면 되나요? (   )

② 아빠가 커피를 마시다가 커피 얼룩이 생겼다. 어떻게 얼룩을 지워야 할까요? (   )

③ 과일즙 얼룩을 제거하기 위해서는 (   ) 물을 묻힌 타월로 두드려 주면서 얼룩을 빼 준다.

④ 미지근한 물에 알코올을 섞은 뒤 얼룩 부위에 묻히고 가볍게 두드려 닦아 주고 (   ) 얼룩
   이 진 부분은 소다를 1티스푼 정도 탄 물에 3분정도 담궜다가 세탁을 해 준다.

---

1) 세탁기 탈수의 원리

🖑 **원심력**

세탁기의 원리는 원심력으로, 원심력이란 원운동처럼 고정된 한 점의 둘레를 운동하는 물체가 바깥쪽을 향해 중심으로 멀어지려고 하는 힘을 말한다. 춤을 추듯 회전운동을 하는 놀이기구를 탈 때, 몸이 바깥쪽으로 강하게 밀리는 현상은 바로 원심력 때문에 일어나는 것이다.

〈원심력을 이용한 세탁기의 내부 모습〉

🖑 **세탁기의 원심력**

세탁기의 원심력으로 인해 바닥에 있는 회전날개가 빠른 속도로 돌아가면 세제와 빨랫감도 함께 회전하기 때문에 때가 빠지고, 구멍이 뚫린 안쪽 통이 고속회전하면서 더러워진 물을 배출한다.

🖑 **원심분리기의 원심력을 이용한 예**

• 혈액에서 혈장을 분리해 낼 때
• 주스의 액을 맑게 할 때 사용하는 원심분리기

2) 세탁기 작동법 알기

🖑 **세탁기 작동법 순서 익히기**

① 세탁기 뚜껑 열기
② 빨랫감을 세탁기에 넣기
③ 세제를 적당히 넣기
④ 전원 버튼 누르기
⑤ 선택 코스 버튼 누르기
⑥ 동작 버튼 누르기
⑦ 세탁기에서 빨랫감 꺼내기
⑧ 건조대에 옷 널기

활동 6 관련 자료

1) 옷감에 나만의 그림 그리기

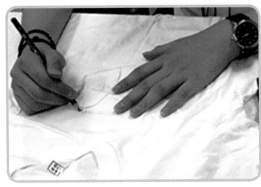

① 하얀색 티셔츠에 연필로 초안 그리기

② 염색용 마커로 그리기

③ 그림을 그린 부분에 다림질하기

④ 나만의 티셔츠 만들기

가. 학습주제

식사의 중요성 알기, 비만의 원인과 문제점 알고 올바른 식습관 방법에 대해 알기

나. 학습목표

○ 다양한 활동에 필요한 체력 유지를 위해서는 균형 잡힌 식사가 중요함을 안다.
○ 비만의 원인과 문제점을 알고 올바른 식습관 방법에 대해 안다.

다. 관련 교육과정 및 융합요소

이번 학습주제와 관련되어 학습할 관련 교육과정이나 융합요소를 STEAM 항목에 맞게 오른쪽에 제시하였다. 여기서 'S'는 과학, 'T'는 기술, 'E'는 기술 · 가정, 'A'는 예술, 'M'은 수학 과목을 나타낸다.

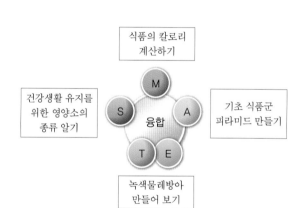

라. 평가 관점

1) 이 해

• 식사의 중요성에 대해 알고 있는가?
• 녹색물레방아 만들기를 통해 우리 몸에 필요한 칼로리를 알게 되었는가?

2) 기 능

기초 식품군 피라미드를 창의적으로 만들었는가?

3) 태 도

비만의 원인과 문제점을 알고, 올바른 식습관 방법에 대해 알고 있는가?

마. 교수·학습 지도안

대상	차시	영역	활동형태	수업전략
특수교육대상학생	3차시(3시간)	직업생활(건강과 안전)	개별 및 모둠 활동	협동학습, 융합학습, 상황기반 소셜러닝

활동 프로그램 명	체력은 국력!
학습목표	• 다양한 활동에 필요한 체력 유지를 위해서는 균형 잡힌 식사가 중요함을 안다. • 비만의 원인과 문제점을 알고 올바른 식습관 방법에 대해 안다.
수업자료 및 매체	동영상 자료, 활동지, 스마트기기, 스마트 앱

관련 교육과정 (융합요소)	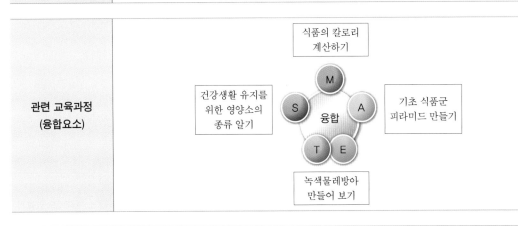

사용 애플리케이션	푸드 아바타, 칼로리 카운터, 클래스팅 앱

단계	학습내용	교사활동	학생활동	시간	STEAM 및 스마트 기반 요소	지도상의 유의점
준비 단계	이번 시간 에 사용될 앱과 QR 코드 연결 하기	◈푸드 아바타와 칼로리 카운터 앱 다운받기	◈푸드 아바타와 칼로리 카운터 앱 다운받기	10분	스마트 요소 학생들이 주도적 으로 다양한 앱과 QR코드 실행	각자 앱을 다 운받는 연습 을 할 수 있도 록 지도함.
문제 상황 제시	동기부여	◈문제상황 제시 －비만의 원인과 문제 점이 무엇인지 설명 해 보기 ◈학습목표 소개하기	◈문제상황 인식 －비만의 원인과 문제 점에 대해 말해 보기 ◈학습목표 확인하기	5분		

단계	학습내용	교사활동	학생활동	시간	STEAM 및 스마트 기반 요소	지도상의 유의점
창의적 설계	▶활동 1	❖비만의 원인과 문제점 알기 -식품의 칼로리를 알고 자신이 먹은 음식의 칼로리 계산법 시범 보이기 -푸드아바타와 칼로리 카운터 앱을 열어서 칼로리 계산해 보기	❖비만의 원인과 문제점 알기 -자신이 먹은 음식표를 만들고 칼로리 계산해 보기 -푸드 아바타와 칼로리 카운터 앱을 열어서 칼로리 계산해 보기	40분	S 활동 건강생활 유지를 위한 영양소의 종류 알기	
	▶활동 2	❖영양소의 종류 알기 -3대 영양소(단백질, 탄수화물, 지방) 설명하기	❖영양소의 종류 알기 -3대 주요 영양소에 대해 알기	40분	스마트 요소 푸드 아바타와 칼로리 카운터 앱을 열어서 각자의 칼로리를 계산하기	
	▶활동 3	❖녹색물레방아 만들어 보기 -녹색물레방아가 무엇인지 알고, 녹색물레방아 사이트에 들어가서 칼로리 계산하기	❖녹색물레방아 만들어 보기 -녹색물레방아가 무엇인지 알고, 녹색물레방아 사이트에 들어가서 칼로리 계산하기 -칼로리 카운터 앱을 열어서 음식 칼로리 계산하기	40분	M 활동 음식 칼로리 계산하기 스마트 요소 칼로리 카운터 앱을 열어서 음식 칼로리 계산해 보기	
감성적 체험	▶활동 4	❖기초 식품군 피라미드 만들기	❖기초 식품군 피라미드 만들기 -창의적으로 기초 식품군 피라미드 만들기	40분	A 활동 기초 식품군 피라미드 만들기 스마트 요소 드롭박스에 팀의 기초 식품군 피라미드 사진 올려서 공유하기	

단계	학습내용	교사활동	학생활동	시간	STEAM 및 스마트 기반 요소	지도상의 유의점
정리 및 평가	▶정리활동	◈클래스팅 앱에 자신이 만든 기초 식품군 피라미드를 올리고 서로 토론해 보기 ◈주변 정리 및 활동지 정리하기	◈클래스팅 앱에 자신이 만든 기초 식품군 피라미드를 올리고 서로 토론해 보기 ◈활동지 정리하기 ◈주변 정리하기	15분	스마트 요소 클래스팅 앱을 열어서 서로의 수업에 대해 서로 의논해 보기	

평가 영역	평가기준	평가척도			비고
		매우 잘함	보통	미흡	
교수 학습 및 융합 교육 목표	식사의 중요성에 대해 알고 있는가?				
	녹색물레방아 만들기를 통해 우리 몸에 필요한 칼로리를 알게 되었는가?				
	기초 식품군 피라미드를 창의적으로 만들었는가?				
	비만의 원인과 문제점을 알고, 올바른 식습관 방법에 대해 알고 있는가?				

본 수업에 사용된 앱 및 QR코드

앱 및 QR코드	앱 화면	앱 설명	수업활용 전략
푸드 아바타		귀여운 아바타가 자신이 선택한 음식의 균형 잡힌 영양과 적절한 양에 따라 건강하게 변신하게 되는 영양 관리 앱	비만의 원인과 튼튼한 체력 유지를 위한 음식의 균형 잡힌 영양에 대해 지도할 경우에 사용함.
칼로리 카운터		학생 자신이 먹은 음식의 칼로리를 직접 계산할 수 있는 교육용 앱	음식의 칼로리를 계산할 수 있음.
클래스팅 앱		학생 및 학부모들과 편하게 소통할 수 있는 기능을 가지고 있는 정보교류 커뮤니티 앱	학생–학생, 학생–교사, 교사–학부모가 편하게 의사소통을 할 수 있음.

활동 1 관련 자료

1) 비만의 원인과 문제점 찾기

가. 비만이란?

비만은 체중이 많이 나가는 것을 말하기보다는 '체내에 과다하게 많은 양의 체지방이 쌓여 있는 상태'를 말한다. 비만은 섭취하는 영양분에 비해 에너지 소비가 적을 때 여분의 에너지가 체지방의 형태로 축적되는 현상이다. 즉, 먹은 것에 비해 활동이 부족할 때 생기는 것이다.

나. 비만의 원인은?

유전적인 요인도 있지만 불규칙한 식습관, 과다한 음식 섭취, 운동 부족, 내분비계통의 질환, 정신적 요인 및 약물 등의 원인 등이 있다.

다. 비만의 증상은?

겉으로 드러나는 외모뿐만 아니라 숨찬 증상, 관절통 이외에도 각종 합병증이 발생하는 등 매우 다양한 증상이 나타날 수 있다. 비만인 사람은 정상체중인 사람보다 2배 이상 높은 사망률을 보인다고 한다. 고혈압, 당뇨병, 고지혈증, 불임증, 지방간, 우울증, 관절염의 질병과 관련이 있다. 또 대장암, 췌장암, 전립선암, 유방암 등 각종 암이 생길 위험성도 증가시킨다.

라. 청소년을 위한 비만 치료

◆ 식이와 운동을 이용한 비만 치료법

〈식이요법〉
기본적으로 열량이 적고 균형이 잡힌 감량 식사, 이때 금식은 금물!
① 저열량, 저당질, 고단백의 3대 원칙이 기본
② 아침식사를 충분히 하는 습관 가지기
③ 식생활을 바로잡아 주고, 간식은 규칙적으로 1~2회 하며, 혼자 먹지 않고 다른 사람들과 어울려 소량을 먹기
〈운동요법〉
① 운동량은 소비 칼로리가 많게 하기 위해 과격한 것보다는 적당한 강도의 스포츠가 좋음.
② 평일에는 하루 1시간, 주말에는 하루 2~4시간 운동하기

2) '푸드 아바타'와 '칼로리 카운터' 앱 활동을 통한 식품 칼로리 계산하기

명칭	QR코드	실행한 후 느낌 써 보기
푸드 아바타		
칼로리 카운터		

🐭 **식품 칼로리 계산하기**

식품 칼로리를 알 수 있는 인터넷 사이트(예: http://www.welltizen.com)에 접속하여 식품 칼로리 알아보기

식품명	칼로리	식품명	칼로리
짬뽕 1그릇	540 kcal	플레인 요구르트 1병	130 kcal
사이다 1병	100 kcal	우유 1병	160 kcal
새우깡 1봉	494 kcal	군만두 1그릇	630 kcal
죠리퐁 2봉	370 kcal	볶음밥 1그릇	720 kcal

🐭 **위의 표를 보고 다음 식품에 대한 총 칼로리를 계산하여 봅시다.**

① 새우깡 1봉: 494 kcal

② 죠리퐁 2봉: 370 kcal

③ 짬뽕: 540 kcal

④ 군만두: 630 kcal

총 칼로리:

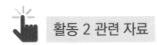

1) 영양소의 종류에 대해 알기

식품에 있는 영양소 알아보기

🖱 **영양소란?**

건강을 유지하고 힘을 내어 활동할 수 있도록 해 주는 식품 속에 들어 있는 여러 가지 성분을 말한다.

🖱 **식품의 5대 영양소**

종류	설명	식품
탄수화물	단당류, 이당류, 다당류로 나뉘는데, 대부분 곡식과 설탕류가 속함.	쌀, 보리, 콩, 옥수수, 밀, 감자, 고구마, 밀가루, 밤, 팥 등
단백질	생명유지와 성장에 필수. 에너지를 제공함.	쇠고기, 돼지고기, 생선, 조개, 두부, 콩, 굴, 달걀 등
지방	체온 보호, 중요한 인체의 장기 외부로부터 보호	버터, 옥수수 기름, 참기름, 잣, 들기름, 콩기름, 깨, 콩 등
무기질	체조직을 구성하는 영양소. 칼슘, 철, 요오드, 구리 등	우유, 깻잎, 배추, 김, 톳, 다시마 등
비타민	지용성과 수용성으로 나뉘며, 눈, 뼈, 혈액의 생성을 도와주는 영양소	포도, 무, 양파, 오이, 시금치, 감, 귤 등

5대 영양소에 해당하는 식품을 찾아 붙여 봅시다.

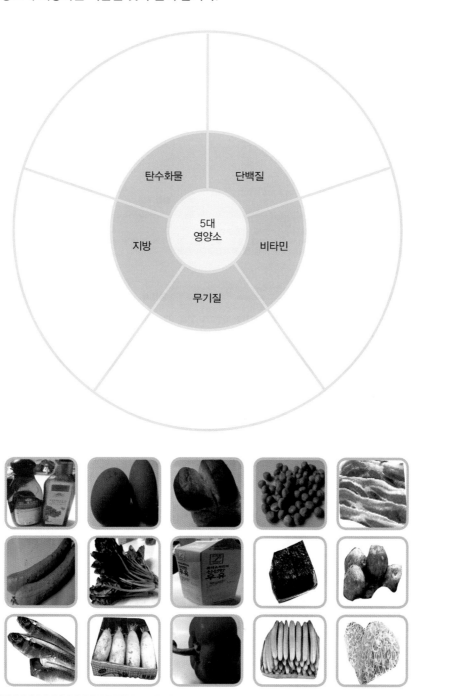

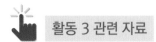 활동 3 관련 자료

1) 녹색물레방아 사이트(http://www.greentable.or.kr)에 접속해서 자신의 영양상
   태 테스트해 보기

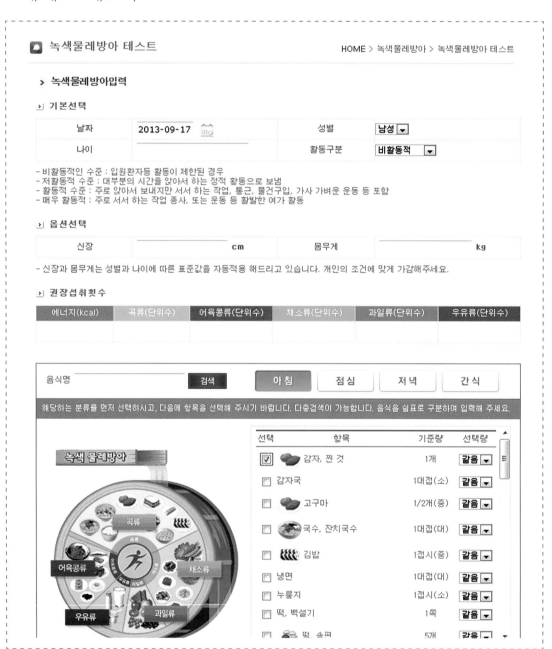

활동 4 관련 자료

1) 기초 식품군 피라미드 만들기(광고지 등을 이용하여 기초 피라미드 식품군 만들기)

식품 구성 탑

5층 지방 및 당류
주요 영양소: 지방
1g당 9kcal의 열량을 내는 에너지원으로,
중요 장기 보호 및 체온 조절, 지용성 비타민류의 용매로 작용

4층 우유 및 유제품
주요 영양소: 칼슘
뼈와 이를 만들고, 근육의 수축 이완 및
혈력의 응고작용 등 신체적 조절

3층 고기, 생선, 계란, 콩류
주요 영양소: 단백질
신체와 두뇌 발달을 돕고, 근육 생성, 면역력 증강

2층 채소 및 과일류
주요 영양소: 비타민과 무기질
비타민은 체내 대사작용에 관여하고, 무기질은
체액의 삼투압을 정상 유지, 뼈와 치아 구성

1층 곡류 및 전분류
주요 영양소: 탄수화물
활동에 필요한 에너지 공급, 체온 유지, 신체
조직의 소모를 막아 단백질 손실 방지

가. 학습주제

가족 및 가정생활의 의미 알기, 건전한 이성교제 및 결혼의 의미와 중요성 알기

나. 학습목표

○ 가족구조도를 통하여 가족 및 가정생활의 의미와 소중함을 안다.
○ 건전한 이성교제 및 결혼의 의미와 중요성을 안다.

다. 관련 교육과정 및 융합요소

이번 학습주제와 관련되어 학습할 관련 교육과정이나 융합요소를 STEAM 항목에 맞게 오른쪽에 제시하였다. 여기서 'S'는 과학, 'T'는 기술, 'E'는 기술 · 가정, 'A'는 예술, 'M'은 수학 과목을 나타낸다.

사람의 주요 호르몬의 기능 알기, 청소년의 신체적 변화를 호르몬과 관련지어 이해하기

명화를 통해 본 사랑, 이성교제란 주제로 표어 만들기

이성교제에 대해 찬반 토론하기

라. 평가 관점

1) 이 해

• 가족구조도 앱을 열어서 가족 및 가정생활의 의미와 소중함을 알 수 있는가?
• 신체구조와 사춘기 때 다양한 변화에 대해 알 수 있는가?

2) 기 능

• 이성교제에 대한 표어를 만들 수 있는가?
• 신체구조와 사춘기 때의 신체변화에 대해 알 수 있는가?

3) 태 도

건전한 이성교제에 대한 태도를 가질 수 있는가?

마. 교수 · 학습 지도안

대상	차시	영역	활동형태	수업전략
특수교육대상학생	4차시(3시간)	직업생활(대인관계)	개별 및 모둠활동	협동학습, 상황기반, 융합학습, 소셜 러닝, 앱 기반 학습

활동 프로그램 명	소중한 나를 만나다!
학습목표	• 가족구조도를 통하여 가족 및 가정생활의 의미와 소중함을 안다. • 건전한 이성교제 및 결혼의 의미와 중요성을 안다.
수업자료 및 매체	동영상 자료, 활동지, 스마트기기, 스마트 앱

관련 교육과정 (융합요소)	 사람의 주요 호르몬의 기능 알기, 청소년의 신체적 변화를 호르몬과 관련지어 이해하기 명화를 통해 본 사랑, 이성교제란 주제로 표어 만들기 이성교제에 대해 찬반 토론하기

사용 애플리케이션	패밀리 맵, 세계의 명화, 클래스팅 앱

단계	학습내용	교사활동	학생활동	시간	STEAM 및 스마트 기반 요소	지도상의 유의점
준비 단계	이번 시간에 사용될 앱과 QR 코드 연결하기	◈이번 시간에 배울 세계의 명화 다운받기(2개 중에 한 가지 다운받기)	◈이번 시간에 배울 앱을 다운받아 실행해 보기	10분		각자 앱을 다운 받는 연습을 할 수 있도록 지도함.
문제 상황 제시	동기부여 학습목표 확인	◈문제상황 제시 -건전한 이성교제는 무엇인지에 대해 토론해 보기 ◈학습목표 소개하기	◈문제상황 인식 -건전한 이성교제는 무엇인지에 대해 토론해 보기 ◈학습목표 확인하기	5분		

단계	학습내용	교사활동	학생활동	시간	STEAM 및 스마트 기반 요소	지도상의 유의점
창의적 설계	▶활동 1	❖신체 구조와 사춘기 때의 신체변화에 대해 알아보기(PPT 자료)	❖신체 구조와 사춘기 때의 신체변화에 대한 PPT 자료를 보고 성장과정 알기	40분	S 활동 호르몬의 기능과 청소년기의 신체적 변화 알기	
	▶활동 2 ▶활동 3	❖가족구조도를 통하여 가족 및 가정생활의 의미와 소중함 알기 ❖건전한 이성교제에 대해 알기 ─이성교제에 대해 찬반 토론해 보기 ─건전한 이성교제와 데이트에 대해 알기 ─결혼의 의미와 중요성 알기	❖가족구조도를 통하여 가족 및 가정생활의 의미와 소중함 알기 ❖건전한 이성교제에 대해 알기 ─이성교제에 대해 찬반 토론해 보기 ─건전한 이성교제와 데이트하는 방법 알기 ─결혼의 의미와 중요성 알기	40분	스마트 기반 패밀리 맵 열어 보기 T 활동 이성교제에 대해 찬반 토론하기	
감성적 체험	▶활동 4	❖명화를 통해 본 사랑 혹은 이성교제란 주제로 표어 만들어 보기	❖명화를 통해 본 사랑 혹은 이성교제란 주제로 표어 만들어 보기	45분	A 활동 이성교제란 주제로 표어 만들어 보기 스마트 기반 세계의 명화 앱 열기	
정리 및 평가	▶정리활동	❖정리활동지를 통한 마인드맵 작성하기 ❖클래스팅 앱에 오늘의 수업에 대한 평가 및 소감에 대해 서로 토론하기 ❖주변 정리 및 활동지 정리하기	❖마인드맵 작성을 통해 직업시간에 다양한 과목을 배운 점 이야기하기 ❖클래스팅 앱을 열어서 오늘 수업에 대한 평가 및 소감에 대해 서로 토론하기 ❖주변 정리하기	10분	스마트 기반 클래스팅 앱을 이용해서 서로의 수업 평가 및 수업에 대해 토론해 보기	

평가 영역	평가기준	평가척도			비고
		매우 잘함	보통	미흡	
교수 학습 및 융합 교육 목표	패밀리 앱을 열어서 가족 및 가정생활의 의미와 소중함을 알 수 있는가?				
	신체구조와 사춘기 때의 다양한 변화에 대해 알 수 있는가?				
	이성교제에 대한 표어를 만들 수 있는가?				
	신체구조와 사춘기 때의 신체변화에 대해 알 수 있는가?				
	건전한 이성교제에 대한 태도를 가질 수 있는가?				

본 수업에 사용된 앱 및 QR코드

앱 및 QR코드	앱 화면	앱 설명	수업활용 전략
패밀리 맵		핵가족화 시대에 가족의 관계도를 알 수 있도록 해 줌.	가족의 관계도를 지도할 때 사용 가능함.
세계의 명화		유명 화가의 명화를 소개하고 아티스트, 명화 퀴즈 등을 제공해 주는 앱	유명 화가와 그들의 작품을 지도할 때 사용 가능함.
클래스팅 앱		학생 및 학부모들과 편하게 소통할 수 있는 기능을 가지고 있는 정보교류 커뮤니티 앱	학생–학생, 학생–교사, 교사–학부모가 편하게 의사소통을 할 수 있음.

수업 및 활동 자료   소중한 나를 만나다!

 활동 1 관련 자료

1) 나의 성장과정과 사춘기 때의 신체변화에 대해 알기

나의 성장과정

가. 나의 어린 시절 사진과 현재의 사진을 붙여서 비교해 봅시다.

나의 어린 시절 모습	현재의 나의 모습

나. 현재의 나의 모습은 어린 시절의 나와 어떻게 달라졌는가?

① 키가 커졌어요.   ② 몸무게가 늘었어요.

③ 뼈가 튼튼해졌어요.   ④ (   )

⑤ (   )   ⑥ (   )

다. 다음 그림을 보고 질문에 답해 봅시다.

🖱 '다'의 그림을 보고 답해 주세요.

① 아빠와 나의 다른 점은 무엇인가요?

－체모·수염:

－가슴, 어깨:

－목(울대뼈):

－키·몸무게:

② 엄마와 나의 다른 점은 무엇인가요?

－체모:

－가슴, 허리:

－엉덩이:

－키·몸무게:

평가활동

🖱 다음은 누구를 설명하는 내용인지 줄로 이어 봅시다.

허리가 잘록하게 들어가고 가슴이 나왔어요. ●	● 성인 남성
아직은 가슴이 나오지 않았어요. ●	● 여자아이
몸의 겨드랑이와 고추 부분에 체모가 많이 났어요. ●	● 성인 여성
체모가 나지 않았고 가슴이 동그랗게 앞으로 나왔어요. ●	● 남자아이

사춘기 때의 신체변화

가. 거울에 비친 나의 모습은?

- 얼굴 모습은?

- 상체는?

- 하체는?

나. 다음 그림을 보고 성인 남자와 여자의 부위별 특징을 살펴봅시다.

 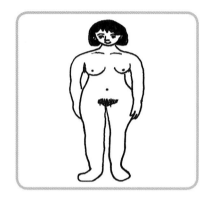

① 턱수염:

② 가슴:

③ 체모:

④ 겨드랑이 털:

⑤ 성기 부분:

다. 사춘기 때 남자 몸의 변화는?

- 얼굴에 여드름이 생긴다.

- 겨드랑이에 털이 난다.

- 턱에 수염이 난다.

- 어깨가 넓어진다.

- 생식기에 털이 난다.

라. 사춘기 때 여자 몸의 변화는?

- 얼굴에 여드름이 생긴다.

- 겨드랑이에 털이 난다.

- 유방이 커진다.

- 생식기에 털이 난다.

마. 사춘기 때의 신체변화에 대해 나는 어떻게 대처해야 하는가?

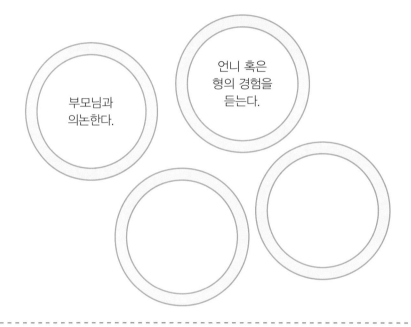

활동 2 관련 자료

1) '패밀리 맵' 앱 활동

명칭	앱 화면	실행한 후 느낌 써 보기
패밀리 맵		

2) 가족관계의 중요성 알기

🖱 **가족관계**
- 가족구조 내의 가족구성원 간의 상호작용
- 부모, 자녀, 형제라는 하위체계로 구성됨.
- 하위체계 간 모든 관계를 포함함.

🖱 **네 가지의 관계**
① 부부관계   ② 부모−자녀 관계   ③ 형제자매 관계   ④ 조부모−손자녀 관계

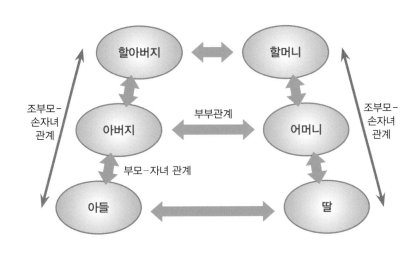

🖱 **가족관계의 중요성**

바람직한 관계 형성을 통해, 첫째, 정서적으로 안정감을 주어 만족스럽고 행복한 가정생활을 영위하고, 둘째, 개인과 가족의 성장 및 발달에 도움을 주며, 셋째, 원만한 인간관계의 유지발달에 도움을 주고 사회생활을 건강하게 유지할 수 있다.

🖱 **바람직한 가족관계를 유지하기 위해서 내가 할 수 있는 일은?**

① 나의 위치를 알고 내가 해야 할 일을 한다.

② 부모님 말씀을 잘 듣는다.

③ (   )

④ (   )

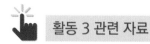

1) 건전한 이성교제에 대해 알기

가. 이성친구에 대해 알기

- 나의 남자(여자) 친구 이름 말하기
- 학급에서 자신의 남자(여자) 친구 생각하기
- 남자(여자) 친구와의 행동에서 조심해야 할 점을 알기
- 남자(여자) 친구에게 주고 싶은 물건을 찾는 게임(모두 원탁에 둘러앉는다. 여러 가지 그림카드 를 펼쳐 두기, 여러 가시 물건의 이름 소개하기, 주고 싶은 물건 고르기)

나. 여러 가지 사랑의 종류 알기

- 사랑이란 무엇인지 토론하기
- 사랑의 표현방법 알기(남녀에 대해 관심 갖기, 사랑할 때 주고 싶은 것 말하기, 사랑할 때 주고 싶은 물건을 잡지 등에서 찾기, 남자(여자) 친구가 어려울 때 도와주기, 특별한 날에 선물하기 (생일, 밸런타인데이, 화이트데이 등), 남자(여자) 친구가 잘하는 것을 칭찬하고 격려하기

다. 사랑하는 마음을 전하기(상황극)

- 상황 1: 친구 생일날에 인사말과 선물하기
- 상황 2: 친구와 다투고 난 뒤 사과하고 화해하기
- 상황 3: 친구와 데이트할 때 거울 보고 단정한 모습 꾸미기
- 상황 4: 친구가 무거운 물건을 들 때 함께 들어 주기
  －사랑하는 사람에게 적절히 표현하는 방법을 한 가지 이상 말해 보기

라. 이성친구가 부적절한 성행동을 할 때 다른 사람에게 도움 요청하기

- 친구가 나의 엉덩이를 손가락으로 찌를 때
- 친구가 학교 버스에서 가슴에 손을 넣어 만지려 할 때
- 화장실에서 소변을 보는데 남자친구가 자꾸 문을 열 때
- 이성 및 동성친구가 나를 끌어 안고 뽀뽀하려 할 때

마. 데이트의 의미 알기

- 이성끼리 약속하여 만나서 함께 시간을 보내는 것
- 남녀가 만나면 서로에 대해 더 많이 알게 되고 사랑이 깊어지는 것
- 데이트 상대 알기
  ① 결혼 유무(유부남, 유부녀의 경우)
  ② 친족관계(가족이나 가까운 친척인 경우)
  ③ 나이의 적절성

바. 데이트 계획 세우기

- 어디로 갈 것인가? (극장, 공원, 노래방, 카페 등)
- 가는 길을 아는가? (활동장소)
- 비용을 어느 정도 쓸 것인가? (얼마를 가져가나)
- 어떤 옷을 입을 것인가?
- 몇 시까지 함께 있을 것인가?
- 상대방 집 전화번호와 휴대전화 번호 알기

사. 부모에게 이성친구 소개하는 역할극 하기

- 3명이 1조가 되어 자신의 역할을 정하기
- 소개 절차에 따라 소개하기
- 실행을 잘한 부분에 대하여 칭찬하고, 잘못된 부분에 대하여 다시 복습하기

아. 역할극을 통해 데이트해 보기

- 데이트할 상대 정하기
- 데이트 신청하기(내용, 시간, 장소 등)
- 패스트푸드점에서 데이트하기(만나기 → 음식 주문하기 → 대화 나누기 → 음식 먹기 → 음식 값 지불하기 → 인사하고 헤어지기)

자. 가정학습 하기

- 데이트할 때 지켜야 할 예절에 대한 가정학습 통신문 보내기(단정한 옷차림, 약속시간 지키기, 서로 존중하기, 공개적으로 만나기, 성충동 자제하기)

2) 결혼에 대해 알아보기

가. 결혼에 대한 생각을 말해 보기

- 결혼에 대한 의미 알기(사랑하는 사람과 함께 사는 것, 어른이 되어서 결혼하는 것, 종족보존을 위해 자손에게 혈통을 물려주기, 삶의 공동책임 부여)

나. 결혼하고 싶은 사람 표현하기

- 결혼하고 싶은 사람에 대해 말하기
- 우리 반 000와(과) 결혼하고 싶다.
- 결혼하고 싶은 이유 말하기(예: 잘생겼다, 친절하다, 부모님 의견을 따른다.)

다. 결혼하고 싶은 사람을 그리거나 잡지 등에서 오려 붙이기

- 친구 사진첩과 잡지 등에서 좋아하는 사람 찾기, 그리고 그런 사람과 결혼하고 싶은 이유도 함께 적어 보기

학생이 작성한 자신이 결혼하고 싶은 여자와 그 이유

3) 이성교제에 대한 찬반 토론자료

찬성 측면

① 우리가 이성을 갖게 됨으로써 여러 가지를 생각하게 되며, 한 단계 성숙해 가는 과정 중 하나다.

② 우리는 점차적으로 나이 들어 가고, 성숙해 간다. 그러므로 우리도 나이에 맞는 경험들을 해야 한다.

③ 우리도 이성에 대해 많은 관심을 가질 때다. 부모님도 이해해 주셔야 한다.

반대 측면

① 지금 우리에게 이성친구란 느낌만이 좋을 뿐이다. 이성친구를 사귄다고 하면 학교생활을 충실히 하지 못할 것이며, 공부도 제대로 하지 못할 것이다.

② 우리 신분은 학생이다. 사회적으로 인정을 받고 대학생이 되어서도 이성교제를 할 수 있을 것이다. 현재 우리에게는 공부가 우선이다.

4) 바람직한 이성교제 방법

① 상냥하나 분명한 태도로 임하고 재미있고 유익한 대화를 나눈다.

② 상대방이 나를 좋아하는 것에 구애받지 말고 상대방을 객관적으로 분석해 본다.

③ 성적 흥미를 일으키는 환경이나 기회를 피하고 항상 공개된 장소에서 만난다.

④ 상대방의 생활태도, 가치관 등을 관찰하고 나의 가족, 친구 관계에 대한 관심이 올바른가를 판단한다.

⑤ 부모님의 승낙과 이해 속에서 만나는 것이 바람직하다.

⑥ 조언을 해 줄 친구가 있으면 좋다.

⑦ 사회적으로 책임 있는 행동을 한다.

⑧ 남녀의 성에 대한 생리적·심리적 차이에 대한 이해가 있어야 한다.

⑨ 진실한 상대가 아니라고 판단되면 곧 교제를 중단한다.

⑩ 서로의 인격을 존중하고 상대에게 인격을 완성시키는 데 협조하는 관계가 바람직하다.

활동 4 관련 자료

1) 이성교제란 주제로 표어 만들어 보기

🛡 이성교제에 대한 표어 및 문장 만들기

이성교제는 ○○○○이다.

🛡 장애학생들의 이성교제에 대한 표어

이성교제는 부모님의 허락을 받고 시작한다.

이성교제는 조심스럽게 시작한다

이성교제는 남녀간에 예의가 있어야한다

가. 학습주제

전화기의 구조와 기능 이해하고 전화기 사용하기, 전화예절 알기

나. 학습목표

○ 다양한 전화기의 종류에 대해 알고 전화기 사용법에 대해 안다.
○ 상황에 맞는 대화 방법에 대해 안다.

다. 관련 교육과정 및 융합요소

이번 학습주제와 관련되어 학습할 관련 교육과정이나 융합요소를 STEAM 항목에 맞게 오른쪽에 제시하였다. 여기서 'S'는 과학, 'T'는 기술, 'E'는 기술 · 가정, 'A'는 예술, 'M'은 수학 과목을 나타낸다.

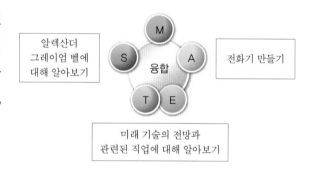

라. 평가 관점

1) 이 해

- 전화기의 종류를 알고, 전화예절에 대해 알고 있는가?
- 미래 기술의 전망과 관련된 정보통신 기술자에 대해 알고 있는가?

2) 기 능

전화기를 만들 수 있는가?

3) 태 도

상황에 맞는 대화 및 통화 방법을 알고 있는가?

마. 교수 · 학습 지도안

대상	차시	영역	활동형태	수업전략
특수교육대상학생	5차시(3시간)	직업생활(전화기 사용)	개별 및 모둠 활동	협동학습, 상황기반, 융합학습, 소셜 러닝, 앱 기반 학습

활동 프로그램 명	전화기 사용법에 대해 알기
학습목표	• 다양한 전화기의 종류에 대해 알고, 전화기 사용법에 대해 안다. • 상황에 맞는 대화 방법에 대해 안다.
수업자료 및 매체	동영상 자료, 활동지, 스마트기기, 스마트 앱

관련 교육과정 (융합요소)	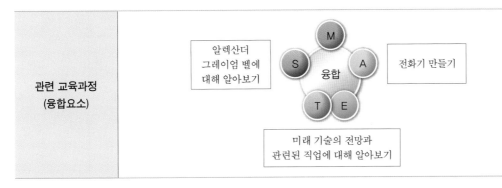

사용 애플리케이션	전화벨 소리 다운받기, 클래스팅 앱

단계	학습내용	교사활동	학생활동	시간	STEAM 및 스마트 기반 요소	지도상의 유의점
준비단계	이번 시간에 사용될 앱과 QR코드 연결하기	❖전화벨 소리 다운받기	❖전화벨 소리를 다운받아 실행해 보기	10분		각자 앱을 다운받는 연습을 할 수 있도록 지도함.
문제상황제시	동기부여 학습목표확인	❖문제상황 제시 −최초로 전화기를 만든 사람은 누구인지 컴퓨터로 검색해 보도록 하기 ❖학습목표 소개하기	❖문제상황 인식 −인터넷 검색을 통해 최초로 전화기를 만든 사람이 누구인지 찾아보기 ❖학습목표 확인하기	5분		

단계	학습내용	교사활동	학생활동	시간	STEAM 및 스마트 기반 요소	지도상의 유의점
창의적 설계	▶활동 1	◆◆알렉산더 그레이엄 벨에 대해 설명하기	◆◆알렉산더 그레이엄 벨에 대한 설명을 듣고 벨의 업적에 대해서 알아보기	40분	S 활동 알렉산더 그레이엄 벨에 대해 알아보기	
	▶활동 2	◆◆가정전화, 공중전화, 스마트폰 등 여러 가지 전화기와 설명하기 ◆◆스마트폰의 벨소리 다운받는 방법 알아보기	◆◆가정전화, 공중전화, 스마트폰 등 여러 가지 전화기와 사용법에 대해 알기 ◆◆스마트폰의 벨소리 다운받는 방법을 알고 다운받기		스마트 기반 전화벨 소리 다운받기 앱을 열어서 다양한 벨소리 다운받기	
	▶활동 3	◆◆미래 기술의 전망과 관련된 직업에는 어떤 것들이 있는지 조사해 보기(정보통신기술자)	◆◆미래 기술의 전망과 관련된 직업에 대해 조사해 보기(정보통신기술자)	40분	T 활동 미래 기술의 전망과 관련된 직업 조사하기	
	▶활동 4	◆◆상황에 맞는 대화 및 통화하는 방법에 대해 설명하기	◆◆상황에 맞는 대화 및 통화하는 방법에 대해 생각해 보기			
감성적 체험	▶활동 5	◆◆전화기 만들기를 통해서 전화기 구성요소에 대해 설명하기	◆◆전화기 만들기를 통해서 전화기 구성요소에 대해 알아보기	45분	A 활동 전화기 만들기	
정리 및 평가	▶정리활동	◆◆클래스팅 앱에 오늘의 수업에 대한 평가 및 소감에 대해 서로 토론하기 ◆◆주변 정리 및 활동지 정리하기	◆◆클래스팅 앱에서 수업 평가 및 수업에 대해 의견 나누기 ◆◆활동지 정리하기 ◆◆주변 정리하기	10분	스마트 요소 클래스팅 앱을 이용해 수업 평가 및 수업에 대해 토론해 보기	

평가 영역	평가기준	평가척도			비고
		매우 잘함	보통	미흡	
교수 학습 및 융합 교육 목표	전화기의 종류를 알고 전화예절에 대해 알고 있는가?				
	미래 기술의 전망과 관련된 정보통신 기술자에 대해 알고 있는가?				
	전화기를 만들 수 있는가?				
	상황에 맞는 대화 및 통화 방법을 알고 있는가?				

본 수업에 사용된 앱 및 QR코드

앱 및 QR코드	앱 화면	앱 설명	수업활용 전략
전화벨 소리 다운받기		전화벨 소리를 다운받아서 자신의 핸드폰에 저장할 수 있는 일반용 앱	전화벨 소리를 다운받고 전화기 사용법 알기
클래스팅 앱		학생 및 학부모들과 편하게 소통할 수 있는 기능을 가지고 있는 정보교류 커뮤니티 앱	학생-학생, 학생-교사, 교사-학부모가 편하게 의사소통을 할 수 있음.

수업 및 활동 자료 | 전화기 사용법에 대해 알기

 활동 1 관련 자료

1) 알렉산더 그레이엄 벨에 대해 알아보기

알렉산더 그레이엄 벨은 어떤 인물인가?

👆 인터넷 검색을 통해 '알렉산더 그레이엄 벨'에 대해 조사해 보기

예시 자료

　알렉산더 그레이엄 벨은 최초로 전화기 특허를 받은 사람이고, 스코틀랜드에서 태어난 미국인 과학자이자, 발명가다. 스코틀랜드의 에든버러에서 태어났지만 1882년 미국으로 귀화하였다. 영국왕립고등학교를 졸업하고, 대학교 졸업 후에 발성법 교사로 일하다가 아버지를 도와 청각장애인의 발음교정 분야에 종사하였다.

　그는 미국의 보스턴으로 가서 청각장애인학교를 세우고, 보스턴대학교의 발성학 교수가 되었다. 1875년에 최초의 자석식 전화기를 발명하였고, 1877년에 벨 전화기 회사를 설립하였다. 그 후에도 계속 청각장애인과 발성문제, 축음기, 광선전화 등에 관한 연구를 하였다.

👆 알렉산더 그레이엄 벨은 어떤 장애영역의 장애인들을 위해서 일한 인물인가?

👆 알렉산더 그레이엄 벨의 사진을 인터넷에서 검색해서 붙여 봅시다.

1) 여러 가지 전화기에 대해 설명하고, 사용법에 대해 알기

🖱 전화기의 종류에 대해 알기

가정용 전화기	공중전화기	휴대용 전화기

🖱 가정용 전화기의 구조

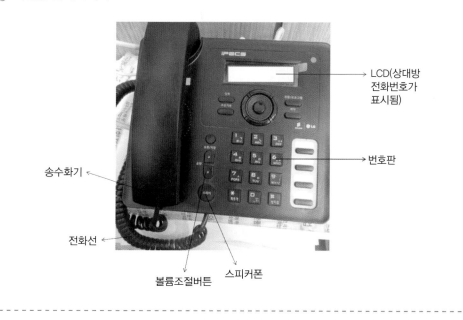

LCD(상대방 전화번호가 표시됨)

번호판

송수화기

전화선

볼륨조절버튼

스피커폰

👆 전화기 사용 순서 알아보기

① 전화 송수화기 들기

② 전화번호 누르기

③ 전화통화 하기

④ 메모할 종이와 펜은 항상 준비하여
메모할 내용 적기

⑤ 통화가 끝나면 송수화기 내려놓기

🖐 휴대용 전화기의 구조

- 화면
- 번호판
- 문자메시지
- 영상통화
- 통화버튼

🖐 휴대용 전화기로 문자 보내기

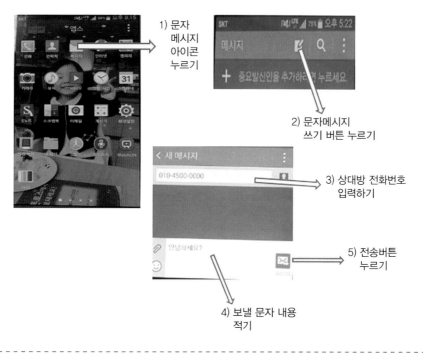

1) 문자 메시지 아이콘 누르기

2) 문자메시지 쓰기 버튼 누르기

3) 상대방 전화번호 입력하기

5) 전송버튼 누르기

4) 보낼 문자 내용 적기

2) 직장에서의 전화예절 알기

🖱 **전화 걸기 예절**

- 대화할 내용을 정리하고 난 후 전화를 거는 것이 좋다.
- 본인의 소속과 성명을 이야기하고 인사한다.
- 전화 건 목적을 이야기한다.
- 중요 내용을 확인하고 메모한다.
- 상대방이 전화를 끊은 뒤 잠시 있다가 전화를 끊는다.

🖱 **전화 받기 예절**

- 전화벨이 3번 울리기 전에는 받아야 한다.
- 밝고 친절하게 회사명, 부서명, 이름을 먼저 말한다.
- 바로 통화하기 어려울 때는 그 사유를 정확하게 설명해야 한다.
- 상대방이 누구를 찾는지 확인한 후 대신 받아도 되는지 파악한다.
- 부재중 메모는 정확하게 기재한다.
- 용건을 들은 후 내용을 다시 확인한다.

🖱 **전화 받는 순서**

① 벨이 울리면 바로 받는다. → ② 회사명, 부서명, 성명을 말한다. → ③ 상대방을 확인한다. → ④ 인사를 한다. → ⑤ 용건을 묻는다. → ⑥ 요점을 다시 말한다. → ⑦ 끝맺음 인사를 한다. → ⑧ 수화기를 내려놓는다.

1) 미래 기술의 전망과 관련된 직업에 대해 알아보기

미래의 유망 직종 및 직업의 종류 알기

① 생명공학기술

- 바이오산업을 기업화하는 새로운 직업 분야
- 의학품, 화학식품 등을 개발
- 대표적 직업: 유전공학 연구원(식물이나 동물의 유전방식을 연구하고 유전자를 재조합하여 새로운 품종을 개발하거나 유전질환과 암, 노화 등 질병 유발에 대한 연구를 함.)

② 정보통신기술

- 전기통신, 방송, 컴퓨터(정보처리, 네트워크, 하드웨어, 소프트웨어, 멀티미디어), 통신망 등 사회 기반을 형성하는 유형, 무형의 기술 분야
- 대표적인 직업: 통신케이블 설치 및 수리원, 통신공학 기술자 및 연구원
- 통신케이블 설치 및 수리원은 통신망의 기초가 되는 통신선로를 전선, 다리, 선로 등에 시설하고 정기적으로 유지하고 보수하는 일을 담당

③ 환경공학기술

- 개발에 따른 환경파괴 문제를 해결하고 환경을 보호하기 위한 기술개발
- 대표적인 직업: 환경공학 기술자 및 연구원, 환경설비 기술자
- 환경설비 기술자: 폐수, 폐기물처리 설비기기 및 장치를 조작하는 등 환경공학 연구자의 연구개발 업무를 보조하고 실험기구 및 장비를 조작, 유지하고 관리하는 일을 담당

④ 신재생에너지

- 자연에너지를 이용하여 사용하기 편리한 전기에너지로 변환하는 직업
- 수소, 연료전지, 풍력, 바이오매스, 해양, 지열 등
- 대표적인 직업: 대체 에너지 개발 연구원
- 대체 에너지 개발 연구원은 태양열, 조력, 풍력, 바이오매스 등 대체 에너지를 연구 · 개발

2) 미래 기술 관련 직업 알아보기

〈대체 에너지 개발 연구원〉

① 하는 일
- 에너지의 사용으로 인하여 배출되는 환경오염 물질의 저감과 화석연료의 효율적 이용을 위해 신재생에너지의 안정적 공급 및 대체 에너지 기술 연구 · 개발을 수행

② 적성 및 흥미
- 대체 에너지 개발 연구원은 새로운 대체 에너지를 연구 · 개발할 수 있는 창의력과 논리적으로 분석할 수 있는 능력이 있어야 함.
- 새로운 에너지를 지속적으로 개발하려는 탐구자세가 요구됨.

③ 임금수준: 평균연봉 4,000만 원 이상

④ 발전가능성: 좋음.

〈환경설비 기술자〉

① 하는 일
- 폐수, 폐기물 처리 설비기기 및 장치를 조작하는 등 환경공학 연구원의 연구 · 개발 업무를 보조하고 실험기구 및 장비를 조작 · 유지
- 폐수처리 및 폐기물 처리 설비기기 및 장치를 조작

② 적성 및 흥미
- 화학 및 생물 등 환경공학과 관련된 지식을 가지고 있어야 하며, 실험결과의 데이터 통계나 수치를 분석하고 해석할 수 있는 수리능력이 있어야 함.
- 기계 및 전기 업무에 대한 지식과 시스템 전반에 대한 복합적인 사고능력과 이해력이 필요함.

③ 임금수준: 평균연봉 4,000만 원 이상

④ 발전가능성: 좋음.

출처: www.career.go.kr

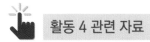

1) 상황에 맞는 대화 및 통화 방법 알기

👆 여러 가지 상황에 따른 대화 방법을 역할극으로 해 보기

친구에게 전화하여 과제 내용을 물어보는 상황

나　: 여보세요? 거기 영희네 집이지요? 혹시 영희 집에 있나요? 영희 좀 바꿔 주시겠어요?

영희: 응, 은주야. 나 영희야. 무슨 일이야?

나　: 응. 다른 것보다 오늘 국어시간에 선생님이 과제를 내 주셨던 것 같은데 내가 정확하게 듣지를 못해서 국어 과제 좀 알려 주겠니?

영희: 국어 과제? 음. 책 한 권 읽고 독후감 써 오는 거야.

나　: 어떤 내용의 책을 읽어야 해? 선생님이 말씀해 주셨니?

영희: 음… 환경보호에 관련된 책을 읽으라고 하셨어.

나　: 그렇구나. 너무 고마워. 내일 학교에서 보자.

영희: 응, 그래. 은주야, 내일 보자.

중국음식점에 전화해서 음식을 주문하는 상황

나　: 안녕하세요? 거기 ○○○ 중국집이지요?

주인: 네, 맞습니다.

나　: 음식을 주문하려고 합니다. 짜장면 2그릇, 짬뽕 3그릇, 탕수육 1그릇 주문할게요.

주인: 네. 집주소가 어떻게 되나요?

나　: ○○○ 아파트, ○○○동, ○○○○호입니다. 그리고 전화번호는 ○○○-○○○-○○○ ○입니다. 몇 분 정도 걸리나요?

주인: 약 30분 정도 걸릴 것 같습니다. 최대한 빨리 배달해 드리겠습니다.

나　: 감사합니다.

주인: 감사합니다.

기차역에 전화해서 필요한 정보를 얻는 상황

기차역 직원: 안녕하세요? ○○역 ○○○입니다.
나   : 안녕하세요? 기차 시간대와 기차요금을 알고 싶어서 전화했습니다.
기차역 직원: 네, 무엇이 알고 싶으세요?
나   : 오늘 2시쯤 수원에서 광주로 가는 무궁화호가 있나요? 그리고 기차요금은 어떻게 되나요?
기차역 직원: 네, 잠깐만 기다려 주세요. 2시 30분에 수원에서 광주로 가는 무궁화호가 있습니다. 기차요
            금은 2만 3천 원입니다.
나   : 네, 감사합니다.
기차역 직원: 네, 즐거운 하루 되세요.

실수로 전화를 잘못 걸은 상황

나   : 안녕하세요? 거기 ○○○네 집인가요?
상대방: 아닙니다. 저희 집에는 ○○○라는 사람이 없습니다. 전화를 잘못 걸은 것 같습니다.
나   : 아, 정말 죄송합니다.
상대방: 아닙니다. 누구나 그런 실수는 할 수 있습니다.

다음과 같은 경우에는 어디에 전화를 걸어야 할까요?
알맞은 전화번호를 찾아 줄로 이어 봅시다.

뜨거운 물에 화상을 입은 경우	●	●	112
헬스장 전화번호를 알고 싶을 때	●	●	119
○○아파트 앞에서 길을 잃은 경우	●	●	114

1) 전화기 만들기

🐭 전화기 만드는 순서에 따라 전화기를 만들어 봅시다.

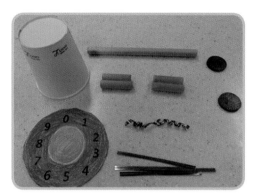

① 전화기 만들기 재료 준비: 수수깡, 백업, 빵 끈, 종이컵, 자석 2개, 전화기 다이얼

② 자석 한 개는 수수깡 가운데에 붙여 주고, 다른 한 개는 엎어 놓은 종이컵 윗면에 붙이기

③ 수수깡에 잘라 놓은 백업을 양쪽에 붙이고, 한쪽 중간에 빵 끈을 넣어 붙이기

④ 전화기 다이얼을 종이컵에 붙이고 송수화기를 전화기 본체에 붙이기

🐭 만든 전화기를 가지고 전화 통화를 해 봅시다.

가. 학습주제

현명한 물건 구입 방법 알기, 합리적인 용돈 관리 및 급여 관리 방법 알기

나. 학습목표

○ 현명한 소비자의 능력과 태도를 알고 물건 구입에 대한 계획을 세운다.
○ 합리적인 용돈 관리와 급여 관리 방법에 대해 안다.

다. 관련 교육과정 및 융합요소

이번 학습주제와 관련되어 학습할 관련 교육과정이나 융합요소를 STEAM 항목에 맞게 오른쪽에 제시하였다. 여기서 'S'는 과학, 'T'는 기술, 'E'는 기술 · 가정, 'A' 는 예술, 'M'은 수학 과목을 나타낸다.

물건에 따른 탄소배출량을 비교해서 표로 만들기

온실가스에 대해 알기 일회용품의 사용을 줄여야 하는 이유

문학작품 속에 나오는 상품명 알기

융합

M
S   A
T E

라. 평가 관점

1) 이 해
• 일회용품을 줄여야 하는 이유에 대해 알고 있는가?
• 온난화의 원인에 대해 알고 있는가?

2) 기 능
• 물건 구입을 계획할 수 있는가?
• 문학작품 속에 나오는 상품명을 알고 있는가?

3) 태 도
현명한 소비에 대한 올바른 태도를 가지고 있는가?

마. 교수 · 학습 지도안

대상	차시	영역	활동형태	수업전략
특수교육대상학생	6차시(3시간)	직업생활(금전관리)	개별 및 모둠 활동	협동학습, 상황기반, 융합학습, 소셜 러닝, 앱 기반 학습

활동 프로그램 명	나의 가계부
학습목표	• 현명한 소비자의 능력과 태도를 알고 물건 구입에 대한 계획을 세운다. • 합리적인 용돈 관리와 급여 관리 방법에 대해 안다.
수업자료 및 매체	동영상 자료, 활동지, 스마트기기, 스마트 앱, QR코드
관련 교육과정 (융합요소)	

사용 애플리케이션 | 용돈기입장, 어떻게 낼까?, QR Droid, 문학작품 속에 나오는 상품명(QR코드), 클래스팅 앱

단계	학습내용	교사활동	학생활동	시간	STEAM 및 스마트 기반 요소	지도상의 유의점
준비 단계	이번 시간에 사용될 앱과 QR 코드 연결하기	❖용돈기입장, QR코드 다운받기	❖앱을 다운받아 실행해 보기	10분		각자 앱을 다운받는 연습을 할 수 있도록 지도함.
문제 상황 제시	동기부여 학습목표 확인	❖문제상황 제시 -나의 용돈 금액을 알고, 용돈으로 구입할 물건 구입 계획에 대해 논의해 보기 ❖학습목표 소개하기	❖문제상황 인식 -나의 용돈 금액을 알고 용돈으로 구입할 물건 구입 계획에 대해 논의해 보기 ❖학습목표 확인하기	5분		

단계	학습내용	교사활동	학생활동	시간	STEAM 및 스마트 기반 요소	지도상의 유의점
창의적 설계	▶활동 1	❖일회용품 사용을 줄여야 하는 이유 설명하기 −광고문구를 통해 일회용품의 문제점에 대해 알기	❖일회용품 사용을 줄여야 하는 이유 알기 −광고문구를 통해 일회용품의 문제점에 대해 알기	40분	스마트 기반 클래스팅 앱을 열어서 자신의 활동자료 올리기	
	▶활동 2	❖온난화에 대한 사이트에서 온난화에 대해 알기	❖온난화에 대한 사이트를 알고 온난화에 대해 설명해 보기			
	▶활동 3	❖우리 집 전기요금과 에너지 소비효율에 대해 설명하기	❖우리 집 전기요금과 에너지 소비효율에 대해 알아보기	40분	스마트 요소 용돈기입장과 어떻게 낼까? 앱을 열어서 용돈과 돈 계산하기	
	▶활동 4	❖용돈기입장 앱을 열어서 용돈기입장에 용돈 쓰임에 대해 기록해 보기 −'어떻게 낼까?' 앱을 열어서 금전 계산하기 ❖물건 구입 계획 짜 보기 −전단지를 보고 상황별로 필요한 물건 제시하기 −전단지에 상황별로 필요한 물건과 수량 적어 보기 −전단지에서 필요한 물품 수량과 가격, 구입 장소를 정해 물건 구입계획서 작성해 보기	❖용돈기입장 앱을 열어서 용돈기입장에 용돈 쓰임에 대해 기록해 보기 −'어떻게 낼까?' 앱을 열어서 금전 계산법 공부하기 ❖물건 구입 계획 짜 보기 −전단지를 보고 상황별로 필요한 물건 선택하기 −전단지에 상황별로 필요한 물건과 수량 적어 보기 −전단지에서 필요한 물품 수량과 가격, 구입 장소를 정해 물건 구입계획서 작성해 보기			

단계	학습내용	교사활동	학생활동	시간	STEAM 및 스마트 기반 요소	지도상의 유의점
감성적 체험	▶활동 5	❖문학작품 속에 나오는 상품명 설명하기 -QR코드를 통해 문학작품 속에 나오는 상품명 설명하기	❖문학작품 속에 나오는 상품명 알아보기 -QR코드를 통해 문학작품 속에 나오는 상품명 알기	45분	A 활동 문학작품 속에 나오는 상품명 알기 스마트 기반 QR코드 열어서 문학작품 속에 나오는 상품명 알기	
정리 및 평가	▶정리활동	❖클래스팅 앱에 오늘의 수업에 대한 평가 및 소감에 대해 서로 토론하기 ❖주변 정리 및 활동지 정리하기	❖클래스팅 앱을 열어서 오늘 수업에 대한 평가 및 소감에 대해 서로 토론하기 ❖활동지 정리하기 ❖주변 정리하기	10분	스마트 기반 클래스팅 앱을 이용해 수업 평가 및 수업에 대해 토론해 보기	

평가 영역	평가기준	평가척도			비고
		매우 잘함	보통	미흡	
교수 학습 및 융합 교육 목표	일회용품 사용을 줄여야 하는 이유에 대해 알고 있는가?				
	온난화의 원인에 대해 알고 있는가?				
	물건 구입을 계획할 수 있는가?				
	문학작품 속에 나오는 상품명을 알고 있는가?				
	현명한 소비에 대한 올바른 태도를 가지고 있는가?				

본 수업에 사용된 앱 및 QR코드

앱 및 QR코드	앱 화면	앱 설명	수업활용 전략
용돈기입장		월별로 수입, 지출을 관리할 수 있는 교육용 앱	합리적인 용돈 관리, 급여 관리 방법을 지도할 수 있음.
어떻게 낼까?		지폐 단위별로 몇 장인지를 + 버튼을 이용하여 입력하고, 쇼핑을 통해 지불할 금액을 알아볼 수 있는 교육용 앱	물건 구입 계획과 금전 계산법 등을 지도할 수 있음.
문학작품 속에 나오는 상품명 (QR코드)		문학작품 속의 인물을 통해 상품명이 나오게 된 이유를 설명해 줌.	문학작품 속의 인물을 알고, 그 인물이 상품의 이름명이 된 이유를 지도함.
QR Droid		QR코드를 읽어 줌.	QR코드 읽는 법을 지도해 줌.
클래스팅 앱		학생 및 학부모들과 편하게 소통할 수 있는 기능을 가지고 있는 정보교류 커뮤니티 앱	학생-학생, 학생-교사, 교사-학부모가 편하게 의사소통을 할 수 있음.

144 제4장 스마트러닝 기반 STEAM 직업교육 프로그램의 실제

수업 및 활동 자료　**나의 가계부**

 활동 1 관련 자료

1) 일회용품 사용을 줄여야 하는 이유 알기

🖱 **일회용품 사용을 줄여야 하는 이유**

　첫째, 환경을 보호하기 위해서

　둘째, 지구 온난화를 예방하기 위해서

🖱 **환경보호를 위해서 우리가 할 수 있는 일은?**

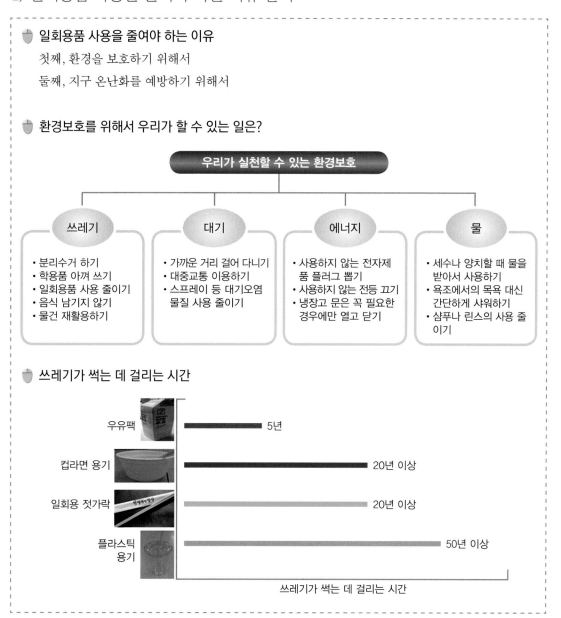

🖱 **쓰레기가 썩는 데 걸리는 시간**

2) 광고문구를 통해 일회용품의 문제점에 대해 알기

먹는 데 10분

소화하는 데 100년

마시는 데 10분
소화시키는 데 50년

두 개의 광고를 보고 물음에 답해 봅시다.

1. 10분의 의미는 무엇일까요?

2. 100년, 50년의 의미는 무엇일까요?

3. 위의 광고가 우리에게 주는 교훈은 무엇일까요? 자신의 생각을 써 보세요.

🖱 일회용품의 문제점 알기
① 일회용품은 대량 생산, 대량 소비로 인해 원료의 고갈현상이 빨라진다.
② 일회용품은 환경오염의 주범이 된다.
③ 일회용품은 재생이 어렵고 매립을 하여도 자연분해가 되기까지 수백 년이 걸려서 토양오염의 주범이 된다.

🖱 일회용품의 사용을 줄이기 위해서는 어떻게 해야 하는가?

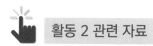

활동 2 관련 자료

1) 지구 온난화에 대해 알기

지구 온난화란?

- 지구가 점점 더워지는 현상을 말한다.
- 지구의 평균 기온이 올라가는 것을 지구 온난화라고 한다.

지구가 더워지는 이유는?

- 자동차 매연, 공장의 연기 등이 온실가스인 이산화탄소, 메탄, 아산화질소, 프레온 등을 생성해 내므로 태양으로부터 오는 열이 다시 밖으로 빠져나가지 못하는 경우를 말한다.
- 대기 중의 이산화탄소나 온실가스가 열을 흡수해서 지구가 따뜻해지는 것인데, 이러한 온실효과가 지구 온난화의 원인이다.

지구가 더워지면 무엇이 문제가 될까?

- 남극과 북극은 얼음덩어리(빙하)로 되어 있는데, 지구 온난화로 인해 지구가 더워지면 남극과 북극의 얼음이 녹게 된다. → 바닷물의 높이가 점점 높아지고, 바닷물의 해수면이 높아짐에 따라 집들이 잠기게 된다.
- 지구가 더워지면 땅에 있는 수분이 증발됨에 따라 지구가 사막화가 된다.
- 계절의 변화도 가져온다. 겨울이 짧아지고 여름이 길어져 토양 속의 수분 증발로 땅이 건조해져 물 부족 현상이 일어난다.
- 동물과 식물의 서식지도 영향을 받아서 생물이 멸종할 수 있다. 북극과 남극의 동물들도 멸종하고, 해양 생태계에 악영향을 주게 된다.

👆 지구 온난화를 예방하기 위해서 내가 할 수 있는 일들은 무엇이 있을까?

활동 3 관련 자료

1) 전기요금과 에너지 소비효율에 대해 알기

1. 각자 준비해 온 전기요금 고지서를 보고 다음 내용을 찾아 적어 봅시다.

    가. 전력량 요금: _____원

    나. 계량 검침일: _____

    다. TV 수신료 요금: _____

    라. 청구된 전기요금: _____원

    마. 전기요금 고지서를 아래에 붙여 보자.

2. 가정의 전기요금을 줄이기 위해서 내가 할 수 있는 일로는 무엇이 있는지 써 보세요.

    ① (   )

    ② (   )

    ③ (   )

3. 에너지 소비효율 등급이란?

    소비자들이 효율이 높은 에너지 절약형 제품을 손쉽게 식별하여 구입할 수 있도록 하기 위한 것이다. 에너지 소비효율 등급이 1을 가리키는 제품은 에너지 소비가 적고, 에너지를 절약할 수 있는 제품이라는 것이고, 5로 갈수록 에너지 낭비가 많은 제품을 의미한다. 따라서 에너지 소비효율 등급이 1인 제품을 구입하는 것이 에너지를 줄이는 데 도움이 된다.

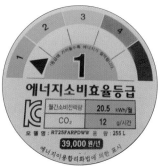

그림은 냉장고에 붙어 있는 에너지 소비효율 등급 라벨이다.
라벨을 통해서 알 수 있는 것을 적어 봅시다.

우리 집에 있는 전자제품의 에너지 소비효율 등급 라벨을 조사해 봅시다.

가. 위의 세 개의 전자제품 중에서 에너지 소비량이 가장 높은 가전제품은 무엇인가?

( )

나. 위의 전자제품 중에서 에너지 소비량이 가장 낮은 가전제품은 무엇인가?

( )

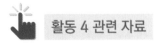 활동 4 관련 자료

1) '용돈기입장'과 '어떻게 낼까?' 앱 활동

명칭	앱 화면	실행한 후 느낌 써 보기
용돈기입장		
어떻게 낼까?		

🌰 용돈기입장 작성 예시

월일	내용	들어온 돈	쓴 돈	남은 돈
5월 1일	용돈을 받음.	20,000원		20,000원
	색종이 4묶음		2,000원	18,000원
	편지지와 편지봉투		700원	17,300원
	생일 선물과 축하 카드		3,300원	14,000원
5월 2일	과자		700원	13,300원
	오락		1,000원	12,300원
5월 3일	연필 1자루		500원	11,800원

🌰 자신의 용돈을 계획적으로 사용할 수 있도록 용돈기입장을 작성해 봅시다.

2) 전단지를 보고 내가 살 물건에 대해 적어 보기

🖱 내가 살 물건에 대하여 적어 봅시다. (예: 떡볶이를 만들려고 할 경우)

	사야 하는 물건	가격	구입 여부	
			○	×
1		원		
2		원		
3		원		
4		원		
5		원		
6		원		
7		원		
8		원		
	합계(산 물건의 가격을 모두 더하면)	원		

🖱 되돌아보기

1. 꼭 필요한 물건만 샀나요?	○	×
2. 내가 가진 돈에 알맞게 샀나요?	○	×

🖱 물품 구입계획서를 작성해 봅시다.

	필요한 물품	수량	가격	구입 장소
1			원	
2			원	
3			원	
4			원	

 **활동 5 관련 자료**

1) 문학작품 속에 나오는 상품명 QR코드 활동(이니스프리, 스타벅스, 롯데)

명칭	QR코드	실행한 후 느낌 써 보기
문학작품 속에 나오는 상품명		

📌 **문학작품 속에 나오는 상품명**

상품명	상품에 대한 설명
이니스프리	이니스프리는 유명작가 윌리엄 예이츠의 〈이니스프리의 호도〉라는 시에서 나온 말이다. 이니스프리는 아일랜드 슬라이고에 위치한 이니스프리의 호수 속의 섬이다.
스타벅스	스타벅스는 미국의 소설가 허먼 멜빌의 장편소설 『모비딕』에서 이름이 유래되었다. 선장 에이햅은 자신의 다리를 자른 고래 모비딕을 잡으러 바다로 나간다. 그런 선장 곁에는 스타벅이라는 일등 항해사가 있었는데 그는 선장과 달리 이성적이고 합리적인 인물로, 선장의 무모한 추적을 포기하도록 설득하였다. 스타벅은 커피를 사랑했던 사람이어서 회사 사장은 스타벅에서 이름을 착안하여 스타벅스를 창업하였다.
롯데 브랜드 명	롯데는 독일이 낳은 세계적인 문호 괴테가 쓴 『젊은 베르테르의 슬픔』에서 유래하였다. 베르테르의 치명적 사랑의 주인공은 바로 '샤롯데'다. 샤롯데는 빼어난 미모뿐 아니라 덕망이 높은 여성으로 누구나 그녀의 매력에 사로잡히게 되었다. 롯데는 그들의 브랜드 또한 소비자들에게 영원히 매력적이고 사랑받는 브랜드가 되길 바라는 마음으로 '롯데'를 브랜드 네임으로 채택하였다.

가. 학습주제

대중교통 시설물과 관련 표지판을 익히고 대중교통 시설 이용하기

나. 학습목표

○ 주변의 대중교통 시설물과 관련 표지판을 익히고 대중교통 시설을 이용할 수 있다.

○ 교통카드, 지하철 승차권의 사용법을 안다.

다. 관련 교육과정 및 융합요소

이번 학습주제와 관련되어 학습할 관련 교육과정이나 융합요소를 STEAM 항목에 맞게 오른쪽에 제시하였다. 여기서 'S'는 과학, 'T'는 기술, 'E'는 기술 · 가정, 'A'는 예술, 'M'은 수학 과목을 나타낸다.

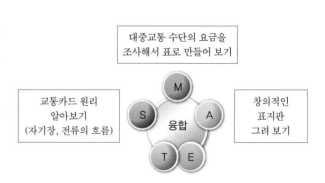

대중교통 수단의 요금을 조사해서 표로 만들어 보기

교통카드 원리 알아보기 (자기장, 전류의 흐름)

융합

창의적인 표지판 그려 보기

라. 평가 관점

1) 이 해

- 대중교통 시설물과 관련 표지판을 알고 있는가?
- 교통카드의 원리를 알고 있는가?

2) 기 능

창의적인 표지판을 그릴 수 있는가?

3) 태 도

교통수단을 이용하는 태도에 대해 알고 있는가?

마. 교수 · 학습 지도안

대상	차시	영역	활동형태	수업전략
특수교육대상학생	7차시(3시간)	직업생활(이동)	개별 및 모둠 활동	협동학습, 상황기반, 융합학습, 소셜 러닝, 앱 기반 학습

활동 프로그램 명	출 · 퇴근길 이동하기
학습목표	• 주변의 대중교통 시설물과 관련 표지판을 익히고 교통수단을 이용할 수 있다. • 교통카드, 지하철 승차권의 사용법을 안다.
수업자료 및 매체	동영상 자료, 활동지, 스마트 기기, 스마트 앱
관련 교육과정 (융합요소)	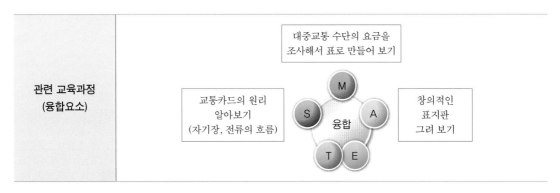
사용 애플리케이션	대중교통, 클래스팅 앱

단계	학습내용	교사활동	학생활동	시간	STEAM 및 스마트 기반 요소	지도상의 유의점
준비 단계	이번 시간에 사용될 앱과 QR 코드 연결하기	❖대중교통 앱 다운받기	❖앱을 다운받아 실행해 보기	10분		각자 앱을 다운받는 연습을 할 수 있도록 지도함.
문제 상황 제시	동기부여 학습목표 확인	❖문제상황 제시 –집에서 복지관까지 가는 교통수단에는 무엇이 있는지 질문하기 ❖학습목표 소개하기	❖문제상황 인식 –집에서 복지관까지 가는 교통수단에는 어떤 것들이 있는지 답하기 ❖학습목표 확인하기	5분		

단계	학습내용	교사활동	학생활동	시간	STEAM 및 스마트 기반 요소	지도상의 유의점
창의적 설계	▶활동 1	❖대중교통 수단과 관련된 표지판 익히기에 대해 설명하기	❖대중교통 수단과 관련된 표지판 익히기에 대해 알기	40분		
	▶활동 2	❖버스 노선과 지하철 노선 검색하기 ❖대중교통 수단의 요금 조사하기	❖버스 노선과 지하철 노선 검색하기 ❖대중교통 수단의 요금을 조사하여 표로 만들기	40분	스마트 기반 대중교통 앱을 열어서 버스, 지하철 노선 검색하기	
	▶활동 3	❖교통카드 원리 설명하기(전류와 자기장의 원리) －전류가 만드는 자기장 －교통카드의 전류와 자기장	❖교통카드의 원리인 전류와 자기장에 대해 알기 －전류가 만드는 자기장 －교통카드의 전류와 자기장에 대해 알기		M 활동 대중교통 수단의 요금 조사하기 S 활동 교통카드의 원리인 전류와 자기장의 흐름 알기	
감성적 체험	▶활동 4	❖창의적인 표지판 그리기	❖창의적인 표지판 그리기	45분	A 활동 창의적인 표지판 그려 보기	
정리 및 평가	▶정리활동	❖클래스팅 앱을 열어서 오늘 수업에 대한 평가 및 소감에 대해 서로 토론하기 ❖주변 정리 및 활동지 정리하기	❖클래스팅 앱을 열어서 오늘 수업에 대한 평가 및 소감에 대해 서로 토론하기 ❖활동지 정리하기 ❖주변 정리하기	10분	스마트 기반 클래스팅 앱을 이용해서 수업 평가 및 수업에 대해 토론해 보기	

평가 영역	평가기준	평가척도			비고
		매우 잘함	보통	미흡	
교수 학습 및 융합 교육 목표	대중교통 시설물과 관련 표지판을 알고 있는가?				
	교통카드의 원리를 알고 있는가?				
	창의적인 표지판을 그릴 수 있는가?				
	교통수단을 이용하는 태도에 대해 알고 있는가?				

본 수업에 사용된 앱 및 QR코드

앱 및 QR코드	앱 화면	앱 설명	수업활용 전략
대중교통		내가 타야 할 버스가 언제 오며, 지하철은 언제 오는 지, 그리고 지하철역 정보 까지 확인 가능한 앱	교통에 관련된 유익한 정 보를 제공해 줌.
클래스팅 앱		학생 및 학부모들과 편하 게 소통할 수 있는 기능을 가지고 있는 정보교류 커 뮤니티 앱	학생-학생, 학생-교사, 교 사-학부모가 편하게 의사 소통을 할 수 있음.

수업 및 활동 자료　출·퇴근길 이동하기

 활동 1 관련 자료

1) 대중교통 시설물과 관련 표지판 익히기

🥜 **대중교통 시설물 알기**

　가. 집에서 학교까지 어떤 대중교통 시설물을 이용하는가?

　나. 다음 그림의 대중교통 시설물 중에서 요금을 내야 하는 것은 어떤 것이 있는가?

　다. 다음 그림의 대중교통 시설물 중에서 여러 사람이 모두 함께 이용하는 것은 무엇인가?

지하철　　자가용　　택시　　버스　　자전거

🖱 **교통카드 충전하는 방법 알기**

　① 슈퍼나 편의점, 지하철역에서 교통카드를 구입한다.

　② 성인용, 청소년용, 초등학생용 중에서 자신에게 맞는 카드를 구입한다.

　③ 슈퍼나 편의점에서는 5000원 이상 현금을 주면 원하는 만큼 충전해 준다.

　④ 지하철역에서는 카드를 산 후, 교통카드 충전하는 기계에서 충전한다.

7차시 출·퇴근길 이동하기　　**157**

2) 교통표지판에 대해 알아보기

보기

횡단보도, 자전거 전용도로, 보행자 통행금지, 자동차 통행금지,
자전거 통행금지, 진입금지, 도로공사 중

① 위의 표지판 중에서 자전거 전용도로 표지판을 찾아서 붙여 보세요.

② 위의 표지판 중에서 도로공사 중이니 주의하라는 표지판을 찾아서 붙여 보세요.

③ 위의 표지판 중에서 자전거 통행금지 규제 표지판을 찾아서 붙여 보세요.

④ 위의 표지판 중에서 보행자 통행금지 규제 표지판을 찾아서 붙여 보세요.

⑤ 위의 표지판 중에서 자동차 통행금지 규제 표지판을 찾아서 붙여 보세요.

⑥ 위의 표지판 중에서 횡단보도로 건너라는 지시 표지판을 찾아서 붙여 보세요.

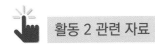
1) '대중교통' 앱 활동

명칭	앱 화면	실행한 후 느낌 써 보기
대중교통		

2) 버스 노선과 지하철 노선 검색하기

🌰 버스 노선 및 번호 검색하는 방법 알아보기

　　※ 인터넷 검색이나 대중교통 앱을 통해 집에서 학교까지의 버스 노선 및 번호를 검색해 봅시다.

🌰 지하철 노선표를 검색하여 붙여 봅시다.

3) 대중교통 수단의 요금 조사해서 표로 만들기

🖱 복지관까지 갈 수 있는 가장 경제적인 방법을 생각해 봅시다. 대중교통 앱을 활용하여 봅시다.

🖱 학교에서 예술의 전당까지 대중교통 수단의 요금을 표로 만들기

교통수단	요금	소요시간	갈아타는 횟수
시내버스			
택시			
지하철			

🖱 위에서 조사한 표를 바탕으로 알맞은 답을 적어 봅시다.

① 요금이 가장 저렴한 교통수단은 무엇인가요?

② 가장 빨리 갈 수 있는 교통수단은 무엇인가요?

③ 갈아타는 횟수가 가장 적은 교통수단은 무엇인가요?

활동 3 관련 자료

1) 교통카드 원리 알기(전자기 유도 현상)

🖱 **정전기는 왜 생길까요?**

서로 다른 두 물체를 마찰시키면 한 물체에서 다른 물체로 전자가 이동하게 되며, 이때 전자를 잃은 물체는 (+) 전하를, 전자를 얻은 물체는 (−) 전하를 띠게 된다.

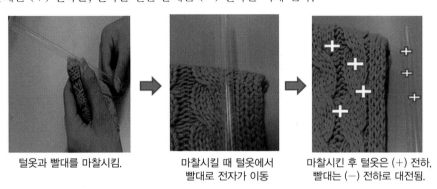

| 털옷과 빨대를 마찰시킴. | 마찰시킬 때 털옷에서 빨대로 전자가 이동 | 마찰시킨 후 털옷은 (+) 전하, 빨대는 (−) 전하로 대전됨. |

🖱 **전류에 대해 알아보기**

① 전류: 전하를 띤 자유 전자가 도선에 따라 이동하면서 생기는 전하의 흐름

② 전류의 방향: (+) 극 → (−) 극

                 (−) 극 → (+) 극

③ 전류의 세기: 1초 동안 도선의 한 단면을 통과하는 전하의 양

   • 단위: A(암페어) (1A = 1,000 mA)

   • 측정: 전류계

🖱 **전기에너지의 이용**

전기에너지는 전류가 흐를 때 공급하는 에너지가 도선을 따라 이동하면서 생기는 전하의 흐름이다. 빛, 열, 소리, 운동 등 생활에 필요한 다양한 형태의 에너지로 전환될 수 있어 생활에서 편리하게 많이 이용되고 있다.

   • 전기에너지 → 빛에너지(백열등, 형광등 등)

   • 전기에너지 → 열에너지(전기난로, 헤어드라이어, 전열기 등)

   • 전기에너지 → 소리에너지(라디오, 오디오 등)

   • 전기에너지 → 운동에너지(전동기 등)

평가활동

🖱 다음의 전열기구를 보고, 전기에너지의 이용에 대해서 말해 보세요.

선풍기

① 전기에너지 → (   )

전기난로

② 전기에너지 → (   )

헤어드라이어

③ 전기에너지 → (   )

다리미

④ 전기에너지 → (   )

🖱 자기장에 대해 알아봅시다.

자기장은 자석 주위에서 자기력이 작용하는 공간이다.

① 나침반의 자침을 이용하면서 자기장의 방향과 세기를 확인할 수 있다.

② 자기장의 방향: 나침반 바늘의 N극이 가리키는 방향

🖱 자기력선

자기력선은 자기장에서 선으로 나타낸 것이다.

① 방향: N극에서 나와 S극으로 들어간다.

② 자기장이 센 곳: 자기력선이 빽빽하게 나타난다.

자기장이 약한 곳: 자기력선이 듬성듬성 나타난다.

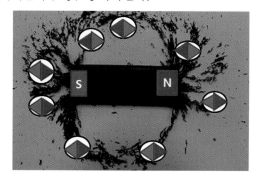

🖱 전자기 유도현상과 이용

① 전자기 유도현상은 코일을 통과하는 자기장의 세기가 변하여 코일에 전류가 흐르는 현상이다.

② 유도전류: 전자기 유도에 의해 도선에 흐르는 전류다.

🖱 전자기 유도현상 이용의 예

① 발전기: 자석 사이에 넣은 코일을 회전시켜 전기를 생산하는 장치다. 전자기 유도에 의해 역학적 에너지를 전기에너지로 전환하는 장치로 전동기와 에너지 전환이 반대로 일어난다.

② 교통카드: 교통카드 속에 들어 있는 코일을 단말기에 가까이 가져가면 코일 내부를 지나는 자기장이 변하면서 유도전류가 흐른다.

교수·학습 지도안 | 8차시 | 나의 여가활동은?

가. 학습주제

여가활동의 의미와 다양한 여가활동의 종류 알기, 여가활동에 필요한 준비물과 준비사항을 알아보기

나. 학습목표

○ 여가활동의 의미와 종류를 알고 여가활동에 필요한 준비물과 준비사항을 안다.
○ 지역사회에서 할 수 있는 여가활동의 종류를 조사한다.

다. 관련 교육과정 및 융합요소

이번 학습주제와 관련되어 학습할 관련 교육과정이나 융합요소를 STEAM 항목에 맞게 오른쪽에 제시하였다. 여기서 'S'는 과학, 'T'는 기술, 'E'는 기술·가정, 'A'는 예술, 'M'은 수학 과목을 나타낸다.

라. 평가 관점

1) 이 해

- 여가활동의 의미와 종류를 알고 있는가?
- 영화 감상 등을 통한 빛의 원리에 대해 알고 있는가?

2) 기 능

- 종이접기 활용 앱을 통해 종이 재활용품을 만들 수 있는가?
- 지역사회에서 할 수 있는 여가활동의 종류를 조사할 수 있는가?

3) 태 도

올바른 여가활동의 태도를 가질 수 있는가?

마. 교수 · 학습 지도안

대상	차시	영역	활동형태	수업전략
특수교육대상학생	8차시(3시간)	직업생활(여가생활)	개별 및 모둠 활동	협동학습, 상황기반, 융합학습, 소셜 러닝, 앱 기반 학습

활동 프로그램 명	나의 여가활동은?
학습목표	• 여가활동의 의미와 종류를 알고 여가활동에 필요한 준비물과 준비사항을 안다. • 지역사회에서 할 수 있는 여가활동의 종류를 조사한다.
수업자료 및 매체	동영상 자료, 활동지, 스마트기기, 스마트 앱
관련 교육과정 (융합요소)	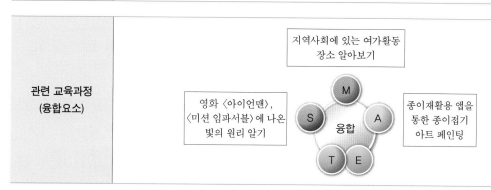
사용 애플리케이션	종이재활용, 클래스팅 앱

단계	학습내용	교사활동	학생활동	시간	STEAM 및 스마트 기반 요소	지도상의 유의점
준비 단계	이번 시간에 사용될 앱과 QR코드 연결하기	◈종이 재활용 앱 다운받기	◈앱을 다운받아 실행해 보기	10분		각자 앱을 다운받는 연습을 할 수 있도록 지도함.
문제 상황 제시	동기부여 학습목표 확인	◈문제상황 제시 -학생들이 여가활동으로 무엇을 하는지에 대해 발표해 보도록 하기 ◈학습목표 소개하기	◈문제상황 인식 -학생들 각자 자신의 여가시간에 무엇을 하면서 시간을 보내는지 알아보기 ◈학습목표 확인하기	5분		

단계	학습내용	교사활동	학생활동	시간	STEAM 및 스마트 기반 요소	지도상의 유의점
창의적 설계	▶활동 1	❖ 여가활동의 의미와 종류에 대해서 설명하기 ❖ 여가활동에 필요한 준비물과 준비사항 설명하기	❖ 여가활동의 의미와 종류에 대해서 알기 ❖ 여가활동에 필요한 준비물과 준비사항을 알고 자신의 여가활동에 필요한 준비물과 준비사항 조사하기	40분		
	▶활동 2	❖ 영화 〈미션 임파서블 4〉에 나온 빛의 원리 설명하기	❖ 영화 〈미션 임파서블 4〉에 나온 빛의 원리(렌즈) 알기	40분	S 활동 영화 〈미션 임파서블 4〉에 나온 다양한 빛의 원리 알기	
	▶활동 3	❖ 지역사회에 있는 여가활동 장소를 알고 여가활동의 종류에 대해 설명하기	❖ 지역사회에 있는 여가활동 장소를 조사하고 다양한 여가활동의 종류에 대해 조사해 보기			
감성적 체험	▶활동 4	❖ 종이재활용 앱을 열어서 다양한 종이접기 작품 설명하기	❖ 종이재활용 앱을 열어서 다양한 종이접기 작품 만들어 보기	45분	A 활동 종이재활용 앱을 이용하여 종이접기 및 종이재활용법 알기 스마트 기반 종이재활용 앱 활용하기	
정리 및 평가	▶정리활동	❖ 클래스팅 앱에 오늘의 수업에 대한 평가 및 소감에 대해 서로 토론하기 ❖ 주변 정리 및 활동지 정리하기	❖ 클래스팅 앱을 열어서 오늘 수업에 대한 평가 및 소감에 대해 서로 토론하기 ❖ 활동지 정리하기 ❖ 주변 정리하기	10분	스마트 기반 클래스팅 앱을 이용해서 수업 평가 및 수업에 대해 토론해 보기	

평가 영역	평가기준	평가척도			비고
		매우 잘함	보통	미흡	
교수 학습 및 융합 교육 목표	여가활동의 의미와 종류를 알고 있는가?				
	영화 감상 등을 통한 빛의 원리에 대해 알고 있는가?				
	종이접기 활용 앱을 통해 종이 재활용품을 만들 수 있는가?				
	지역사회에서 할 수 있는 여가활동의 종류를 조사할 수 있는가?				
	올바른 여가활동의 태도를 가질 수 있는가?				

본 수업에 사용된 앱 및 QR코드

앱 및 QR코드	앱 화면	앱 설명	수업활용 전략
종이재활용		재활용 재료인 유리, 종이, 금속, 플라스틱, 섬유제품, 전자제품 등으로 만든 재활용품 만드는 순서를 제공하고 있는 일반용 앱	종이를 이용한 예술품 만들기에 활용 가능함.
클래스팅 앱		학생 및 학부모들과 편하게 소통할 수 있는 기능을 가지고 있는 정보교류 커뮤니티 앱	학생-학생, 학생-교사, 교사-학부모가 편하게 의사소통을 할 수 있음.

수업 및 활동 자료 | 나의 여가활동은?

 활동 1 관련 자료

1) 여가활동의 의미 및 종류 알기

🔹 **여가활동의 의미**

① 여가

구속을 받지 않는 자유로운 시간인 동시에 자유로운 마음의 상태로 자기 발전을 위한 자발적 활동

② 여가활동

자유시간에 자발적인 참여를 통해 휴식, 기분전환, 오락, 즐거움, 자기실현, 그리고 생활만족을 경험하기 위해 이루어지는 총체적인 활동

🔹 **여가활동의 종류 알아보기**

빈칸을 함께 채워 본다.

〈여가활동 내용 구성표〉

영역	종류
개인적 활동	라디오 청취, TV 시청, 슬라이드 보기, 악기 연주, 독서, 그림, 만들기 등
사회적 활동	소풍, 종교활동, 합창단, 모임 등
예술, 공예	각종 공예(비즈, 펠트, 도자기, 비누, 양초, 보석 등), 서예, 양재, 요리, 원예 등
게임, 스포츠	헬스, 에어로빅, 배드민턴, 야구, 축구, 농구, 태권도, 자전거, 볼링, 조깅, 스케이트, 스키 등
테이블 게임	책상에 앉아서 하는 게임(레고, 장기, 바둑 등)
지역사회 활동	쇼핑, 이웃집 방문, 박물관, 동물원, 극장, 지역사회 단체 이용 등
취미활동	우표수집, 애완동물 기르기 등

🔹 **내가 하고 싶은 여가활동**

문항을 함께 읽고, 작성해 보도록 한다. 작성이 끝나면 한 명씩 발표한다.

여가활동 이름 대기 게임

① 자기의 이름을 말하고, 자기가 좋아하는 여가활동의 이름을 말한다.

② 두 번째 사람은 앞 사람이 좋아하는 여가활동을 말한 후, 자기가 좋아하는 여가활동의 이름을 말한다.

③ 마지막 사람이 모든 사람의 이름과 활동을 외워서 말할 때까지 계속한다.

※ 공부한 내용을 보고 다음 문항에 답해 보세요.

여가활동의 종류에는 무엇이 있을까요?

〈여가활동 내용 구성표〉

영역	종류
개인적 활동	라디오 청취,
사회적 활동	소풍,
예술, 공예	비즈공예,
게임, 스포츠	헬스,
테이블 게임	책상에 앉아서 하는 게임
지역사회 활동	쇼핑,
취미활동	우표수집,

내가 하고 싶은 여가활동

① 내가 하고 있거나 하고 싶은 여가활동 세 가지를 쓰세요.

–

–

–

② 위의 세 가지 중 나에게 가장 어울리는 활동은 무엇입니까?

③ 여가활동을 어디서 하면 좋겠습니까?

④ 여가활동을 누구와 함께하면 좋겠습니까?

⑤ 여가활동을 언제 하면 좋겠습니까?

여가활동 이름 대기 게임

"제 이름은 ○○○이고, 제가 좋아하는 여가활동은 축구입니다."

"○○○는 축구를 좋아합니다. 제 이름은 ×××이고, 제가 좋아하는 여가활동은 TV 시청입니다."

"○○○는 축구를 좋아하고, ×××는 TV 시청을 좋아합니다. 제 이름은 ###이고, 제가 좋아하는 여가활동은 독서입니다." "······."

만약 내가 ~할 수 있다면 ~할 텐데······.

1	만약 이번 주말이 3일이라면 나는 ( ) 했으면 좋겠다.
2	나에게 가장 슬펐던 날은 ( )이다.
3	나는 ( ) 할 때 가장 지루했다.
4	만약 우리 집에 텔레비전이 없다면 ( ) 할 것이다.
5	토요일에 나는 ( ) 할 계획이다.
6	나는 사람들이 ( ) 할 때 가장 즐거워 보인다.
7	현장체험학습 갔던 곳에서 가장 좋았던 장소는 ( )이다.
8	내가 가장 잘하는 것은 ( )이다.
9	나는 ( ) 하는 버릇을 고쳐야 한다.
10	나는 ( ) 할 때 가장 무섭다.
11	나는 ( ) 할 때 행복하다.
12	나는 ( ) 할 때 화가 난다.
13	나는 사람들이 ( ) 할 때 행복해 보인다.
14	내가 여가시간을 현명하게 사용하려면 ( ) 해야 한다.
15	나에게 가장 즐거운 여가활동은 ( )인 것 같다.

일일생활 계획표 만들기

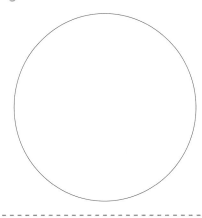

① 학교에서 보내는 시간은 몇 시간입니까? (   )시간

② 자유로운 시간은 몇 시간입니까? (   )시간

③ 주말시간표는 평일과 무엇이 다른가요?

(   )

④ 이 시간표에 만족합니까? (만족   불만족)

⑤ 불만족스럽다면 무엇을 바꾸고 싶습니까?

(   )

2) 여가활동의 종류를 알고 여가활동 계획 세우기

요리하기	도자기 공예	그림 그리기
미술관 및 박물관 관람하기	독서	가족여행
놀이공원	민속촌 관람	컴퓨터 하기
악기 연주하기	스포츠 댄스	등산하기

🖱 여가시간에 주로 하는 활동은 무엇이 있는가?

여가활동 종류	언제 할 것인가?	비용	장소
요리하기			
미술관 및 박물관 관람하기			
놀이공원			
악기 연주하기			
컴퓨터 하기			
스포츠 댄스			
가족 여행			

활동 2 관련 자료

1) 영화 〈미션 임파서블 4〉에 나온 빛의 원리 알기

👆 〈미션 임파서블 4〉에서 콘택트 렌즈로 영상 전송

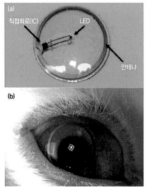

영화 중반 비밀요원 브랜트는 핵무기 발사 암호를 빼내기 위해서 초소형 컴퓨터가 내장된 콘택트 렌즈를 착용했다. 최첨단 과학기술이 들어간 이 렌즈를 착용한 후에 눈을 두 번 깜박이면 사진이 찍혀 무선으로 전송된다. 이번 시간에는 렌즈를 통한 빛의 전달 방식에 대해서 배워 보도록 하자.

그림 출처: http://blog.daum.net/withmsip/929

빛의 반사

거울은 빛을 반사한다.

👆 빛의 반사 실험

수조 안에 거울을 놓고 레이저포인터로 비춰 보면 다음과 같은 결과를 얻을 수 있다.

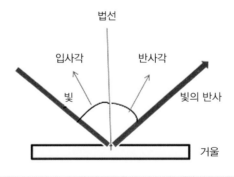

입사각 = 반사각은 항상 같다. → (반사의 법칙)

🖱 다음의 물체를 잘 보고, 다른 사물을 잘 비추는 물체와 그렇지 못한 물체를 분류하여 봅시다.

보기

거울, 나무토막, 공책, 잔잔한 호수의 물, 흰 종이, 잘 닦인 건물의 유리

다른 사물을 잘 비추는 물체	사물을 잘 비추지 못하는 물체

• 다른 사물을 잘 비추는 물체는 표면이 매끈매끈하다.
• 다른 사물을 잘 비추지 못하는 물체는 표면이 울퉁불퉁하다.

빛의 굴절

🖱 빛의 굴절

빛이 다른 물질 속으로 들어갈 때 꺾이는 성질이다.

수면에서 물체가 꺾여 보이는 것은 빛의 굴절현상 때문이다. 즉, 이것은 물이 담긴 컵에 연필을 꽂아 놓으면 연필에서 반사된 빛이 물을 지나 공기로 들어올 때 꺾이게 되면서 물체가 수면에서 꺾여 보이는 현상이다.

👆 속담 속 과학의 원리를 찾아봅시다.

• 얕은 내도 깊게 건너라.
실제로 깊은 물이라 할지라도 빛의 굴절현상에 의해 바닥 면이 떠 보여서 얕게 느껴진다. 따라서 얕아 보이는 물이라도 조심조심 건너야 한다는 뜻을 담고 있는 이 속담에는 옛 조상들의 지혜가 녹아 있다.

• 놓친 고기가 더 커 보인다.
낚시꾼의 수직 아래에 있는 물고기를 바라볼 때는 물고기에서 나온 빛이 꺾이지 않고 바로 낚시꾼의 눈에 들어오기 때문에 굴절이 일어나지 않는다. 따라서 수직 아래에 있는 물고기는 평소와 똑같은 크기로 보이게 되지만 조금 떨어진 물고기에서 반사된 빛은 입사각을 가지고 있기 때문에 물과 공기의 경계면에서 굴절하게 되어 원래 상태보다 떠 보이고 커 보이게 된다.

👆 우리 주변에서 볼 수 있는 빛의 굴절현상을 찾아봅시다.
① 물속에서 떠 보이는 물체
② 봄에 나타나는 아지랑이
③ 물속에서 짧아 보이는 다리
④ 수면에서 꺾여 보이는 물체
⑤ 도로 위의 신기루

활동 3 관련 자료

1) 지역사회에서 할 수 있는 여가활동 장소 및 종류 조사하기

🖱 내가 이용할 수 있는 지역사회의 여가시설에 대해 알아봅시다.

시설 종류	시설명	전화번호	프로그램	이용요금	교통편
영화관					
운동시설					
공원					
놀이터					
백화점(마트)					
문화센터					
장애인복지관					
박물관					

🖱 지역사회 시설 이용 계획표 짜기

시기	지역사회 시설	내용

🖱 주민자치센터에서 운영하는 헬스프로그램 참여하기(런닝 머신, 헬스 사이클, 벤치 프레스 이용법 알기)

활동 4 관련 자료

1) '종이재활용' 앱 활동

명칭	앱 화면	실행한 후 느낌 써 보기
종이재활용		

2) 종이재활용 작품

🖱 탁상앨범 만들기

탁상달력을 이용해서 각 장의 분위기에 어울리게 사진을 오려서 탁상앨범을 만든다.

① 탁상달력에 색상 도화지 및 흰 도화지를 붙인다.

② 원본 사진을 오리는 것보다 복사한 사진을 오린다.

③ 다양한 형태의 사진을 붙이고 기억에 남는 문구를 넣으면 자신만의 탁상앨범이 된다.

교수 · 학습 지도안 9차시 자기결정

가. 학습주제

자신의 권리와 책임 알기, 자신의 진로와 방향 계획 세우기

나. 학습목표

○ 자기인식과 자신의 꿈에 대해 알고, 자신의 권리와 책임에 대해 안다.
○ 자신의 전환교육 계획에 참여하여 진로와 방향 계획을 세운다.

다. 관련 교육과정 및 융합요소

이번 학습주제와 관련되어 학습할 관련 교육과정이나 융합요소를 STEAM 항목에 맞게 오른쪽에 제시하였다. 여기서 'S'는 과학, 'T'는 기술, 'E'는 기술·가정, 'A'는 예술, 'M'은 수학 과목을 나타낸다.

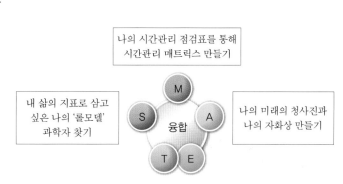

라. 평가 관점

1) 이 해

- 자기의 권리와 책임에 대해 알고 있는가?
- 문제해결이 필요한 상황을 알고 문제해결 방법에 대해 설명할 수 있는가?

2) 기 능

- 자신의 진로와 방향을 광고 및 문구 등을 통해 계획을 세울 수 있는가?
- 내 삶의 지표로 삼고 싶은 롤모델 과학자를 찾을 수 있는가?

3) 태 도

자신의 진로와 방향에 대해 계획을 세우고 실천할 수 있는가?

마. 교수·학습 지도안

대상	차시	영역	활동형태	수업전략
특수교육대상학생	9차시(3시간)	직업생활(자기결정)	개별 및 모둠 활동	협동학습, 상황기반, 융합학습, 소셜 러닝, 앱 기반 학습

활동 프로그램 명	자기결정
학습목표	• 자기인식과 자신의 꿈에 대해 알고, 자신의 권리와 책임에 대해 안다. • 자신의 전환교육 계획에 참여하여 진로와 방향 계획을 세운다.
수업자료 및 매체	동영상 자료, 활동지, 스마트기기, 스마트 앱
관련 교육과정 (융합요소)	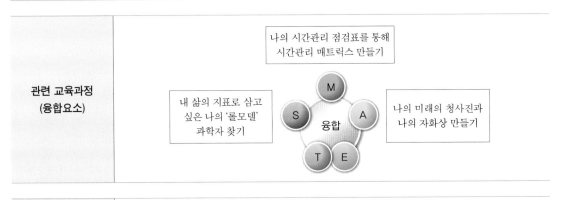

사용 애플리케이션	생생 진로정보, 클래스팅 앱

단계	학습내용	교사활동	학생활동	시간	STEAM 및 스마트 기반 요소	지도상의 유의점
준비 단계	이번 시간에 사용될 앱과 QR코드 연결하기	◈생생진로정보 앱 다운받기	◈앱을 다운받아 실행해 보기	10분		각자 앱을 다운받는 연습을 할 수 있도록 지도함.
문제 상황 제시	동기부여 학습목표 확인	◈문제상황 제시 －학생으로서의 권리와 의무에는 무엇이 있는지 설명하기 ◈학습목표 소개하기	◈문제상황 인식 －학생의 권리와 의무에는 무엇이 있는지 발표해 보기 ◈학습목표 확인하기	5분		

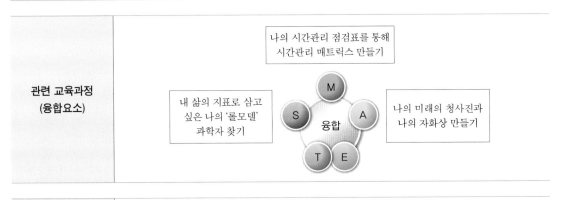

단계	학습내용	교사활동	학생활동	시간	STEAM 및 스마트 기반 요소	지도상의 유의점
창의적 설계	▶활동 1	❖자기의 권리와 책임에 대해 설명하기 -자신의 권리를 주장하는 방법에 대해 설명하기	❖자기의 권리와 책임에 대해 알기 -자신의 권리를 주장하는 방법에 대해 알아보기	40분		
	▶활동 2	❖문제해결이 필요한 상황을 알고 문제해결 방법에 대해 설명하기	❖문제해결이 필요한 상황을 알고 문제해결 방법에 대해 알아보기	10분	S 활동 내 삶의 지표로 삼고 싶은 롤모델 과학자 알아보기	
	▶활동 3	❖내 삶의 지표로 삼고 싶은 롤모델 과학자 찾는 법 알기	❖내 삶의 지표로 삼고 싶은 롤모델 과학자 찾기	20분		
	▶활동 4	❖자신의 진로와 방향 계획 세워 보기 -나의 꿈과 미래에 대해 학생들이 표현하도록 하기 -생생 진로정보 앱을 통해 진로뉴스, 직업흥미검사 실시방법 지도하기 -우리 반 친구들의 장래희망을 막대그래프로 표현하도록 지도하기	❖자신의 진로와 방향 계획 세워 보기 -나의 꿈과 미래에 대해 생각하고 발표하기 -생생 진로정보 앱을 통해 진로뉴스, 직업흥미검사 실시해 보기 -우리 반 친구들의 장래희망을 막대그래프로 표현하기	30분	스마트 기반 생생 진로정보 앱을 열어서 자신의 진로와 방향 계획 세워 보기 M 활동 우리 반 친구들의 장래희망 표현하기	
감성적 체험	▶활동 5	❖나의 미래의 직업을 홍보하는 광고 만들기	❖나의 미래의 직업을 홍보하는 광고 및 문구를 만들어서 발표하기	30분	A 활동 나의 미래의 직업 홍보 광고 만들기	
정리 및 평가	▶정리활동	❖클래스팅 앱을 열어서 오늘 수업에 대한 평가 및 소감에 대해 서로 토론하기 ❖주변 정리 및 활동지 정리하기	❖클래스팅 앱을 열어서 오늘 수업에 대한 평가 및 소감에 대해 서로 토론하기 ❖활동지 정리하기 ❖주변 정리하기	5분	스마트 기반 클래스팅 앱을 열어서 오늘 수업에 대한 평가 및 소감 서로 토론하기	

평가 영역	평가기준	평가척도			비고
		매우 잘함	보통	미흡	
교수 학습 및 융합 교육 목표	자신의 권리와 책임에 대해 알 수 있는가?				
	문제해결이 필요한 상황을 알고 문제해결 방법에 대해 설명할 수 있는가?				
	자신의 진로와 방향을 광고 및 문구 등을 통해 계획을 세울 수 있는가?				
	내 삶의 지표로 삼고 싶은 롤모델 과학자를 찾을 수 있는가?				
	자신의 진로와 방향에 대해 계획을 세우고 실천할 수 있는가?				

본 수업에 사용된 앱 및 QR코드

앱 및 QR코드	앱 화면	앱 설명	수업활용 전략
생생 진로정보		최신 진로뉴스, 직업인 동영상, 직업흥미검사, 직업월드컵 등의 콘텐츠로 구성되어 있음. 이 앱을 통해 진로체험 및 진로교육에 대한 각종 정보를 얻을 수 있음.	진로체험 및 진로교육에 대한 각종 정보 등을 제공함.
클래스팅 앱		학생 및 학부모들과 편하게 소통할 수 있는 기능을 가지고 있는 정보교류 커뮤니티 앱	학생-학생, 학생-교사, 교사-학부모가 편하게 의사소통을 할 수 있음.

수업 및 활동 자료 　자기결정

 활동 1 관련 자료

1) 자기권리와 책임에 대해 알기

🖱 국가인권교육센터의 인권자료 중 〈최소한의 목록〉 동영상 시청하기

🖱 〈최소한의 목록〉 동영상에 나온 세계 인권선언문 조항 적기
　1) 당신은 태어날 때부터 자유롭고 존엄합니다. (　　　　　)
　2) 당신은 신체의 자유와 신체의 안전을 누릴 수 있습니다. (　　　　　)
　3) 당신은 직업을 자유롭게 선택할 수 있고, 그 일은 언제나 동등한 노동에 동등한 보수가 보장됩니다. (제23조)
　4) 열심히 일한 당신은 정기적인 휴가를 가질 수 있습니다. (제24조)
　5) 당신은 누구의 간섭도 받지 않습니다. 당신이 어디서 살 것인지, 당신이 어떤 의견을 가질 것인지, 당신의 사생활, 가정, 통신에 대해서 어떤 간섭을 받지 않습니다. (제2조)

🖱 내가 원하는 것과 필요한 것은?
　학생들이 각자의 삶, 학교생활, 가정 등의 여러 측면에서 자신이 원하는 것과 자신에게 필요한 것을 생각해서 써 보세요.

내가 정말로 원하는 것은?	내게 꼭 필요한 것은?
· · ·	· · ·

🖱 다음과 같이 새로운 규칙이 제정된다면 어떤 느낌이 들고, 왜 이 규칙이 공정하지 않은지 이야기해 봅시다.

- 12월에 태어난 학생들은 다른 학생들보다 매일 학교에서 1시간씩 더 공부해야 한다.
- 여학생들만 점심을 먹는다.
- 키가 작은 학생들은 통학버스 승차가 금지된다.

※ 괄호 안의 단어를 활용하여 다음 문장을 완성하기

1) 위의 새로운 규칙들 중 하나 또는 전부가 당신을 매우 _____ 만들 수 있다. 이 규칙들은 _____ 하지 않다. 그것들은 모든 사람을 _____ 대하지 않고 있다. (공정 / 평등하게 / 화나게)

2) 모든 인간이 누구나 _____ 기회를 가지고 _____ 규칙을 적용받는다면 세상은 _____. (똑같은 / 살 만하다 / 평등한)

🖱 권리와 책임에 대해 알아봅시다.

※ 다음 빈칸에 들어갈 단어를 보기에서 찾아 써 봅시다.

> 나는 _____ 권리가 있다.

> 나는 _____ 책임이 있다.

보기

평등하게 대우받을	다른 이들의 의견을 들어 줄
학교에서 안전하게 공부할	나이, 성별, 인종에 상관없이 직업을 가질
나만의 고유한 생각을 할	내가 어른이 되었을 때 나의 자녀들이 학교에서 좋은 교육을 받게 할
친구들을 다치지 않게 할	여학생과 남학생을 똑같이 대우할

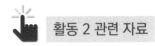

1) 문제해결이 필요한 상황을 알고 문제해결 방법 알기

🖱 생활에서 다음과 같은 문제가 일어난다면 기분이 어떨지 해당되는 곳에 V표 해 보세요.

연번	내용	그저 그렇다	기분이 나쁘다	기분이 매우 나쁘다
1	다른 사람이 내 성적표나 시험점수를 본다면?			
2	친구들이 이유 없이 나를 놀리거나 괴롭힌다면?			
3	친구가 갑자기 나의 몸을 만진다면?			
4	내가 화장실에서 볼일을 보고 있는 모습을 다른 사람이 본다면?			
5	박물관에 가려고 하는데 길을 찾는 데 어려움이 있다면?			
6	내가 돈을 훔치지 않았는데 다른 친구들이 돈을 훔친 사람으로 나를 의심하고 있다면?			
7	요리하다가 손가락을 베었다면?			
8	집의 콘센트에 갑자기 불이 붙었다면?			
9	돈을 주고 산 우유가 상했다면?			

🖱 위와 같은 일이 발생한 경우 문제해결 방법에 대해서 이야기해 봅시다.

2) 문제해결 절차와 상황별 해결 방법

🖱 **문제해결을 위한 절차를 알아봅시다.**

문제상황 인식하기	→	여러 가지 대안 생각하기	→	해결 방법 논의하기	→	해결 방법을 선택하고 계획하기

🖱 **다음과 같은 상황에서의 해결 방법을 이야기해 봅시다.**

① 비가 많이 오는데 우산이 없는 경우

② 친구들이 이유 없이 나를 왕따시키는 경우

③ 친구가 나에게 폭력을 가하는 경우

④ 차비를 잃어버린 경우

⑤ 인터넷 쇼핑몰로 청바지를 주문하였는데 바지 옆선이 터지고, 바느질도 꼼꼼히 되어 있지 않은 경우

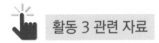

활동 3 관련 자료

1) 나의 롤모델 과학자 찾기

나의 롤모델 과학자

1. 우리 조가 알고 있는 과학자의 이름을 써 봅시다. (인터넷 검색을 통해 과학자 이름 찾아보기)

2. 우리 조는 어떤 삶을 살았던 사람을 롤모델 과학자로 두고 싶은가?

3. 조사 내용
   • 롤모델 과학자의 일대기
   • 가장 인상에 남거나 가슴에 남는 에피소드 한 장면
   • 롤모델 과학자에게서 닮고 싶은 점

1) 자신의 진로와 방향 계획 세우기

🌰 다음 꿈나무에 나의 꿈을 적어 봅시다.

직장
가지기

아파트에
살기

🌰 위의 꿈들을 이루기 위해서 내가 해야 할 일은 무엇이 있을까요?

①

②

③

2) 미래의 나의 모습 및 진로계획 세우기

내가 직장인이 된다면!

나의 미래의 직장은?	
나의 직장의 월급은?	
직장에서 나와 동료들과의 관계는?	

내가 대학생이 된다면!

진학한 대학교는?	
나의 전공은?	
대학 졸업 후의 진로는?	

내가 집을 가지게 된다면!

주거형태는?	예시) 단독주택, 아파트, 그룹홈, 포스터 홈 등
누구와 함께 살까?	
주택관리에 필요한 기본 사항은?	예시) 집 안 청소방법, 가스 관리법, 공공주택단지에서 경비실과 관리사무소 전화번호 알아보기, 관리비 내역서 등

내가 결혼을 하게 된다면!

나의 미래의 배우자의 모습은?	
나의 배우자의 성격은?	
자녀의 수는?	

내가 여가생활을 하게 된다면!

나의 여가활동은?	
나의 여가활동 장소는?	
내가 꼭 가고 싶은 곳은?	

3) 생생 진로 정보 앱 활동

명칭	앱 화면	실행한 후 느낌 써 보기
생생 진로 정보 (진로뉴스, 직업흥미검사)		

4) 우리 반 친구들의 장래희망을 표로 나타내기

🌰 **우리 반 친구들의 장래희망은 다음과 같다.**

> 초등학교 교사 6명, 독서 지도사 3명, 유치원 교사 4명, 음악 강사 2명, 경호원 5명, 교육학연구원 2명, 농업기술자 1명, 경찰관 7명

① 위의 예시를 보고 우리 반 친구들의 장래희망을 표로 나타내어 봅시다.

장래희망	초등학교 교사	독서 지도사	유치원 교사	음악 강사	경호원	교육학 연구원	농업 기술자	경찰관
학생 수 (명)								

② 표를 보고 막대그래프로 나타내 보세요.

(명)								
학생 수 　／　 직업	초등학교 교사	독서 지도사	유치원 교사	음악 강사	경호원	교육학 연구원	농업 기술자	경찰관

활동 5 관련 자료

1) 나의 미래 직업 홍보를 위한 광고 만들기

가. 자신의 미래 직업 선택하기   나. 표현 재료 및 방법 정하기

다. 표현하기   라. 작품 감상하기

바리스타 직업을 표현하는 광고 표현하기

《표현 1》

① 커피원두와 종이컵 준비   ② 원두로 올빼미 모양을 만들고
                                  종이컵을 오려 눈 만들기

③ 에스프레소를 종이컵에 붓기

《표현 2》

좋은 커피 만들기

바리스타 꿈 이루기

바리스타 꿈나무

가. 학습주제

작업의 기초 기능 익히기, 팔, 다리 및 도구를 사용하여 작업하기

나. 학습목표

○ 다양한 활동에서의 작업 자세를 통해 직업의 기초 기능을 익힌다.
○ 팔, 다리 및 도구를 사용하여 작업한다.

다. 관련 교육과정 및 융합요소

이번 학습주제와 관련되어 학습할 관련 교육과정이나 융합요소를 STEAM 항목에 맞게 오른쪽에 제시하였다. 여기서 'S'는 과학, 'T'는 기술, 'E'는 기술·가정, 'A'는 예술, 'M'은 수학 과목을 나타낸다.

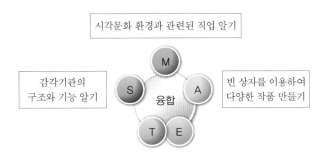

시각문화 환경과 관련된 직업 알기

감각기관의 구조와 기능 알기

빈 상자를 이용하여 다양한 작품 만들기

라. 평가 관점

1) 이 해

팔, 다리, 도구를 사용하는 작업에 대해 알고 있는가?

2) 기 능

• 감각기관의 기능을 알고 자극에 대해 반응하는 과정을 알고 있는가?
• 시각문화 환경과 관련된 직업의 종류에 대해 설명할 수 있는가?

3) 태 도

팔, 다리, 도구를 사용하는 작업의 자세를 표현하고, 작업한 경험을 나눌 수 있는가?

마. 교수 · 학습 지도안

대상	차시	영역	활동형태	수업전략
특수교육대상학생	10차시(3시간)	직업생활(신체기능)	개별 및 모둠 활동	협동학습, 상황기반, 융합학습, 소셜 러닝, 앱 기반 학습

활동 프로그램 명	나의 신체기능 향상시키기
학습목표	• 다양한 활동에서의 작업자세를 통해 직업의 기초 기능을 익힌다. • 팔, 다리 및 도구를 사용하여 작업한다.
수업자료 및 매체	동영상 자료, 활동지, 스마트기기, 스마트 앱

관련 교육과정 (융합요소)	시각문화 환경과 관련된 직업 알기 감각기관의 구조와 기능 알기 S M A 융합 T E 빈 상자를 이용하여 다양한 작품 만들기

사용 애플리케이션	너도나도 무엇일까요? (직업편), 클래스팅 앱

단계	학습내용	교사활동	학생활동	시간	STEAM 및 스마트 기반 요소	지도상의 유의점
준비 단계	이번 시간에 사용될 앱과 QR 코드 연결하기	❖너도나도 무엇일까요? 앱 다운받기	❖앱을 다운받아 실행해 보기	10분		각자 앱을 다운받는 연습을 할 수 있도록 지도함.
문제 상황 제시	동기부여 학습목표 확인	❖문제상황 제시 −팔과 다리를 사용한 작업에는 어떤 것들이 있는지 설명하기 ❖학습목표 소개하기	❖문제상황 인식 −팔과 다리를 사용한 작업에는 어떤 것들이 있는지 발표하기 ❖학습목표 확인하기	5분		

단계	학습내용	교사활동	학생활동	시간	STEAM 및 스마트 기반 요소	지도상의 유의점
창의적 설계	▶활동 1	◆감각기관의 기능을 알고 자극에 대해 반응하는 과정 설명하기	◆감각기관의 기능을 알고 자극에 대해 반응하는 과정 알기	40분	S 활동 감각기관의 기능을 알고 자극에 대한 반응과정 알기	
	▶활동 2	◆신체적 조건과 직업의 종류 설명하기 ◆팔을 사용하는 직업의 종류에 대해 설명하기	◆신체적 조건과 직업의 종류 조사하기 ◆팔을 사용하는 직업의 종류에 대해 발표하기 ◆학교에서 팔이나 다리를 이용한 작업의 경험 이야기하기			
	▶활동 3	◆팔과 다리를 사용하는 작업에 대해 설명하기 ◆팔과 다리를 사용하는 작업의 자세를 설명하고 작업한 경험 나누기 ◆도구를 사용하는 작업의 종류 살펴보기 ◆시각문화 환경과 관련된 직업의 종류에 대해 설명하기	◆팔과 다리를 사용하는 작업에 대해 살펴보기 ◆팔과 다리를 사용하는 작업의 자세를 표현하고 작업한 경험 나누기 ◆도구를 사용하는 작업의 종류 살펴보기 ◆시각문화 환경과 관련된 직업의 종류에 대해 발표하고, 그 직업에 대해 알아보기	40분	T, E 활동 시각문화 환경과 관련된 직업 찾기 스마트 기반 '너도나도 무엇일까요?' 앱을 열어서 시각문화 환경과 관련된 직업 찾기	
감성적 체험	▶활동 4	◆빈 상자를 이용하여 다양한 나의 미래의 집 디자인하기	◆빈 상자를 이용하여 나의 미래의 집 디자인하기	45분	A 활동 빈 상자를 이용하여 나의 미래의 집 디자인하기	
정리 및 평가	▶정리활동	◆클래스팅 앱을 열어서 오늘 수업에 대한 평가 및 소감에 대해 서로 토론하기 ◆주변 정리 및 활동지 정리하기	◆클래스팅 앱을 열어서 오늘 수업에 대한 평가 및 소감에 대해 서로 토론하기 ◆활동지 정리하기 ◆주변 정리하기	10분	스마트 기반 클래스팅 앱을 열어서 오늘 수업에 대한 평가 및 소감 서로 토론하기	

평가 영역	평가기준	평가척도			비고
		매우 잘함	보통	미흡	
교수 학습 및 융합 교육 목표	팔, 다리, 도구를 사용하는 작업에 대해 알고 있는가?				
	감각기관의 기능을 알고 자극에 대해 반응하는 과정을 알고 있는가?				
	시각문화 환경과 관련된 직업의 종류에 대해 설명할 수 있는가?				
	팔, 다리, 도구를 사용하는 작업의 자세를 표현하고, 작업한 경험을 나눌 수 있는가?				

본 수업에 사용된 앱 및 QR코드

앱 및 QR코드	앱 화면	앱 설명	수업활용 전략
너도나도 무엇일까요? (직업편)		다양한 직업의 명칭과 하는 일을 배울 수 있으며 '나는 누구일까?' '퍼즐 놀이' '짝 맞추기' '스티커 색칠놀이 하기' 등 학생들의 소근육 운동 기능 향상을 가져옴.	다양한 직업의 명칭과 하는 일에 대해 알 수 있음.
클래스팅 앱		학생 및 학부모들과 편하게 소통할 수 있는 기능을 가지고 있는 정보교류 커뮤니티 앱	학생–학생, 학생–교사, 교사–학부모가 편하게 의사소통을 할 수 있음.

활동 1 관련 자료

1) 감각기관의 기능 알기

- 공포영화를 보면서 자신이 한 행동에는 무엇이 있었나요? 발표해 봅시다. (소리를 질렀다. 눈을 감 았다. 손으로 눈을 가렸다. 몸을 돌렸다. 등)

- 상자 안의 물건 예상하기(실험)
  - 안대 혹은 손수건으로 눈을 가리고 상자 안에 어떤 물건이 있는지 예상해 봅시다.
  - 친구가 지시하는 감각기관을 이용해서 상자 안의 음식이나 물건을 맞혀 봅시다.

- 상자 안의 물건이나 음식을 알아맞히기 위해 이용할 수 있는 감각기관의 종류와 역할

감각기관의 종류	귀(청각)	코(후각)	손(피부) (촉각)	입, 혀(미각)	눈(시각)
감각기관의 역할	소리 듣기	냄새 맡기, 숨 쉬기	물체를 만져 보고 구별, 체온 조절, 몸을 보호	맛을 봄. 말을 함.	물체 보기

- 감각기관이란?

  주변으로부터 전달된 자극을 느끼고 받아들이는 역할을 하는 것이 감각기관이다. 주변의 변화를 알아차리는 것을 감각이라고 하고, 이러한 변화를 느끼는 기관을 감각기관이라고 한다. 인체의 감 각기관은 크게 다섯 기관으로, 시각, 청각, 후각, 미각, 촉각으로 나뉜다.

  ① 감각기관의 종류에는 어떤 것들이 있나요? (   )

  ② 코(후각)가 하는 일은 어떤 것들이 있나요? (   )

2) 자극에 반응하는 과정 알아보기

🖱 감각기관을 통하여 자극을 받아들였을 때 우리 몸이 나타내는 행동을 반응이라고 한다.

🖱 청기-백기 놀이하기(자극과 반응 놀이)

친구와 짝을 만들어 한 명이 '청기 올려!' '백기 내려!' '청기 내리지 말고 백기 올려!' 등의 행동을 지시한다.	→	다른 한 명은 짝의 지시에 따라 행동을 한다.	→	짝과 역할을 바꾸어 놀이해 보기

🖱 청기-백기 놀이를 통해 자극과 반응에 대해서 알아봅시다.

① '청기 올려!' '백기 내려!' 등과 같은 친구의 말 → 자극이라고 함.

② 친구의 말을 듣고 행동으로 수행하는 것 → 반응이라고 함.

> 문제풀이   친구가 던진 공을 받는 행동에서 자극과 반응은 무엇일까요?
> 친구가 공을 던지는 것: (   ), 팔을 뻗어 공을 받는 행동: (   )

🖱 우리 몸이 자극에 대하여 반응하는 과정

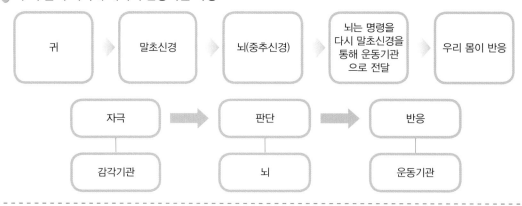

🌰 우리 몸속의 신경계에 대해 알아봅시다.

신경이란 무엇일까요? 감각기관, 뇌, 운동기관 사이에 정보를 전달하는 통로를 신경이라고 한다. 감각기관에서 눈으로 보고, 뇌에서 생각하고, 운동기관에서 공을 던지게 된다.

① 뇌: 머리에 있으며, 전달된 자극을 느끼고 행동을 하도록 판단하여 결정한다.

② 중추신경: 뇌와 척수로 구성되어 있으며, 말초신경으로부터 전달된 자극을 받아 이에 대처하는 명령 등을 내린다.

③ 말초신경: 중추신경과 연결되어 온몸에 뻗어 있으며, 외부자극을 중추신경으로 전하고 중추의 명령을 운동기관이나 각 기관에 전달한다.

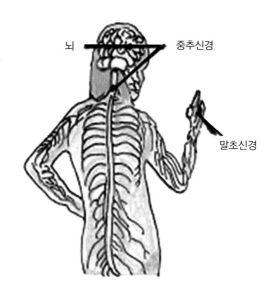

뇌   중추신경

말초신경

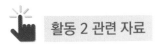

활동 2 관련 자료

1) 신체적 조건과 직업 조사하기

신체적 장애 및 어려움	부적당한 직업의 성질	부적당한 직업의 예
신체적 쇠약	강인한 체력을 요하는 직업	광부, 토목공, 운반 인부, 농업 종사자 등
색맹	색채를 구별해야 하는 직업	화가, 의사, 염색공, 자수공, 미술가, 약제사 등
발음장애	유창한 연설을 요하는 직업	교사, 아나운서, 세일즈맨, 외교관, 목사, 카운슬러 등
폐질환	먼지가 많이 나는 직업, 식물 기호품을 제조하는 직업 등	연마공, 도금공, 부식판공 등
피부병	산과 기타 부식품에 접촉하는 기호품의 제조 또는 타인과 접촉하는 직업	화학공, 염색공, 피혁공 등
근시	충분한 시력을 요하는 직업	인쇄공, 금세공사, 사진 기술사, 기계공 등
악취	고객을 접하는 직업	판매계, 미용사, 간호사, 외교관, 요리사, 교원 등

🖰 자신의 신체적인 조건에서 부적당한 직업의 성질 및 직업에 대해 알아봅시다.

2) 팔과 다리를 사용하는 작업의 종류에 대해 알기

🖱 다음의 작업들은 우리 신체의 어느 부분을 이용해서 하는 작업인가요?

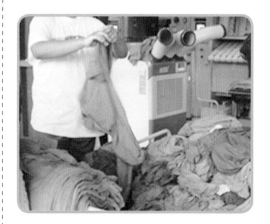

10차시 나의 신체기능 향상시키기   203

1) 도구를 사용하는 작업의 종류 알기

🔘 다음 도구들은 어떤 작업을 할 때 사용되는 것인가요?

호미

낫

삽

괭이

수동식 배낭 분무기

물조리개

① 위의 도구들 중에서 땅을 파거나 뒤집을 때 사용되는 것은?

② 논이나 밭에 농약을 줄 때 사용되는 도구는 어떤 것인가요?

③ 풀을 벨 때 사용하는 도구는 어떤 것인가요?

🖱 다음 도구들은 어떤 작업을 할 때 사용되는 것인가요?

프라이팬

국자와 뒤집개

도마

부엌칼

냄비

① 위의 도구들 중에서 채소 혹은 생선을 자를 때 받침으로 사용되는 도구는?

② 부침개를 할 때 주로 사용되는 도구로서 부침개를 뒤집을 때 사용되는 도구는?

③ 라면을 끓일 때 사용되는 도구는?

2) '너도나도 무엇일까요?' 앱 활동

명칭	앱 화면	실행한 후 느낌 써 보기
너도나도 무엇일까요? (직업편)		

3) 시각문화 환경과 관련된 직업

평면적 요소	시각적 요소	입체적 요소
컬러리스트, 코디네이터, 광고 전문가, 분장사, 사진사, 네온 아트 전문가, 이미지 컨설턴트, 네일 아티스트, 만화가, 메이크업 전문가, 스타일리스트, 아바타 디자이너, 웹 디자이너, 웹 마스터, 이미지 컨설턴트	여행설계사, 방송 PD, 연극 연출가, 영화감독, 게임 시나리오 작가, 영화 기획자, 웨딩 플래너, 이벤트 전문가, 방송 기술자, 광고 전문가, 멀티미디어 전문가, 뮤직 비디오 감독, 큐레이터	무대 감독, 건축 기술자, 귀금속 가공사, 인테리어 디자이너, 건축 설계사, 건축사, 토목 기술자, 금형 설계사, 측량 기사, 조경사, 원예사, 모형 전문가, 보석 디자이너, 인테리어 디자이너, 패션 디자이너

🌰 위에 제시된 평면적 요소, 시각적 요소, 입체적 요소에서 자신이 관심 있는 직업에 대해서 조사해 보세요.

　① 관심 있는 직업명:

　② 직업이 하는 일:

　③ 관심 있는 직업을 가지기 위해서 해야 할 일

　　•

　　•

　　•

활동 4 관련 자료

1) 빈 상자를 이용하여 나의 미래의 집 디자인하기

재료: 빈 상자, 우드락, 칼, 글루건, 고무찰흙

가. 우드락을 적당한 크기로 잘라 바닥 만들기

우드락을 사용하여 바닥을 만든다.

나. 자신의 미래의 집을 구상하기

빈 상자나 기타 재료를 활용하여 기본 형태를 구상한다.

다. 형태의 구조를 만들어 글루건으로 고정하기

배열한 구조물을 글루건으로 고정하고 주제의 형태에 맞게 자르거나 덧붙인다.

라. 작은 상자 및 고무찰흙을 사용하여 세밀한 형태 구성하기

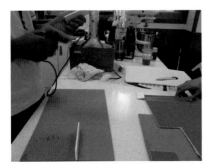 

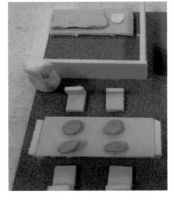

가. 학습주제

직업 관련 용어 알기, 직업 관련 문서와 서류 작성하기, 주민자치센터에서 직업 관련 서류 발급 방법 알기

나. 학습목표

○ 직업 관련 용어를 알고, 자기소개서부터 구직신청서에 이르는 다양한 문서작성 방법을 안다.
○ 직업에 필요한 서류 준비과정, 신문이나 생활정보지를 이용하여 자신이 원하는 직장에 지원하는 방법을 안다.

다. 관련 교육과정 및 융합요소

이번 학습주제와 관련되어 학습할 관련 교육과정이나 융합요소를 STEAM 항목에 맞게 오른쪽에 제시하였다. 여기서 'S'는 과학, 'T'는 기술, 'E'는 기술·가정, 'A'는 예술, 'M'은 수학 과목을 나타낸다.

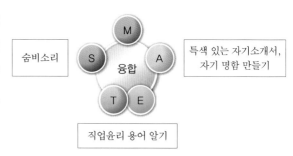

라. 평가 관점

1) 이 해

- 직업 관련 용어를 알고 자기소개서를 작성할 수 있는가?
- 폐활량 실험을 통하여 숨비소리에 대해 이해하고 있는가?

2) 기 능

특색 있는 자기소개서와 명함을 통해 자신을 표현할 수 있는가?

3) 태 도

직업에 필요한 서류 준비과정과 태도를 알고 있는가?

마. 교수·학습 지도안

대상	차시	영역	활동형태	수업전략
특수교육대상학생	11차시(3시간)	직업탐색(학습 기능)	개별 및 모둠 활동	협동학습, 융합학습, 상황 기반, 소셜러닝

활동 프로그램 명	직업의 세계로 나아가는 첫걸음
학습목표	• 직업 관련 용어를 알고, 자기소개서부터 구직신청서에 이르는 다양한 문서작성 방법을 안다. • 직업에 필요한 서류 준비과정, 신문이나 생활정보지를 이용하여 자신이 원하는 직장에 지원하는 방법을 안다.
수업자료 및 매체	동영상 자료, 활동지, 스마트기기, 스마트 앱

관련 교육과정 (융합요소)	

사용 애플리케이션	이력서의 품격, 사다리 타기, 클래스팅 앱

단계	학습내용	교사활동	학생활동	시간	STEAM 및 스마트 기반 요소	지도상의 유의점
준비 단계	이번 시간에 사용될 앱과 QR 코드 연결하기	❖이력서의 품격 앱 다운받기	❖이력서의 품격 앱 다운받기	10분	스마트 기반 학생들이 주도적으로 다양한 앱 다운	각자 앱을 다운받는 연습을 할 수 있도록 지도함.

단계	학습내용	교사활동	학생활동	시간	STEAM 및 스마트 기반 요소	지도상의 유의점
문제 상황 제시	동기부여 학습목표 확인	❖문제상황 제시 –숨비소리에 대해 들어 보았는지 질 문하기 –동영상을 시청하고 난 후 해녀들이 오 랫동안 잠수할 수 있는 이유가 무엇 인지 질문하기 ❖학습목표 소개	❖문제상황 인식 –동영상 자료를 보 고 '숨비소리'가 무 엇인지 대해 이야 기해 보기 ❖학습목표를 확인	5분	S 활동 숨비소리 동영상 시청	
창의적 설계	▶활동 1	❖폐활량 측정하기 –활동지에 따라 실 험방법에 따라 자 신의 폐활량 측정 하기	❖폐활량 측정하기 –활동지에 따라 실 험방법에 따라 자 신의 폐활량 측정 하기	40분	S 활동 폐활량을 측정하 는 실험하기와 폐활량 표로 만 들기	
	▶활동 2	❖직업에 필요한 서류 알기 –이력서의 품격 앱 을 열어서 필요한 서류 알아보기(이 력서, 자기소개서, 주민등록등본, 구 직 신청서, 졸업증 명서, 수료증, 복 지카드 사본, 경력 증명서, 추천서) ❖구인광고를 보고 필요 한 서류 찾아보기	❖직업에 필요한 서류 알기 –이력서의 품격 앱 열기 –직업에 필요한 서 류가 무엇인지 알 아보기 –이력서와 자기 소 개서 작성해 보기 ❖구인광고를 보고 필요 한 서류 찾아보기	50분	T 활동 직업 관련 용어 중 직업윤리 용 어 알기 스마트 기반 –이력서의 품격 실행하기 –작성한 이력서 와 자기소개서 를 클래스팅 앱에 올리기 –사다리 타기를 통해 자신의 역 할 배정받기	※ 역할극을 자유롭게 할 수 있도 록 지도함.
	▶활동 3	❖주민자치센터에서 서 류 발급절차를 역할극 을 통해서 실시해 보기	❖주민자치센터에서 서 류 발급절차를 역할극 을 통해서 실시해 보기			

단계	학습내용	교사활동	학생활동	시간	STEAM 및 스마트 기반 요소	지도상의 유의점
감성적 체험	▶활동 4	❖특색 있는 자기소개서, 자기 명함 만들기 -콜라주를 이용해서 자기소개서 및 자기 명함 만들기 ❖자신의 명함 전시하기	❖특색 있는 자기소개서, 자기 명함 만들기 -콜라주를 이용해서 자기소개서 및 자기 명함 만들기 ❖자신의 명함을 친구들에게 주고 평가해 보기	35분	A 활동 특색 있게 자기소개서와 자기 명함 만들기 스마트 기반 클래스팅 앱에 자료를 올리고 의견 나누기	
정리 및 평가	▶정리활동	❖클래스팅 앱에 자신의 명함을 올리고 서로의 의견을 나눌 수 있도록 하기 ❖정리활동지 정리하기	❖클래스팅 앱에 자신의 명함을 올리고 서로의 의견 나누기 ❖정리활동지 정리하기 ❖주변 정리하기	10분	스마트 요소 클래스팅 앱에서 서로 의견 나누기	

평가 영역	평가기준	평가척도			비고
		매우 잘함	보통	미흡	
교수 학습 및 융합 교육 목표	직업 관련 용어를 알고 자기소개서를 작성할 수 있는가?				
	폐활량 실험을 통하여 숨비소리에 대해 이해하고 있는가?				
	특색 있는 자기소개서와 명함을 통해 자신을 표현할 수 있는가?				
	직업에 필요한 서류 준비과정과 태도를 알고 있는가?				

본 수업에 사용된 앱 및 QR코드

앱 및 QR코드	앱 화면	앱 설명	수업활용 전략
이력서의 품격		이력서 쓰기, 이력서 보기, e-mail로 보내기 등의 기능을 가지고 있는 일반용 앱	직업에 필요한 서류 준비와 지원방법을 지도할 수 있음.
사다리 타기		2~8명이 팀을 정할 때 사다리 타기 게임 앱을 통해 팀을 결정	팀을 만들거나 게임을 시작할 때, 팀원을 만들 때 사용 가능
클래스팅 앱		학생 및 학부모들과 편하게 소통할 수 있는 기능을 가지고 있는 정보교류 커뮤니티 앱	학생-학생, 학생-교사, 교사-학부모가 편하게 의사소통을 할 수 있음.

수업 및 활동 자료 **직업의 세계로 나아가는 첫걸음**

 활동 1 관련 자료

1) 폐활량 실험

1. 준비물

검은색 비닐봉지, 테이프, 빨대, 자, 비눗방울 용액

2. 실험 과정

가. 검은색 비닐봉지를 펼쳐서 탁자 위에 테이프로 고정한다.

나. 비닐장갑을 낀 손으로 비눗방울 용액을 비닐봉지 위에 골고루 바른다.

다. 비눗방울 용액 위에 빨대를 대고 가능한 한 많은 숨을 천천히 내쉬어 비눗방울을 불어 본다.

라. 비눗방울을 터뜨려서 지름을 잰 후 다른 학생의 결과와 비교해 본다.

① 검은 비닐봉지를 테 이프로 고정시킨다.

② 비닐 위에 비눗방울 용액을 떨어뜨린다.

③ 빨대를 대고 비눗방 울 용액을 불어서 비 눗방울을 만든다.

④ 자를 이용해서 터뜨 린 비눗방울의 크기 를 재어 본다.

3. 결 과

가. 자신의 폐활량을 다른 학생들과 비교해 보자.

나. 비눗방울 속에 들어간 공기는 자신의 몸속 어디에 있었을까?

다. 손쉽게 폐활량을 측정하는 방법에 대해 생각해 보고 발표해 보자.

(풍선, 혹은 비닐봉지에 숨을 불어 넣고 상대적인 크기로 측정하는 방법)

2) 폐활량(vital capacity)이란?

🖱 **폐활량**

사람이 최대한으로 내쉴 수 있는 공기의 양을 말한다. 운동선수들은 일반인에 비해 2~3배 정도 폐활량이 많다고 한다.

- 1회의 흡기 및 호기에 의해 폐에 출입하는 최대의 공기량

🖱 **폐활량의 비교**

- 나이, 성별, 건강 및 운동 상태에 따라 다르다.
- 어린이나 여자들은 성인 남자보다 폐활량이 적으며, 해녀들이나 운동선수들의 폐활량은 성인 남자보다 뛰어나다.

🖱 **폐활량이 중요한 운동종목으로는 무엇이 있을까요?**

장거리 달리기, 축구, 수영 등

🖱 **폐활량이 뛰어날수록 유리한 직업**

수영선수, 아나운서, 마라톤 선수, 축구선수, 해녀 등

🖱 박태환 수영선수의 폐활량에 관련된 자료를 찾아봅시다.

3) 폐활량과 연관된 직업 탐색 활동

직업 탐구 활동지

( )학년 ( )반 이름( )

◆ 폐활량이 뛰어나면 좋은 직업	
◆ 뛰어난 폐활량이 요구되는 직업의 특성 및 특징	
◆ 폐활량을 뛰어나게 유지하기 위한 방법으로는 무엇이 있을까요?	• 유산소 운동 • 호흡을 지속적으로 유지 • 오래달리기 • 복식호흡 등
◆ 나 자신이 이런 직업 중에서 ( ) 이/가 된다면, 내가 더 갖추어야 될 능력은 무엇입니까?	
◆ 나 자신이 이런 직업 중에서 ( ) 이/가 된다면 내가 꼭 해 보고 싶은 것은 무엇입니까?	
◆ 나 자신이 직장에서 ( )이/가 되어 일을 할 때 지켜야 할 바른 태도는 무엇입니까?	
◆ 토의 결과	
◆ 느낀 점 쓰기	

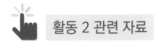
1) '이력서의 품격' 앱 활동

명칭	앱 화면	실행한 후 느낌 써 보기
이력서의 품격		

2) 취업에 필요한 서류에 대해 알아보기

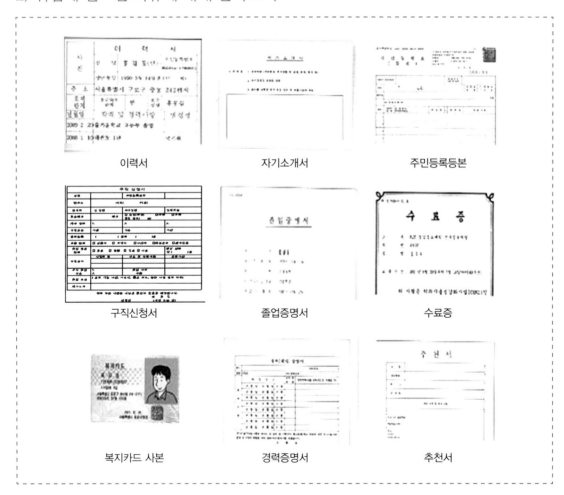

이력서   자기소개서   주민등록등본

구직신청서   졸업증명서   수료증

복지카드 사본   경력증명서   추천서

3) 민원서류를 발급받는 절차를 알아보기

① 신청서를 작성한다.

② 서류를 발급받을 창구로 간다.

③ 인사를 한다.

④ 서류를 확인하고 비용을 지불한다.

⑤ 서류 봉투에 넣는다.

4) 민원서류 발급신청서를 작성해 보기

<table>
<tr><td colspan="5" align="center">신 청 서</td></tr>
<tr><td>주 소</td><td colspan="4"></td></tr>
<tr><td>성 명</td><td colspan="4"></td></tr>
<tr><td>세 대 주</td><td colspan="2"></td><td>관 계</td><td></td></tr>
<tr><td>신청서류</td><td colspan="2">주민등록(등본, 초본)</td><td colspan="2">매수 (   ) 통</td></tr>
<tr><td>기 타</td><td colspan="2"></td><td></td><td></td></tr>
</table>

5) 역할극을 통해 민원서류 발급절차를 시뮬레이션해 보기

6) 구직신청서 작성해 보기

구직신청서

성 명		주민등록번호	
현주소	시(도) 구(군)		
연락처	집 전화	휴대전화	전자우편
최종학교	학교	☐ 졸업(예정) ☐ 재학 ☐ 휴학 졸업 연도(년)	
자격 면허	1.	2.	3.
직업훈련	기관	직종	기간
장애등록	( ) 장애 ( )급		
고용형태	☐ 상용직 ☐ 계약직 ☐ 시간제 ☐ 파견근로 ☐ 관계 없음		
희망 임금 형태	☐ 월급 ☐ 연봉 ☐ 일급 ☐ 시급		한달 단위 약 ( )원
직업경력	사업체 명	직종 및 직무내용	근무기간
구직 희망 직종	1. 2.	희망 직무 내용	
희망 조건	(근무 가능 시간, 기숙사, 통근 버스, 편의 시설 설치 여부)		
자기소개			

7) 구인광고를 보고 취업에 필요한 서류 찾기

카페 직원 모집

1. 모집인원: 2명
2. 신청: 20○○년 ○월 ○○일까지
3. 시간: 13:00~20:00까지
4. 근무일: 주 5일(주말 근무)
5. 제출서류: 이력서, 주민등록등본, 사진 2장, 자격증, 건강검진 결과표

🖱 위의 모집광고를 보고 취업준비 서류로 무엇을 준비해야 할까요?

  이력서, 주민등록등본, 자기소개서, 졸업증명서, 복지카드 사본, 자격증, 구직신청서, 직업평가서, 추천서, 증명사진, 건강검진결과표

구인광고문을 보고 내용을 기록하여 봅시다.

주방 직원 모집

1. 모집인원: 3명
2. 성별 무관
3. 오전 10~19시까지, 주 5일 근무
4. 25~45세, 고졸 이상
5. 서류: 이력서, 주민등록등본
6. 접수마감: 2015년 6월 20일까지, ○○식당, ☎345-0077

① 모집 직종:

② 자격:

③ 제출서류:

④ 신청기한:

⑤ 연락처:

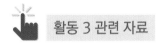

활동 3 관련 자료

1) 나의 예절생활에 대해 알기

나의 예절생활 들여다보기

🌰 **자기 예절 평가표**

각 항목을 솔직하게 평가하도록 한다.

영역	내용	평가				
		1	2	3	4	5
기본예절	발이나 몸을 '달달달' 흔드는 버릇이 있다. (있으면 5점, 없으면 1점)					
	평소에 입을 '헤' 벌리고 있다. (있으면 5점, 없으면 1점)					
	부모님께 인사를 잘한다.					
	이웃 어른들께 인사를 잘한다.					
	말할 때 바른 태도로 또렷하게 말한다.					
	부모님과 웃어른께 존댓말을 한다.					
	절하는 법을 잘 알고 실천한다.					
	밖에서 돌아오면 손, 발을 씻는다.					
	아침, 저녁으로 이를 닦는다.					
	총점					
가정예절	늦잠을 자지 않는다.					
	내 이부자리는 내가 펴고 갠다.					
	내 방 청소는 내가 한다.					
	형제자매 간에 싸우지 않는다.					
	부모님의 일을 잘 도와드린다.					
	내 물건을 잘 정리정돈한다.					
	부모님이 부르실 때 '예' 하고 대답하고 즉시 부모님 앞으로 간다.					
	총점					

영역	내용	평가				
		1	2	3	4	5
공공예절	길을 건널 때 좌우를 먼저 살핀다.					
	교통신호를 잘 지킨다.					
	공공장소에서 소리를 지르지 않는다.					
	공중화장실에서 꼭 노크를 한다.					
	친구의 집에 방문했을 때 웃어른께 인사를 한다.					
	여럿이 함께 탄 지하철, 버스 안에서 떠들거나 장난치지 않는다.					
	부모님이나 친구와의 약속을 꼭 지킨다.					
	공공장소에서는 조용히 하고 질서를 잘 지킨다.					
	총점					
학교예절	학교에서 친구들과 싸우지 않는다.					
	수업시간에 자지 않고 장난도 치지 않는다.					
	선생님 흉을 보지 않고, 말씀을 잘 듣는다.					
	친구를 잘 도와주고 사이좋게 지낸다.					
	친구들을 놀리지 않는다.					
	학교 화장실에서 노크를 한다.					
	선생님 말씀을 잘 듣는다.					
	총점					

🐭 자기 예절 평가표의 점수를 적어 보세요.

영역	기본예절	가정예절	공공예절	학교예절
총점				

🐭 자기 예절 평가표를 보고 내가 잘하고 있는 점과 고쳐야 할 점을 기록해 보세요.

예절생활의 측면	잘하고 있는 점	고쳐야 할 점
부모님께		
선생님께		
친구에게		
형제자매에게		
공공장소에서		

🐭 친구 혹은 회사 동료들과의 바람직한 인간관계를 맺기 위해서 내가 지켜야 할 예절에 대해서 말해 봅시다.

① 인사를 잘한다.

② 성실하게 일한다.

③ 정직해야 한다.

④ (   )

⑤ (   )

⑥ (   )

🐭 친구 혹은 회사 동료들과 나빠진 인간관계를 개선하기 위한 방법에는 어떤 것들이 있을까요?

🐭 사람 관계에서 가장 중요한 점은 무엇이라고 생각하나요? 간단하게 자신의 의견을 기록해 봅시다.

활동 4 관련 자료

1) 직업윤리의식 활동지, 자기소개서 및 명함 만들기

🖱 **직업윤리에 대해 알아봅시다.**
- 직업윤리란 직업인이 자신의 일에 대해 가지는 태도를 말한다.
- 사회에서 직업인에게 요구되는 직업적 양심과 윤리다. 직업생활에서 나타나는 행동이나 태도의 옳고 그름을 체계적으로 구분하는 판단기준이다.
- 직업윤리는 직업의 성격에 따라 내용이 달라질 수 있다.

🖱 **다음의 톰의 예화를 통해 직업윤리에 대해 생각해 봅시다.**

> 톰은 20세의 청년이다. 그는 다운증후군 환자다. 톰은 마트에서 일하고 있는데, 계산대 끝에서 계산된 물건을 봉지에 담아 주는 단순한 일을 하고 있다. 어느 날 사장님이 직원들에게 "손님들에게 기억에 남는 친절한 일을 한 가지씩 찾아서 하라."는 말에 톰은 자신도 손님들에게 기억에 남는 좋은 서비스를 할 수 있는 일이 있을까? 생각하였다. 그 후 톰은 집에서 새벽까지 매일 수백 장씩 좋은 글귀가 적힌 카드를 만들었다. 그리고는 좋은 글귀들을 손님들의 물건 봉지에 넣어서 주었다. 톰이 이렇게 좋은 글귀를 손님들에게 넣어 준 후 마트에 놀라운 일이 생기기 시작하였다. 손님들은 모두 톰이 있는 계산대에만 줄을 서기 시작했으며, 마트의 손님이 2배 이상 늘어나게 되었다. 많은 손님은 톰이 건네준 글귀를 보고 마음의 위로를 받았고, 기분이 좋아졌다고 말을 하면서 톰을 만나기 위해 톰이 근무하는 마트를 찾는다고 하였다.

① 이 글의 주인공인 톰에게 배운 삶의 교훈은 무엇인가?

② 내가 톰의 입장이라면 어떻게 일을 했을 것 같은가?

③ 자신의 일에 긍지를 갖고 친절함과 감사함으로 일하는 톰에게 존경의 마음을 전하는 짧막한 글을 써 봅시다.

특색 있는 자기소개서

🖐 나에 대한 소개서를 작성해 보세요.

🖐 기본적으로 다음 항목들이 들어가게 자기소개서를 작성해 봅시다.

① 성장과정: 어린 시절부터 현재까지의 자신의 성장과정을 간단하게 적는다.

예시 전주에서 3남 3녀 중 막내로 태어났으며, 아버지와 어머니의 사랑을 받으면서 유년시절을 보냈습니다.

② 성격소개: 자신의 장·단점을 적는다.

예시 성격이 매우 활발하고, 한번 시작한 일은 마치려고 하는 성격입니다. 고집이 센 단점도 있지만 남의 고민을 잘 들어 주기 때문에 마음을 열고 상담을 하는 친구들도 많습니다.

③ 생활신조: 자신이 살아가면서 주요하게 생각하는 가치관 등

예시 모든 일에 자신을 갖고 열심히 하려고 합니다.

④ 학교생활 및 교우관계: 학교생활과 친구들과의 관계를 적는다.

예시 성격이 매우 낙천적이고 사람들과 함께하는 것을 즐거워해서 교우들과 자주 모이는 자리를 갖습니다.

⑤ 특기와 취미

🖐 기본적인 항목 이외에 자신만의 특색 있는 자기소개서를 만들어 보세요.

직업 캐릭터 및 명함 만들기

🟤 장애학생의 작품 예시

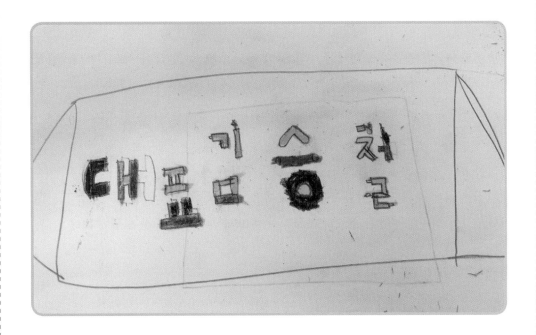

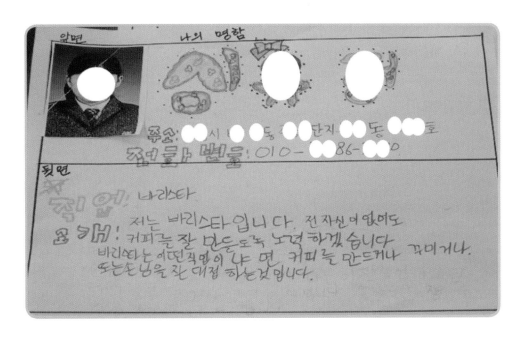

교수 · 학습 지도안 12차시 다양한 도구의 종류 알기

가. 학습주제

다양한 생활도구의 종류와 쓰임새에 대해 알고 다림질 방법 알기, 아날로그와 디지털 신호 비교하기

나. 학습목표

○ 다양한 도구의 종류를 알고 그 쓰임새에 대해 안다.

○ 다림질 방법에 대해 알고 다림질을 한다.

○ 아날로그와 디지털 신호를 비교하고 시대의 변화에 맞는 정보통신 도구에 대해 안다.

다. 관련 교육과정 및 융합요소

이번 학습주제와 관련되어 학습할 관련 교육과정이나 융합요소를 STEAM 항목에 맞게 오른쪽에 제시하였다. 여기서 'S'는 과학, 'T'는 기술, 'E'는 기술 · 가정, 'A'는 예술, 'M'은 수학 과목을 나타낸다.

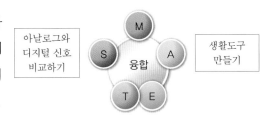

라. 평가 관점

1) 이 해

주방도구, 주방용 전기 기기의 사용, 의류도구를 사용할 수 있는가?

2) 기 능

• 다림질하는 방법을 알고, 다림질을 할 수 있는가?

• 아날로그와 디지털 신호를 비교하고 시대의 변화에 맞는 정보통신 도구 사용법에 대해 알고 있는가?

3) 태 도

위생용 도구 사용 시 주의사항 및 어려운 점에 대해 알 수 있는가?

마. 교수 · 학습 지도안

대상	차시	영역	활동형태	수업전략
특수교육대상학생	12차시(3시간)	직업탐색(도구 사용)	개별 및 모둠 활동	협동학습, 융합학습, 상황기반

활동 프로그램 명	다양한 도구의 종류 알기
학습목표	• 다양한 도구의 종류를 알고 그 쓰임새에 대해 안다. • 다림질 방법에 대해 알고 다림질을 한다. • 아날로그와 디지털 신호를 비교하고 시대의 변화에 맞는 정보통신 도구에 대해 안다.
수업자료 및 매체	동영상 자료, 활동지, 스마트기기, 스마트 앱
관련 교육과정 (융합요소)	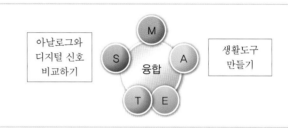
사용 애플리케이션	두들 유틸 도구모음, 클래스팅 앱

단계	학습내용	교사활동	학생활동	시간	STEAM 및 스마트 기반 요소	지도상의 유의점
준비 단계	이번 시간에 사용될 앱과 QR 코드 연결하기	◈도구모음 앱을 다운받도록 지도하기	◈도구모음 앱을 다운받아 보기	10분	스마트 기반 학생들이 주도적으로 다양한 앱 다운	각자 앱을 다운받는 연습을 할 수 있도록 지도함.
문제 상황 제시	동기부여 학습목표 확인	◈문제상황 제시 −주방용 도구, 주방용 전기 기기의 종류에 대해 질문하기 ◈학습목표 소개	◈문제상황 인식 −주방용 도구, 주방용 전기 기기의 종류에 대해 발표해 보기 ◈학습목표 확인	5분		

단계	학습내용	교사활동	학생활동	시간	STEAM 및 스마트 기반 요소	지도상의 유의점
창의적 설계	▶활동 1	◈◈주방도구의 쓰임과 사용방법에 대해 발표해 보기 ◈◈주방용 전기 기기의 종류에 대해 알고 사용 시 주의점에 대해 설명하기	◈◈주방도구의 쓰임과 사용방법에 대해 말해 보기 ◈◈주방용 전기 기기의 종류에 대해 알고 사용 시 주의점에 대해 발표하기	15분	스마트 기반 도구모음 앱을 열어서 다양한 도구의 종류에 대해 알기	
	▶활동 2	◈◈의류도구 종류와 쓰임새에 대해 설명하기 ◈◈다림질하는 방법 설명하기 ◈◈다림질하는 방법 시범 보이기	◈◈의류도구 종류와 쓰임새에 대해 발표하기 ◈◈다림질하는 방법을 발표하고 직접 다림질해 보기	60분	S 활동 아날로그와 디지털 신호 비교해 보기	
	▶활동 3	◈◈위생용 도구 사용 시 주의사항 및 어려운 점에 대해 설명하기 ◈◈아날로그와 디지털 신호를 비교하고 시대의 변화에 맞는 정보통신 도구 설명하기	◈◈위생용 도구 사용 시 주의사항 및 어려운 점에 대해 발표하기 ◈◈아날로그와 디지털 신호를 비교하고 시대의 변화에 맞는 정보통신 도구 발표하기			
감성적 체험	▶활동 4	◈◈생활도구 만들기 －다양한 생활도구를 직접 만들어 보기	◈◈생활도구 만들기 －다양한 생활도구를 직접 만들어 보기	40분	A 활동 다양한 생활도구 만들기 활동 스마트 요소 클래스팅 앱에 자료를 올리고 자신의 의견 나누기	
정리 및 평가	▶정리활동	◈◈클래스팅 앱에 오늘 수업 내용을 올리고 서로의 의견 나누기 ◈◈정리활동지 정리하기	◈◈클래스팅 앱에 오늘 수업 내용을 올리고 서로의 의견 나누기 ◈◈정리활동지 정리하기 ◈◈주변 정리하기	10분	스마트 요소 클래스팅 앱에서 서로 의견 나누기	

평가 영역	평가기준	평가척도			비고
		매우 잘함	보통	미흡	
교수 학습 및 융합 교육 목표	주방도구, 주방용 전기 기기의 사용, 의류도구를 사용할 수 있는가?				
	다림질하는 방법을 알고 다림질을 할 수 있는가?				
	아날로그와 디지털 신호를 비교하고 시대의 변화에 맞는 정보 통신 도구의 사용법에 대해 알고 있는가?				
	위생용 도구 사용 시 주의사항 및 어려운 점에 대해 알고 있는가?				

본 수업에 사용된 앱 및 QR코드

앱 및 QR코드	앱 화면	앱 설명	수업활용 전략
두들 유틸 도구모음		생활에 필요한 네 가지 기능인 나침반, 손전등, 돋보기, 스톱워치의 기능을 제공하는 일반용 앱	일상생활에 필요한 도구의 쓰임을 제시함.
클래스팅 앱		학생 및 학부모들과 편하게 소통할 수 있는 기능을 가지고 있는 정보교류 커뮤니티 앱	학생-학생, 학생-교사, 교사-학부모가 편하게 의사소통을 할 수 있음.

수업 및 활동 자료 | 다양한 도구의 종류 알기

 활동 1 관련 자료

1) '두들 유틸 도구모음' 앱 활동

명칭	앱 화면	실행한 후 느낌 써 보기
두들 유틸 도구모음		

2) 생활도구의 종류 알기

주방도구 사용하기

감자칼

도마와 칼

전기 주전자

전기 믹서

거품기

프라이팬

전기밥솥

토스터

① 감자를 깎을 때 사용하는 주방도구는?

② 물을 끓일 때 사용하는 주방도구는?

③ 밥을 지을 때 사용하는 주방도구는?

④ 바나나를 주스로 만들 때 사용하는 주방도구는?

전기 믹서 사용법

① 재료 썰기

② 뚜껑 열어 재료 넣기

③ 뚜껑 닫기

④ 속도 조절하기

⑤ 재료 갈기

⑥ 완성된 주스를 컵에 붓기

토스터 사용법

① 식빵 넣기

② 시간조절 버튼(단추)을 돌려 온도 조절하기

③ 식빵 꺼내기

전기 주전자 사용법

① 전기 주전자의 뚜껑 열기

② 물 넣기

③ 작동 버튼(단추) 누르기

전기밥솥 사용법

① 열림 단추를 눌러서 뚜껑 열기

② 전기밥솥의 내솥을 꺼내기

③ 쌀 씻기

④ 씻은 쌀을 밥솥에 넣기

⑤ 취사 단추 누르기

⑥ 취사 중 표시 확인하기

1) 의류도구와 다림질 방법 알기

의류도구에 대해 알기

다리미판

물 분무기

다리미

① 다림질할 때 옷에 물을 뿌리는 도구는?

② 옷이 구겨져 있을 때 옷에 열을 가해서 펴는 의류용 도구는?

③ 가정에서 옷을 걸어 놓을 때 사용하는 도구는?

다림질 방법 알기

① 다리미의 온도 조절 단
추로 온도 조절하기

② 분무기를 이용해서 다
림질할 옷에 물 뿌리기

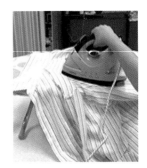
③ 다림질하기

🖱 다림질을 직접 해 보고 다림질할 때 주의할 점에 대해서 이야기해 봅시다.

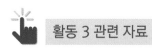

1) 아날로그와 디지털 신호를 비교하고 시대의 변화에 맞는 정보통신 도구 알기

🖱 **아날로그와 디지털 신호 알기**

사람 간의 정보 전달은 언어와 문자를 통해서 이루어진다. 그러면 컴퓨터의 정보처리 방법은 어떻게 이루어질까?

컴퓨터는 모든 신호를 이진수(0, 1)를 사용하여 정보처리를 한다.

① 아날로그 신호
- 시간의 흐름에 따라 신호가 연속적으로 변화하는 것이다. 예를 들면, 온도계의 눈금이 올라가거나 내려가는 것을 말하고 자동차 속도계의 눈금이 연속적으로 신호를 하는 것 등의 신호를 말한다.
- 컴퓨터가 등장하기 전까지 인간이 사용한 신호다.
- 멀리까지 신호가 전달되지만 외부의 잡음 제거가 어렵다.

② 디지털 신호
- 시간의 흐름에 따라 신호가 급격히 변화한다.
- 모든 정보가 이진수 형태(0, 1)로 표현된다.
- 아날로그 신호를 컴퓨터가 처리할 수 있도록 단순한 이진수로 변환된다.
- 잡음이 없으며 전력 소모가 적다.

🖱 아날로그에서 디지털 신호의 전환에 따른 우리 생활에서의 변화에 대해 이야기해 봅시다.

🖱 생활 속 미디어와 이동통신 기술

① 문자통신: 책, 신문 등

② 음성통신: 라디오, 전화, MP3 플레이어

③ 동영상 통신: 텔레비전, 영화 등

④ 멀티미디어 통신: 두 개 이상의 미디어가 결합된 통신으로 여러 가지 정보를 동시에 전달한다. 대표적인 미디어로는 인터넷, 가상현실, 게임 등이 있다.

🖱 이동통신

• 최근의 이동통신 기술은 데이터 전송 기술의 향상으로 음성뿐만 아니라 영상자료를 주고받을 수 있다.

• 스마트폰, 스마트패드와 같은 이동통신 기기의 발달로 인해 사용범위가 크게 확대되었다.

평가활동

🖱 다음 중 아날로그 신호와 디지털 신호를 사용하는 물건을 분류하여 봅시다.

• 아날로그 신호: (   )

• 디지털 신호: (   )

1) 생활도구 다리미 만들기

다리미 만들기

① 다리미 만들기 재료: 우드락, 포일, 백업, 막대, 모루, 가위, 풀

② 다리미 모양의 우드락에 풀칠하기

③ 포일을 붙이고 다리미 모양대로 가위로 오리기

④ 백업 2개를 붙이기

⑤ 백업에 막대를 붙여 다리미 손잡이 만들기

⑥ 반짝이 모루로 전기선 만들기

교수 · 학습 지도안 **13차시** 컴퓨터 사용법 익히기

가. 학습주제

컴퓨터의 각 부분과 명칭 알기, 인터넷 쇼핑몰에서 물건 구입하기, 컴퓨터 문서작성을 이용하여 물건 가격표 만들기, 전자우편 보내고 받기

나. 학습목표

○ 컴퓨터의 구성요소와 기능에 대해 안다.
○ 인터넷 정보의 검색과 전자메일을 활용하여 문서를 작성하고 출력한다.
○ 컴퓨터를 이용하여 유명인의 캐리커처와 영화포스터를 감상한다.

다. 관련 교육과정 및 융합요소

이번 학습주제와 관련되어 학습할 관련 교육과정이나 융합요소를 STEAM 항목에 맞게 오른쪽에 제시하였다. 여기서 'S'는 과학, 'T'는 기술, 'E'는 기술 · 가정, 'A'는 예술, 'M'은 수학 과목을 나타낸다.

컴퓨터 문서작성을 이용해서 물건 가격표 만들기

유명인의 캐리커처 그리기

라. 평가 관점

1) 이 해

컴퓨터의 구성요소와 각 부분의 명칭을 알고 있는가?

2) 기 능

• 웹 사이트를 검색하고 인터넷 쇼핑몰에서 물건을 구입할 수 있는가?

• 컴퓨터 문서작성을 이용하여 물건 가격표를 만들 수 있는가?

3) 태 도

전자우편 가입방법에 대해 알고, 전자우편을 보낼 때 올바른 방법과 태도를 익힐 수 있는가?

마. 교수 · 학습 지도안

대상	차시	영역	활동형태	수업전략
특수교육대상학생	13차시(3시간)	직업탐색(컴퓨터 사용-)	개별 및 모둠 활동	협동학습, 융합학습, 상황기반

활동 프로그램 명	컴퓨터 사용법 익히기
학습목표	• 컴퓨터의 구성요소와 기능에 대해 안다. • 인터넷 정보의 검색과 전자메일을 활용하여 문서를 작성하고 출력한다. • 컴퓨터를 이용하여 유명인의 캐리커처와 영화포스터를 감상한다.
수업자료 및 매체	동영상 자료, 활동지, 스마트기기, 스마트 앱
관련 교육과정 (융합요소)	

사용 애플리케이션	얼굴 바꾸기, 클래스팅 앱

단계	학습내용	교사활동	학생활동	시간	STEAM 및 스마트 기반 요소	지도상의 유의점
준비 단계	이번 시간에 사용될 앱과 QR코드 연결하기	❖얼굴 바꾸기 앱을 다운받는 방법 지도하기	❖얼굴 바꾸기 앱 다운받기	10분	스마트 기반 학생들이 주도적으로 다양한 앱 다운	각자 앱을 다운받는 연습을 할 수 있도록 지도함.
문제 상황 제시	동기부여 학습목표 확인	❖문제상황 제시 −컴퓨터를 이용하여 전자메일을 보낸 경험 질문하기 ❖학습목표 소개	❖문제상황 인식 −컴퓨터를 이용해서 전자메일을 보낸 경험 이야기하기 ❖학습목표 확인	5분		

단계	학습내용	교사활동	학생활동	시간	STEAM 및 스마트 기반 요소	지도상의 유의점
창의적 설계	▶활동 1	❖컴퓨터의 구성요소와 각 부분의 명칭 지도하기 –컴퓨터와 연결할 수 있는 기기와 용도 설명하기	❖컴퓨터의 구성요소와 각 부분의 명칭에 대해 알기 –컴퓨터와 연결할 수 있는 기기에 대해 알아보고, 연결 기기의 용도 알기	40분		
	▶활동 2	❖대표적인 검색 웹 사이트 종류 설명하기 ❖인터넷 쇼핑몰에서 물건 구입방법 지도하기	❖대표적인 검색 웹 사이트 종류 알아보기 ❖인터넷 쇼핑몰에서 물건 구입방법 알기			
	▶활동 3	❖전자우편 가입방법 지도하기 –전자우편 읽기 –전자우편 보내기	❖전자우편 가입방법 알기 –전자우편 읽기 –전자우편 보내기	45분	M 활동 컴퓨터 문서작성을 이용해서 물건 가격표 만들기	
	▶활동 4	❖컴퓨터 문서작성을 이용해서 물건 가격표 만드는 법 지도하기	❖컴퓨터 문서작성을 이용해서 물건 가격표 만들기			
감성적 체험	▶활동 5	❖앱 활동을 통해 유명인의 캐릭터 만드는 법 설명하기	❖앱 활동을 통해 유명인의 캐릭터 만들기	40분	A 활동 유명인의 캐릭터 만들기 스마트 요소 얼굴 바꾸기 앱을 통해 유명인의 캐릭터 만들기	
정리 및 평가	▶정리활동	❖클래스팅 앱에서 수업 내용을 올리고 서로의 의견 나누기 ❖주변 정리 및 활동지 정리하기	❖클래스팅 앱에서 수업 평가 및 수업에 대해 의견 나누기 ❖활동지 정리하기 ❖주변 정리하기	10분		

평가 영역	평가기준	평가척도			비고
		매우 잘함	보통	미흡	
교수 학습 및 융합 교육 목표	컴퓨터의 구성요소와 각 부분의 명칭을 알고 있는가?				
	웹 사이트를 검색하고 인터넷 쇼핑몰에서 물건을 구입할 수 있는가?				
	컴퓨터 문서작성을 이용하여 물건 가격표를 만들 수 있는가?				
	전자우편 가입방법에 대해 알고, 전자우편을 보낼 때 올바른 방법과 태도를 익힐 수 있는가?				

앱 및 QR코드	앱 화면	앱 설명	수업활용 전략
얼굴 바꾸기		다양한 기능 텍스트를 추가 하거나 사진에 그림을 그릴 수 있도록 하는 일반용 앱	다양한 기능을 이용해서 원본 이미지를 바꾸는 앱
클래스팅 앱		학생 및 학부모들과 편하 게 소통할 수 있는 기능을 가지고 있는 정보교류 커 뮤니티 앱	학생-학생, 학생-교사, 교 사-학부모가 편하게 의사 소통을 할 수 있음.

컴퓨터 사용법 익히기

 활동 1 관련 자료

1) 컴퓨터의 구성요소와 각 부분의 명칭 알기

🛡 컴퓨터에 대해서 그림이나 내용을 검색하여 찾아봅시다.

데스크톱	
태블릿 PC	
넷북	
노트북	

🖱 컴퓨터 및 컴퓨터와 연결된 기기들

① 모니터

② 키보드

③ 컴퓨터 본체

④ 프린터

⑤ 스피커

🖱 컴퓨터의 구성요소 중 본체 각 부분을 알아봅시다.

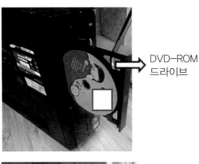

DVD-ROM
드라이브

전원스위치

컴퓨터 뒷부분

스마트폰, 외장형
하드디스크, 디지털
카메라 연결포트

헤드셋 연결포트

USB 메모리 연결포트

평가활동

① 문서를 인쇄하거나 정보를 인쇄하는 도구는 무엇인가?

② 컴퓨터에서 출력되는 음성정보를 들을 수 있는 것은 무엇인가?

③ 컴퓨터의 구성요소 중 컴퓨터를 켤 때 사용하는 단추는 무엇인가?

④ 동영상이나 음악을 실행할 때 사용하는 드라이브는 무엇인가?

⑤ USB 메모리를 꽂는 연결포트를 찾아봅시다.

2) 웹 사이트 종류를 알고 인터넷 검색하기

웹 사이트 종류 알아보기

🖱 자신이 알고 있는 웹 사이트 주소를 적어 봅시다.

웹 사이트 이름	웹 사이트 주소
다음	www.daum.net
네이버	
야후	
네이트	

인터넷 검색하기

🖱 포털 인터넷 사이트에서 자신이 찾고 싶은 주제어를 넣어 인터넷 검색을 해 봅시다.

① 포털 인터넷 사이트 들어가기

② 포털 인터넷 사이트의 검색어 창에 자신이 찾고 싶은 주제어 넣기

③ 포털 인터넷 사이트에 자신의 학교 이름을 넣어서 학교와 관련된 정보를 찾아봅시다.

🖱 자신이 관심 있어 하는 직업명 및 직업의 종류를 주제어로 하여 인터넷 검색을 해 봅시다.

 활동 2 관련 자료

1) 인터넷 쇼핑몰에서 물건 구입하기

🖱 **인터넷 쇼핑몰에는 어떤 물건들이 있는지 서로 이야기해 봅시다.**

GS, Auction, G마켓, 현대 홈쇼핑, 11번가 등

🖱 **인터넷 쇼핑몰에서 물건 구입방법 알기**

① 인터넷 쇼핑몰에서 물건 구입방법을 듣고 순서에 따라 구입해 보기

② 필요한 물건 목록 정하기

③ Auction 사이트 들어가기

④ 자신이 사고 싶은 물건을 클릭해서 장바구니에 담기

⑤ 장바구니에 담은 후 결제방법에 따라 결제하기

〈인터넷 쇼핑몰 물건 구입 활동지〉

활동명	인터넷 쇼핑몰에서 물건 구입방법 알기
활동 단계와 자료	
자신이 알고 있는 인터넷 쇼핑몰 사이트 적어 보기	
쇼핑몰에서 물건 구입순서 적어 보기	
인터넷 쇼핑몰에서 물건 구입방법과 반송에 관한 문장 읽어 보기	

1) 전자우편에 대해 알아봅시다.

🖱 **전자우편에 대해 알아보고 일반우편과의 차이점 알기**

- 전자우편이란 컴퓨터 통신망을 통하여 주고받는 우편을 가리킨다.
- 전자우편과 일반우편의 공통점과 차이점

	전자우편	일반우편
공통점	• 보내는 사람과 받는 사람이 있다. • 주소를 이용하여 편지를 주고받는다. • 문자를 통해 다른 사람과 소식을 주고받는다.	
차이점	• 전자우편 주소를 사용함. • 보낸 후 몇 분 안에 즉시 받을 수 있음. • 컴퓨터 통신망을 이용함. • 우표를 붙이지 않음.	• 일반우편 주소를 사용함. • 배달되는 시간이 오래 걸림. • 우표를 붙여야 함. • 우편집배원이 배달해 줌.

🖱 **전자우편을 보내고 받는 방법 알기**

전자우편을 보내려면 우선적으로 필요한 것은 계정(계정을 가지고 있어야 한다.)으로 전자우편 주소를 가지고 있어야 함.

전자우편 주소

sej882001@hanmail.net

- hanmail.net 혹은 nate.com 등: 메일 주소 제공업체의 이름
- sej882001: 사용자 이름
- @: 사용자의 이름과 주소 제공업체의 이름을 구분하는 기호

전자우편 보내는 방법

① 로그인하기

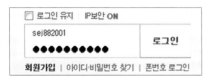

② 메일이라 쓰인 곳을 클릭하기

③ 편지쓰기를 클릭하기

④ 받는 사람의 주소 쓰기

⑤ 메일의 제목과 내용 쓰기

⑥ 보내기 버튼 누르기

전자우편 받는 방법

① 로그인하기

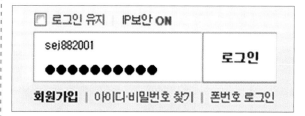

② 메일이라 쓰인 곳을 클릭하기

③ 받은편지함 열기

④ 받은 메일의 제목을 클릭하여 내용 확인하기

1) 컴퓨터 문서작성을 이용해서 물건 가격표 만들기

[프링글스]
프링글스 골라담기
칩/과자/포

1,590원

삼립 허니버터 러스크   삼립 누네띠네 1.5kg/
(10봉) 빵스낵   누네띠네 2.5kg
11,900원   **8,900원**

농심직영몰/
큰사발3종 1box/신라면

14,740원

오리온초코파이 1260g
(36봉입)x2곽(총72봉)

20,800원

가득찬군만두 1.4kg/
풀무원/찜만두/손만두

7,900원

🖐 컴퓨터 문서작성을 통해 물건 가격표를 만들어 봅시다.

물건 종류	수량	단가	합계
프링글스		1,590원	
허니버터		11,900원	
누네띠네		8,900원	
신라면		14,740원	

그림 출처: http://www.11st.co.kr/html/category/943036.html?xzone=ctgr1^html

1) '얼굴 바꾸기' 앱을 통해 유명인의 캐릭터 만들기

명칭	앱 화면	실행한 후 느낌 써 보기
얼굴 바꾸기		

2) 유명인의 캐리커처 그려 보기

🖱 유명인들의 특징을 잡아 캐리커처 그려 보기

가. 학습주제

직업의 역할과 소중함 알기, 직업별로 하는 일과 직업카드 만들기

나. 학습목표

○ 가족이 종사하는 직업의 종류와 역할 및 소중함을 알고 직업카드를 만든다.
○ 직업적 흥미와 적성을 고려하여 자신에게 맞는 직업을 선택한다.

다. 관련 교육과정 및 융합요소

이번 학습주제와 관련되어 학습할 관련 교육과정이나 융합요소를 STEAM 항목에 맞게 오른쪽에 제시하였다. 여기서 'S'는 과학, 'T'는 기술, 'E'는 기술 · 가정, 'A'는 예술, 'M'은 수학 과목을 나타낸다.

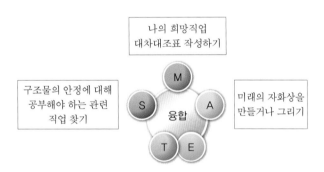

라. 평가 관점

1) 이 해

가족이 종사하는 직업의 종류를 알고 직업카드를 만들 수 있는가?

2) 기 능

• 나의 희망직업 대차대조표를 만들 수 있는가?
• 미래의 자화상을 그리거나 만들 수 있는가?

3) 태 도

직업적 흥미와 적성을 고려하여 자신에게 맞는 직업을 선택할 수 있는가?

마. 교수·학습 지도안

대상	차시	영역	활동형태	수업전략
특수교육대상학생	14차시(3시간)	직업탐색(직업태도)	개별 및 모둠 활동	협동학습, 융합학습, 상황기반

활동 프로그램 명	내 인생의 방향키!
학습목표	• 가족이 종사하는 직업의 종류와 역할 및 소중함을 알고 직업카드를 만든다. • 직업적 흥미와 적성을 고려하여 자신에게 맞는 직업을 선택한다.
수업자료 및 매체	동영상 자료, 활동지, 스마트기기, 스마트 앱, QR코드

관련 교육과정 (융합요소)	

사용 애플리케이션	커리어넷, 클래스팅 앱

단계	학습내용	교사활동	학생활동	시간	STEAM 및 스마트 기반 요소	지도상의 유의점
준비 단계	이번 시간에 사용될 앱과 QR코드 연결하기	❖커리어넷 앱 다운받기	❖커리어넷 앱을 구글 마켓에서 다운받아 설치하기	10분	스마트 기반 학생들이 주도적으로 다양한 앱과 QR코드 실행	각자 앱을 다운받는 연습을 할 수 있도록 지도함.
문제 상황 제시	동기부여 학습목표 확인	❖문제상황 제시 －자기의 친척 혹은 이웃들의 직업에 대해 이야기해 보고 왜 직업이 필요한가 이야기해 보기 ❖학습목표 소개하기	❖문제상황 인식 －자기의 친척이나 이웃들의 직업에 대해서 이야기해 보기 ❖학습목표 확인하기	5분		

단계	학습내용	교사활동	학생활동	시간	STEAM 및 스마트 기반 요소	지도상의 유의점
창의적 설계	▶활동 1	❖직업의 역할과 소중함 알기 －활동지를 통해 직업과 성역할, 그리고 직업의 소중함 알기 －건축구조설계사에 대해 알아보기	❖직업의 역할과 소중함 알기 －활동지를 통해 직업과 성역할, 그리고 직업의 소중함에 대해 알아보기 －건축구조설계사 등 구조안정에 대해 공부해야 하는 관련 직업 알기	40분	S 활동 건축구조설계사 등 구조물의 안정에 대해 공부해야 하는 관련 직업 알기	
	▶활동 2	❖커리어넷에 접속하여 직업흥미검사 실시	❖커리어넷에 접속해 보고 직접 직업흥미검사 실시하기	45분	T 활동 직업흥미 검사해 보기 스마트 요소 커리어넷 앱 열기	
	▶활동 3	❖희망직업카드 만들기 －www.know.work. go.kr에 접속하여 직업정보 알도록 지도하기 －나에게 적합한 직업－3조건 아래 공통으로 들어가는 희망직업 3가지 골라 보기	❖희망직업카드 만들기 －사이트에 접속하여 직업 대차대조표 작성해 보기		M 활동 미래의 희망직업 대차대조표 만들기	
감성적 체험	▶활동 4	❖미래의 자화상을 그리거나 고무찰흙을 이용해서 만들도록 지도하기	❖자신의 미래의 자화상을 그리거나 고무찰흙을 이용해서 자화상을 만들기	40분	A 활동 미래의 자화상을 그리거나 만들기	

단계	학습내용	교사활동	학생활동	시간	STEAM 및 스마트 기반 요소	지도상의 유의점
정리 및 평가	▶정리활동	❖오늘의 수업 주제와 관련하여 연관된 STEAM 요소에 관한 모둠별 마인드맵을 작성하도록 하기 –클래스팅 앱에 자신들이 만든 미래의 자화상을 올리고 토론해 보기 ❖주변 정리 및 활동지 정리하기	❖오늘의 수업 주제와 관련하여 연관된 STEAM 요소에 관한 모둠별 마인드맵을 작성하기 –클래스팅 앱에 자신이 만든 미래의 자화상을 올리고 토론해 보기 ❖활동지 정리하기 ❖주변 정리하기	10분	스마트 요소 클래스팅 앱을 이용해서 수업평가 및 수업에 대해 토론해 보기	

평가 영역	평가기준	평가척도			비고
		매우 잘함	보통	미흡	
교수 학습 및 융합 교육 목표	가족이 종사하는 직업의 종류를 알고 직업카드를 만들 수 있는가?				
	나의 희망직업 대차대조표를 만들 수 있는가?				
	미래의 자화상을 그리거나 만들 수 있는가?				
	직업적 흥미와 적성을 고려하여 자신에게 맞는 직업을 선택할 수 있는가?				

본 수업에 사용된 앱 및 QR코드

앱 및 QR코드	앱 화면	앱 설명	수업활용 전략
커리어넷		커리어넷 진로심리검사는 청소년용 심리검사 앱으로 진로적성·직업흥미·직업가치관 검사 및 활동, 진로성숙도 검사 등으로 구성됨.	직업에 대한 흥미와 적성을 알기 위한 직업 평가
클래스팅 앱		학생 및 학부모들과 편하게 소통할 수 있는 기능을 가지고 있는 정보교류 커뮤니티 앱	학생-학생, 학생-교사, 교사-학부모가 편하게 의사소통을 할 수 있음.

수업 및 활동 자료 내 인생의 방향키!

활동 1 관련 자료

1) 직업의 역할과 소중함 알기

🖱 **직업에 대해 알아봅시다.**

- 부모님의 직업에 대해 발표해 봅시다.
- '어머니의 직업'이라는 글을 읽고 직업에 대해 이야기해 봅시다.

> ### 어머니의 직업
>
> 저에게는 훌륭한 제자가 한 명 있습니다. 그 녀석의 이름은 강태성.
>
> 태성이가 고등학교 3학년일 때, 나는 담임을 맡고 있었습니다. 가끔 태성이와 면담을 하면, 녀석은 입버릇처럼 어머니 자랑을 늘어놓았습니다.
>
> "아버지가 일찍 돌아가셔서 다섯 형제를 어머니 혼자 힘으로 길러 내셨습니다. 저는 어머니를 진심으로 존경합니다."
>
> 하루는 우연히 태성이가 낸 가정 환경조사서를 자세히 보게 되었습니다. 부모 직업란에 어머니의 직업이 호텔 종업원이라고 씌어 있었습니다. 나는 태성이의 준수한 용모나 학업성적으로 미루어 호텔 프런트에서 외국인을 안내하는 멋진 중년 부인을 연상했습니다. 태성이와 면담이 있던 날, 나는 어머니의 직업에 대해 물었습니다. 그런데 태성이는 분명한 어조로 어머니는 객실 청소와 손님 시중드는 일을 하신다고 말했습니다. 그런 경우 흔히 약간 미화하거나 얼렁뚱땅 넘기고 싶어 하는데, 녀석은 어머니의 직업을 당당하게 밝혔습니다.
>
> 졸업을 앞두고 당시 우리나라에서 다섯 손가락 안에 꼽히는 전자회사로부터 입사 추천서가 날아왔습니다. 실력으로 보나 인성으로 보나 일순위 추천대상은 당연히 태성이였지만, 가족사항을 중시하겠다는 단서조항이 마음에 걸렸습니다. 그날 방과 후, 나는 태성이를 조용히 교무실로 불러서
>
> "그 회사에 추천받기 위해서 어머니의 직업을 다른 걸로 좀 바꾸면 좋을 듯 싶은데 어떻니?"
>
> 상심한 듯 고개를 떨구고 있던 태성이는 한참 뒤 고개를 들었습니다.
>
> "선생님, 저는 어머니가 하시는 일을 단 한 번도 부끄럽게 생각한 적이 없습니다. 어머니의 직업을 못마땅하게 여기는 회사라면 들어가고 싶지 않습니다."
>
> 더 없이 좋은 기회였건만 태성이는 단호히 거절하였습니다. 어머니에 대한 깊은 애정과 존경심, 그리고 진실하고 당당한 삶의 자세에 나는 절로 고개가 숙여졌습니다.

- 어머니는 자신의 직업에 자부심을 가지고 성실한 자세로 돈을 버는 모습을 볼 수 있다.
- 직업은 경제적인 활동으로서 자신이 한 일에 대해 경제적으로 보상을 받는 활동을 말한다.
- 직업은 인간이 존재하는 근본이 되며 책임이며 생활의 목적이다.
- 인간은 일을 해야 건강하고 기쁨을 느낀다.

🖱 직업의 필요성

    ① 경제적인 안정된 삶을 살기 위한 수단(수입원)

    ② 자신이 원하는 직업을 통해 자아실현의 수단(꿈의 실현)

    ③ 원만한 사회생활과 사회적 봉사의 중요한 수단(사회적 역할 수행)

🖱 일이나 직업을 가지는 것이 왜 중요한지 이야기해 봅시다.

'일의 보람'에 관련된 활동지

일의 보람

  우리들은 직업을 통해서 많은 보람과 긍지를 느낄 수 있습니다. 일의 과정에서 해서는 안 될 사항도 있고 꼭 지켜야 할 것도 있습니다. 다음의 문항을 잘 읽고 답해 보세요.

① 내가 앞으로 하고 싶은 일은 무엇인가요?

② 내가 지금까지 살아오면서 보람된 일을 했다면 어떤 일이며, 그 보람된 내용은 무엇입니까?

③ 직장에서 일을 할 때 지켜야 할 바른 태도를 생각하여 적어 봅시다.

④ 내가 직장에 들어가면 꼭 하고 싶은 일을 세 가지만 적어 보세요.

⑤ 직장에서 동료들과의 관계형성을 위해서 내가 노력해야 할 것을 세 가지 정도 적어 보세요.

⑥ 부모님들이 여러분을 기르면서 느끼는 보람은 무엇이라고 생각하나요?

활동 2 관련 자료

1) '커리어넷' 앱을 통해 직업흥미검사 실시하기

명칭	앱 화면	실행한 후 느낌 써 보기
커리어넷		

2) 희망직업카드 만들기

🖱 직업카드 작성하기

알고 싶은 직업을 선택하여 인터넷 검색을 통해 다음의 직업카드를 작성해 봅시다.

직업명	
관련 적성	
관련 흥미 분야	
하는 일	
필요한 능력	
어떻게 준비해야 할까요?	
관련 사이트	

3) 직업명 빙고게임 및 직업 스피드게임 하기

🖱 **직업명 빙고게임**

※ 가로, 세로, 대각선이 맞으면 빙고를 외쳐 주세요.

1)

2)

🖱 **직업 스피드게임 하기**

- 세 사람(직업판을 들고 넘기는 사람, 직업명 맞히는 사람, 직업에 대해 설명하는 사람)이 한 조가 된다.
- 직업명을 많이 맞힌 팀이 우승한다.

1) 희망직업 대차대조표 작성하기

🖱 커리어 넷(www.career.go.kr)에 접속하여 자신의 흥미, 적성, 가치관 등에 대해서 조사하기

🖱 조사한 내용을 가지고 자신의 흥미, 성격, 적성, 가치관 등과 관련하여 선정한 직업 모두를 다음의 표에 기록하기

🖱 기록한 직업을 다음의 항목에 따라 자기 평가하기(직업이 각 평가 항목에 따라 매우 적합하면 4점, 부적합하면 1점을 줌.)

희망직업	흥미	성격	적성	가치관	신체 조건	부모의 지원	교육비	장래 발전성	계

🖱 표에 기록한 희망직업 중에서 합계 점수와 다음 사항을 고려하여 세 가지 직업을 선택해 보세요.

• 건전하고 객관적인 판단에 의해 희망직업을 선택하였나요?

• 교육기간, 교육비용, 해당 교육기관 등을 조사하였나요?

• 나의 신체적 요인을 함께 고려하였나요?

〈희망직업 예시〉

2. 기록한 직업을 다음의 항목에 따라 평가하세요.
(직업이 각 평가 항목에 따라 매우 적합하면 4점, 부적합하다면 1점을 준다.)

희망 직업	흥미	성격	적성	가치관	신체 조건	부모의 지지	교육비	장래 발전성	계
기계공학가	4	4	4	4	4	1	1	4	26
기계디자이너	4	4	4	4	4	1	1	4	26
의사	1	4	1	4	4	4	4	1	23
약사	4	4	1	1	4	4	4	4	26
간호사	1	1	1	1	1	1	1	1	8
자원봉사자	1	1	1	1	1	1	1	1	8
—									

1) 고무찰흙을 이용해서 미래의 자화상 만들기

① 스티로폼으로 된 얼굴   ② 모형 틀에 고무찰흙 붙이기   ③ 자신의 자화상 완성
　모형틀 준비하기

교수 · 학습 지도안 ‖ 15차시 ‖ 나는 직장예절 지킴이

가. 학습주제

작업장의 조직도를 이해하고 직장예절 알기, 작업장에서의 대인관계 기법 익히기

나. 학습목표

○ 작업장의 조직도를 이해하고 직장에서 지켜야 할 예절에 대해 안다.
○ 작업장에서 일어날 수 있는 상황에 따른 대인관계 기법을 익힌다.

다. 관련 교육과정 및 융합요소

이번 학습주제와 관련되어 학습할 관련 교육과정이나 융합 요소를 STEAM 항목에 맞게 오른쪽에 제시하였다. 여기서 'S' 는 과학, 'T'는 기술, 'E'는 기술 · 가정, 'A'는 예술, 'M'은 수학 과목을 나타낸다.

조직도를 이해하고 직장상사의 조직도 만들기

작업장에서 일어날 수 있는 상황극 하기

의식주 생활문화와 관련된 직업 탐색과 작업장의 규칙 알기

라. 평가 관점

1) 이 해

의식주 생활문화와 관련된 직업에 대해 알고 있는가?

2) 기 능

일과 인간관계, 나의 예절생활에 대해 알고 있는가?

3) 태 도

작업장의 조직도를 이해하고 직장상사들에게 지켜야 할 예절에 대해 알고 있는가?

마. 교수 · 학습 지도안

대상	차시	영역	활동형태	수업전략
특수교육대상학생	15차시(3시간)	직업 탐색(직업 태도)	개별 및 모둠 활동	협동학습, 융합학습, 상황기반, 소셜 러닝, 앱 기반 학습

활동 프로그램 명	나는 직장예절 지킴이
학습목표	• 작업장의 조직도를 이해하고 직장에서 지켜야 할 예절에 대해 안다. • 작업장에서 일어날 수 있는 상황에 따른 대인관계 기법을 익힌다.
수업자료 및 매체	인터넷, 동영상 자료, 학습지 등
관련 교육과정 (융합요소)	
사용 애플리케이션	직장예절, 클래스팅 앱

단계	학습내용	교사활동	학생활동	시간	STEAM 및 스마트 기반 요소	지도상의 유의점
준비 단계	이번 시간에 사용될 앱과 QR코드 연결하기	❖직장예절 앱을 다운받는 방법 지도하기	❖직장예절 앱을 다운받아 설치하고 열어 보기	10분	스마트 기반 학생들이 주도적으로 다양한 앱과 QR코드 실행	각자 앱을 다운받기

단계	학습내용	교사활동	학생활동	시간	STEAM 및 스마트 기반 요소	지도상의 유의점
문제 상황 제시	동기부여 학습목표 확인	❖문제상황 제시 −몸이 아파서 직장에 가지 못할 경우에 어떻게 할 것인지 이야기해 보기 −차가 막혀서 직장에 늦을 것 같다. 어떻게 해야 할까? ❖학습목표 소개하기	❖문제상황 인식 −몸이 아파서 직장에 가지 못할 경우에 어떻게 할 것인지 이야기해 보기 −차가 막혀서 직장에 늦을 것 같다. 어떻게 해야 할까? ❖학습목표 확인하기	10분		
창의적 설계	▶활동 1	❖의식주 생활문화와 관련된 직업 탐색과 작업장의 규칙 지도하기 ❖일곱 고개 숨은 직업 찾기 게임 설명하기	❖의식주 생활문화와 관련된 직업 탐색과 작업장의 규칙 알기 ❖일곱 고개 숨은 직업 찾기	30분	T 활동 의식주 생활 문화와 관련된 직업 탐색과 작업장의 규칙 알기	
	▶활동 2	❖작업장의 조직도 구성하기 −작업장의 조직도를 구성하고 사진 붙여보기	❖작업장의 조직도 구성하기 −작업장의 조직도를 구성하고 사진 붙여보기		M 활동 조직도를 이해하고 직장상사 조직도 만들기	
	▶활동 3	❖직장예절에 대해 알기 −직장예절 자료 혹은 PPT 자료를 통한 직장예절 설명하기	❖직장예절에 대해 알기 −직장예절 앱 다운받기 −직장예절 알기 −나의 예절생활 알아보기	20분	스마트 요소 직장예절 앱을 다운받아서 실행하기	
	▶활동 4	❖일과 인간관계에 대해 설명하기	❖일과 인간관계에 대해 알기			
감성적 체험	▶활동 5	❖작업장에서 일어날 수 있는 상황극을 해 볼 수 있도록 지도하기	❖작업장에서 일어날 수 있는 상황에 따른 상황극 하기	40분	스마트 요소 수업 내용을 클래스팅 앱에 올리기	역할 놀이를 서로 바꾸어 가면서 할 수 있도록 한다.

단계	학습내용	교사활동	학생활동	시간	STEAM 및 스마트 기반 요소	지도상의 유의점
정리 및 평가	▶정리활동	❖클래스팅 앱을 열어서 오늘 수업에 대한 평가 및 소감에 대해 서로 토론하기 ❖주변 정리 및 활동지 정리하기	❖클래스팅 앱을 열어서 오늘 수업에 대한 평가 및 소감에 대해서 서로 토론하기 ❖활동지 정리하기 ❖주변 정리하기	10분	스마트 요소 클래스팅 앱을 열어서 수업에 대해 서로 의논해 보기	

평가 영역	평가기준	평가척도			비고
		매우 잘함	보통	미흡	
교수 학습 및 융합 교육 목표	의식주 생활문화와 관련된 직업에 대해 알고 있는가?				
	일과 인간관계, 나의 예절생활에 대해 알고 있는가?				
	작업장의 조직도를 이해하고 직장상사들에게 지켜야 할 예절에 대해 알고 있는가?				

본 수업에 사용된 앱 및 QR코드

앱 및 QR코드	앱 화면	앱 설명	수업활용 전략
직장예절		장애학생을 위한 직장예절 앱으로 전화·인사·행동·소개·언어·방문·식사예절 등을 소개하고 있음.	직장에서 지켜야 할 예절 알기
클래스팅 앱		학생 및 학부모들과 편하게 소통할 수 있는 기능을 가지고 있는 정보교류 커뮤니티 앱	학생-학생, 학생-교사, 교사-학부모가 편하게 의사소통을 할 수 있음.

수업 및 활동 자료 | 나는 직장예절 지킴이

 활동 1 관련 자료

1) 의식주 생활문화와 관련된 직업 탐색

🌰 커리어 넷(www.career.go.kr)에 접속하여 의식주와 관련된 직업 탐색하기

의(의복) 섬유 및 의복 관련	섬유공학기술자, 제화원, 직조원, 패턴사, 한복사, 섬유제조원, 양장사 및 양복사, 구두미화원 및 수선원, 의복 수선원, 의복 제품 검사원
식(음식) 음식 서비스 관련	바리스타, 바텐더, 소믈리에, 접객원, 조리사 및 주방장, 주방보조원, 푸드스타일리스트
주(주택) 경비 및 청소, 건설 관련	건설공사 품질관리원, 건축공학기술자, 건축사, 도배원, 경비원, 경호원, 목공, 미장원, 배관원, 상수도기술자, 조경기술자, 콘크리스트공, 측량사, 토목공학기술자, 무인경비시스템 종사원

🌰 의식주와 관련된 직업 중에서 자신이 관심 있는 혹은 알고 싶은 직업을 찾아봅시다.

> 예시 소믈리에

① 소믈리에가 하는 일은?

소믈리에는 와인을 취급하는 호텔이나 레스토랑, 와인 전문점에서 고객이 주문한 요리에 어울리는 와인을 추천하고 고객의 취향을 파악하여 고객이 원하는 와인을 감정하고 골라 주는 일을 담당한다.

② 소믈리에의 적성과 흥미

- 와인을 서비스하는 데 필요한 기본적인 기물이나 장비들을 자유롭게 사용할 수 있어야 하며, 고객이 편안하게 와인을 즐길 수 있도록 하는 고객 서비스 정신이 요구된다.
- 와인을 좋아해야 하며, 계속해서 변화하는 와인의 변화 흐름을 빨리 알아차려야 한다.

③ 앞으로의 전망은?

매년 음식업의 창업이 증가함에 따라 소믈리에가 포함된 웨이터 및 웨이트리스에 대한 고용 수준이 높아지고 있다.

활동 2 관련 자료

1) 작업장의 조직도 알고 조직도 만들어 보기

🖱 우리 집의 조직도를 살펴봅시다.

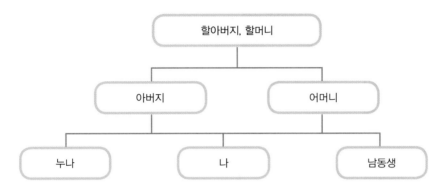

🖱 조직도란?

조직도란 조직체의 구조와 권한관계를 한눈에 알아볼 수 있도록 나타낸 표다.

🖱 다음 회사의 조직도를 보고 물음에 답해 봅시다.

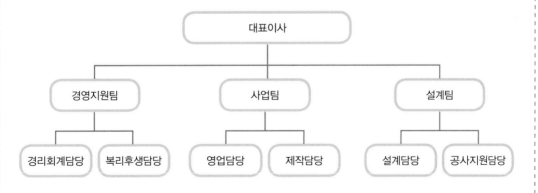

① 대표이사 밑으로 세 개의 부서가 있습니다. 각각의 부서 이름을 말해 보세요.

② 사업팀은 몇 개의 부서로 나누어져 있나요?

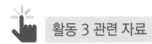

1) '직장예절' 앱을 다운받아 직장예절에 대해 알아봅시다.

명칭	앱 화면	실행한 후 느낌 써 보기
직장예절		

작업장에서 지켜야 할 예절 알기

🖱 **출근할 때**
- 출근 복장은 최대한 깨끗하고 단정해야 한다.
- 출근 시간은 최소한 근무 시작 시간 10분 전까지 도착하여야 한다.
- 지각을 자주 하는 사람은 상사나 동료들로부터 믿음을 주기 힘들다.
- 근무 시작 시간 10분 전까지 출근하는 습관을 가져야 한다.

🖱 **근무시간 중**
- 근무시간 중에는 졸거나 잠을 자지 않는다.
- 옆 사람과 장난치지 않도록 한다.
- 근무시간에 자리를 비울 경우에는 동료직원에게 행선지, 용건, 돌아올 시간 등을 미리 알려 주는 것이 좋다.
- 일단 외출할 때는 공적이든 사적이든 상사의 허락을 받아야 한다. 사무실에 들어왔을 때는 외출을 마친 것에 대한 보고를 해야 한다.
- 동료들과 최대한 협력해서 일을 한다.
- 일하는 중에 컴퓨터나 휴대전화로 게임 등을 하지 않는다.

🖱 **퇴근할 때**
- 퇴근 준비는 근무시간이 끝난 후부터 한다. 퇴근시간 전부터 미리 서두르지 않는다.

- 책상 위에 아무것도 없도록 깨끗하게 치우고 전기 기구의 전원을 반드시 끈다.
- 상사나 동료들에게 퇴근 인사를 한다.

🖱 회식 자리에서
- 회식은 근무의 연장으로 생각한다.
- 회식자리에서 동료나 상사의 험담을 하지 않는다.
- 여직원에게 성적인 농담을 하지 않는다.

🖱 갑작스럽게 출근을 하지 못할 경우
갑작스럽게 질병, 천재지변, 장례 및 교통사고 등으로 직장에 출근하지 못할 경우에는 사전에 상사에게 전화를 걸어서 승낙을 받도록 하고, 사후에는 꼭 결근계를 제출하도록 한다.

🖱 인사예절
- 내가 먼저 인사를 하며 마주칠 때마다 인사를 한다.
- 상대방을 못 보거나 인사를 받지 않아도 인사한다.
- 제대로 정식으로 인사를 하며 일어서서 한다.
- 하지 말아야 할 인사는 다음과 같다.
  (1) 눈을 보지 않고 말을 하지 않는 인사
  (2) 생략, 흐트러진 인사
  (3) 윗사람에게 '수고했습니다.'라는 인사말
  (4) 계단 위쪽에서 손윗사람에게 인사하기

🖱 전화예절
- 본인의 소속과 성명을 밝히고 인사한다.
- 전화 건 목적을 이야기한다.
- 주요 내용을 확인하고 메모한다.
- 상대방이 전화를 끊은 뒤 잠깐 있다가 전화를 끊는다.
- 전화벨이 세 번 울리기 전에는 받아야 한다.
- 밝고 친절하게 부서명, 이름을 먼저 밝혀야 한다.
- 전화기 옆에는 항상 메모 준비를 해 두는 습관을 들여야 한다.
- 바로 통화가 어려운 경우에는 그 사유를 정확하게 설명해야 한다.

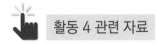

활동 4 관련 자료

1) 직장에서 동료와 상사와의 관계 맺기

🖱 **직장에서 동료와 상사와의 기본적인 대화기술**
  • 직장에서 동료와 상사와의 기본적인 대화를 위해서는
  ① 경청하기(잘 듣기): 직장 동료와 상사가 말하는 것을 잘 듣는다.
  ② 격려하기: 직장 동료 혹은 상사가 말하는 내용을 잘 듣고 반응으로는 고개를 끄덕이거나 긍정적인 표정을 지어 준다.
  ③ 상대방에게 맞추어 주기: 상대방의 얼굴 표정, 몸짓, 호흡의 속도 및 크기, 목소리의 크기와 음색, 속도 등에 따라 맞추어 준다.
  ④ 웃는 얼굴로 상대방을 대하기: 항상 웃는 얼굴로 상대방을 대한다.
  ⑤ 직장 동료와 상사의 이름 외우기: 자신의 이름을 상대방이 기억해 주면 좋듯이, 상대방의 이름을 기억해 주는 것이 좋다.

🖱 **직장에서 인간관계의 중요성**
  • 신문기사에 의하면 직장인 59.3%가 일보다 대인관계에 더 어려움을 가지고 있다고 한다.
  • 직장에서 동료와 상사와 긍정적인 인간관계를 맺는 것은 매우 중요하다.

🖱 **내가 선택한 직장에서 맺어야 할 인간관계에 대해서 알아봅시다.**
  ① 직장에서 동료 및 상사와 좋은 관계를 유지하기 위해서 내가 해야 할 일은 어떤 것들이 있을까요?

  ② 동료와 상사와의 좋은 관계를 맺기 위해서 필요한 직장예절에는 어떤 것들이 있을까요?

  ③ 나의 단점을 극복하기 위해서 내가 노력해야 하는 것에는 어떤 것들이 있을까요?

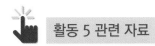

1) 직장에서 일어날 수 있는 상황극 하기

상황극(1)

> 주인: ○○○씨! 이 박스 세 개를 저기로 좀 옮겨 주세요.
> 점원: 예, 알겠습니다. (대답하자마자 곧바로 일을 수행한다.)
> 주인: 오늘 일이 끝나면 청소 좀 해 놓으세요.
> 점원: 예, 알겠습니다. (할 일을 메모장에 기입해 놓은 후, 현재 할 일이 없으면 청소를 하도록 한다.)

⬆

지시한 일이나 부탁한 일을 곧바로 이행할 경우에는 상대방이 하도록 한 내용을 보다 정확히 이해할 수 있기 때문에 지시한 일을 곧바로 시행하는 것이 바람직하다.

〈필요한 태도와 의사소통 기법〉
- 해야 할 일의 모든 단계에서 필요한 것들을 모두 끝마친다.
- 할 수 있는 한 최선을 다하도록 한다.

상황극(2)

> 점원: 사장님, 좀 전에 옮기라고 했던 상자 다 옮겼습니다. 좀 봐 주시겠어요?
> 사장: 일을 벌써 끝냈구나! 그런데 이곳이 아니라 저쪽에 옮기라고 했는데…….
> 점원: 아! 그래요? 죄송합니다. 다시 옮기도록 하겠습니다.

상황극(3)

> 점원: 여기 주문하신 물건입니다.
> 손님: 오이 두 개가 빠졌네요.
> 점원: 아! 죄송합니다. 오이 두 개 넣어 드리겠습니다.

⬆

상대방에게 재확인을 받고 검토를 받는 것은 상대방으로부터 자기가 말한 것을 다 이해해서 지시에 따랐다는 것을 알려 주기 때문에 중요한 의사소통 기술이다.

〈필요한 태도와 의사소통 기법〉
- 지시한 일을 최대한 신속하게 마쳤을 때는 즉시 마쳤다는 것을 알도록 한다.
- 자기가 한 일을 정확하게 설명하고 정확하게 일을 마쳤는지 묻는다.
- 잘못되었거나 바람직하지 못한 혹은 적절하지 못한 일 중에 수정할 필요가 있을 경우에는 그 즉시 수정한다.

상황극(4)

> 사장: 너는 왜 내가 시킨 일을 제대로 하지 못하는 거니? 몇 번이나 말해야 알겠어!
> 점원: 죄송합니다. 다음부터는 조심하도록 하겠습니다.
> 사장: 내가 말한 것을 제대로 메모하라고 했잖아.
> 점원: 예! 알겠습니다. 사장님 말씀대로 하겠습니다.

상황극(5)

> 손님: 무가 썩은 것을 주면 어떻게 해요?
> 점원: 죄송합니다. 썩은 것인 줄 몰랐어요.
> 손님: 이런 것을 팔면 누가 오겠어요!
> 점원: 다음부터는 이런 일이 없도록 하겠습니다. 싱싱한 것으로 바꾸어 드릴게요.

〈필요한 태도와 의사소통 기법〉
- 대화하는 동안 딴전을 피우거나 다른 곳을 보지 않고 상대방을 바라본다.
- 주의를 기울여 듣고 주의 산만한 태도를 보여서는 안 된다.
- 주의를 집중하는 것은 정중한 태도를 보이는 것이고, 딴전을 피우는 것은 관심이 없다는 것을 나타내는 태도라는 점을 알도록 한다.

상황극(6)

> 손님: 내가 좀 전에 2000원을 주었는데 왜 500원을 거슬러 주지 않는 건가요?
> 직원: 제가 다시 확인해 보겠습니다. 영수증을 확인해 보니 2000원을 제가 받고 남은 금액 500원을 드리고 나서 영수증을 받아 가셨는데요.
> 손님: 그런데 돈이 없잖아요?
> 직원: 거스름돈 드리는 것을 저기에 있는 직원이 보았다고 합니다. 손님 다시 한 번 확인해 주시면 감사하겠습니다.

자신이 말한 내용을 뒷받침할 근거를 제시하는 것도 의사소통 기술에 있어 중요하다.

〈필요한 태도와 의사소통 기법〉
- 가능한 한 구체적인 자세한 정보를 활용한다.
- 자신이 말한 내용을 뒷받침할 근거를 준비한다.
- 필요하면 말할 내용을 준비한다.
- 언제나 말하기 전에 생각해야 한다는 점을 명심한다.

가. 학습주제

작업재료를 용도에 따라 분류하기, 작업장의 규칙 알기

나. 학습목표

작업재료를 용도에 따라 분류하고, 작업장의 규칙을 안다.

다. 관련 교육과정 및 융합요소

이번 학습주제와 관련되어 학습할 관련 교육과정이나 융합요소를 STEAM 항목에 맞게 오른쪽에 제시하였다. 여기서 'S'는 과학, 'T'는 기술, 'E'는 기술 · 가정, 'A'는 예술, 'M'은 수학 과목을 나타낸다.

작업재료를 용도에 따라 분류하고 표로 나타내기

협동화 그리기

라. 평가 관점

1) 이 해

작업장에서 사용되는 작업재료에 대해서 알고 있는가?

2) 기 능

작업장에서 필요한 도구의 재료를 표로 나타낼 수 있는가?

3) 태 도

작업장에서의 규칙을 알고 작업장에서의 올바른 태도에 대해 알고 있는가?

마. 교수 · 학습 지도안

대상	차시	영역	활동형태	수업전략
특수교육대상학생	16차시(2시간)	직업탐색(작업능력)	개별 및 모둠 활동	협동학습, 상황학습, 융합학습, 소셜 러닝

활동 프로그램 명	작업재료 분류와 작업장 규칙 알기
학습목표	작업재료를 용도에 따라 분류하고, 작업장의 규칙을 안다.
수업자료 및 매체	인터넷, 동영상 자료, 학습지, 스마트기기, 스마트 앱 등

관련 교육과정 (융합요소)	

사용 애플리케이션	나의 작업장 정비소, 클래스팅 앱

단계	학습내용	교시활동	학생활동	시간	STEAM 및 스마트 기반 요소	지도상의 유의점
준비 단계	이번 시간에 사용될 앱과 QR코드 연결하기	❖나의 작업장 정비소 앱을 다운받는 방법 지도하기	❖나의 작업장 정비소 앱을 다운받아 설치하고 열어 보기	10분	스마트 기반 학생들이 주도적으로 다양한 앱과 QR코드 실행	각자 앱을 다운받는 연습을 할 수 있도록 지도함.
문제 상황 제시	동기부여	❖문제상황 제시 -작업장에서 사용되는 작업재료에는 무엇이 있는지 질문하기(식당에서 사용되는 작업도구, 청소도구 알기) -학습목표 소개하기	❖문제상황 인식 -작업장에서 사용되는 작업재료에는 무엇이 있는지 알아보기(식당에서 사용되는 작업도구, 청소도구 알기) -학습목표 확인하기	5분		
	학습목표 확인					

단계	학습내용	교사활동	학생활동	시간	STEAM 및 스마트 기반 요소	지도상의 유의점
창의적 설계	▶활동 1	◈소재에 따라 분류하기 ◈나의 작업장 정비소 앱을 통해 작업에 필요한 재료들 알기 ◈작업에 필요한 재료 찾아보기	◈소재에 따라 분류하기 ◈나의 작업장 정비소 앱을 통해 작업에 필요한 재료들 알기 ◈작업에 필요한 재료 찾아보기	15분	스마트 요소 나의 작업장 정비소 앱을 다운 받아 실행하기	
	▶활동 2	◈필요한 재료의 수를 표로 나타내기	◈필요한 재료의 수를 표로 나타내기	10분	M 활동 작업재료를 용도에 따라 분류하고 표로 나타내기	
	▶활동 3	◈작업장에서의 규칙 알아보기 – 역할극으로 작업장 규칙 시연해 보기	◈작업장에서의 규칙 알아보기 – 역할극으로 작업장 규칙 시연해 보기	20분		
감성적 체험	▶활동 4	◈협동화 그리기	◈협동화 그리기	30분		협력하여 그림을 그릴 수 있도록 지도함.
정리 및 평가	▶정리활동	◈정리활동지를 통한 마인드맵 작성하기 – 클래스팅 앱에 오늘 수업 내용 올리고 토론하기 ◈주변 정리 및 활동지 정리하기	◈마인드맵 작성하기 – 마인드맵을 작성해 보면서 직업 수업시간에 다양한 다른 과목들을 배워서 좋은 점들 나누기 – 클래스팅 앱에 오늘 수업 내용 올리고 토론하기 ◈활동지 정리하기 ◈주변 정리하기	10분	스마트 요소 클래스팅 앱을 열어서 수업에 대해 서로 의논해 보기	

평가 영역	평가기준	평가척도			비고
		매우 잘함	보통	미흡	
교수 학습 및 융합 교육 목표	작업장에서 사용되는 작업재료에 대해서 알고 있는가?				
	작업장에서 필요한 도구의 재료를 표로 나타낼 수 있는가?				
	작업장에서의 규칙을 알고 작업장에서의 올바른 태도에 대해 알고 있는가?				

제4장 스마트러닝 기반 STEAM 직업교육 프로그램의 실제

본 수업에 사용된 앱 및 QR코드

앱 및 QR코드	앱 화면	앱 설명	수업활용 전략
나의 작업장 정비소		다양한 도구를 사용하여 정비소에서 일하는 경험을 재미있는 미니게임을 통해 해 볼 수 있도록 하는 게임용 앱	게임을 통해서 다양한 도구로 정비소에서 일하는 간접경험을 할 수 있도록 해 줌.
클래스팅 앱		학생 및 학부모들과 편하게 소통할 수 있는 기능을 가지고 있는 정보교류 커뮤니티 앱	학생-학생, 학생-교사, 교사-학부모가 편하게 의사소통을 할 수 있음.

수업 및 활동 자료 | 작업재료 분류와 작업장 규칙 알기

 활동 1 관련 자료

1) 작업에 따라 필요한 재료 찾아보기

🖱 작업에 필요한 재료를 분류하고 찾아봅시다.

프라이팬

쓰레받기

도마와 부엌칼

빗자루

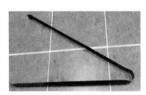

쓰레기집게

이공 핀지

물 호스

실

바늘

외날톱

① 요리에 필요한 작업도구들은 무엇이 있나요?

② 청소할 때 필요한 작업도구들은 무엇이 있나요?

③ 바느질할 때 필요한 작업도구들은 무엇이 있나요?

2) '나의 작업장 정비소' 앱을 통해 작업에 필요한 재료들 알기

명칭	앱 화면	실행한 후 느낌 써 보기
나의 작업장 정비소		

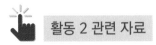

1) 필요한 재료의 수를 표로 나타내기

🖱 보기에서 작업에 필요한 재료들을 찾고, 그 수를 막대그래프로 나타내어 봅시다.

보기 바늘, 물 호스, 세차용 샴푸, 프라이팬, 도마, 톱, 바느질용 가위, 드라이버, 못, 바늘, 세탁용품, 걸레, 세차용 스폰지, 휠 클리너, 냄비, 뒤집개, 망치, 미니 손도끼, 목공용 접착제, 세차 호스, 유리 세정제, 실

🖱 필요한 재료의 수를 막대그래프로 나타내어 봅시다.

(수)				
재료 수 \ 작업	목공예	바느질	세차	음식조리

1) 작업장에서 지켜야 할 수칙 알아보기

직장에서 지켜야 할 일반 안전 수칙

① 작업 시 규정된 복장을 착용하도록 한다.

② 작업장 주위의 환경을 항상 정리한다.

③ 인화물질 또는 폭발물이 있는 장소에는 화기취급을 금한다.

④ 위험표시구역은 담당자 외 무단출입을 금한다.

⑤ 모든 기계는 담당자 이외에는 취급을 금한다.

⑥ 음주 후에는 작업을 금한다.

⑦ 현장 내에서는 장난치거나 뛰어다녀서는 안 된다.

⑧ 모든 전선은 전기가 통한다고 생각한다.

⑨ 기계 가동 중 기계에 대한 청소, 정비를 금한다.

⑩ 사전 승인이 없는 화기취급은 절대 엄금한다.

직장에서 지켜야 할 개인위생 수칙

① 작업 시 두발은 항상 단정히 하고, 수염은 매일 깔끔하게 면도한다.

② 작업자는 손톱을 항상 짧게 자르고, 작업에 불필요한 목걸이, 시계, 팔찌, 반지, 귀걸이 등의 장신구의 소지나 착용을 금한다.

③ 작업자는 작업에 불필요한 개인 소지품을 사물함에 보관하여 작업장 내로 반입하지 않는다.

④ 작업장 내에서는 흡연, 껌을 씹는 행위 및 음식물 반입 등의 행위를 금한다.

⑤ 작업장 내에서는 제품의 오염 우려가 있으므로 손으로 머리, 코, 입, 피부 기타 신체 부위를 만지지 않는다.

⑥ 힐에 끈이 없는 샌들, 슬리퍼 등을 착용하고 작업지역을 보행하여서는 안 된다.

⑦ 작업지역에 출입하는 모든 사람은 해당 지역 또는 작업에서 요구하는 보호구와 복장을 착용하여야 한다.

출처: 한국산업안전보건공단(2011).

활동 4 관련 자료

1) 협동화 그리기

〈그랑 자트 섬의 일요일 오후〉로 협동화 꾸미기

〈협동화 완성 작품〉

가. 학습주제

식물의 구조와 기능 알기, 재배도구를 알고 상추와 배추 재배하기, 동물종류를 알기

나. 학습목표

○ 동물의 종류를 알 수 있다.

○ 재배도구를 알고 채소와 식물을 재배할 수 있다.

○ 자연 재료를 이용하여 꽃 누르미 공예품을 만들 수 있다.

다. 관련 교육과정 및 융합요소

이번 학습주제와 관련되어 학습할 관련 교육과정이나 융합요소를 STEAM 항목에 맞게 오른쪽에 제시하였다. 여기서 'S'는 과학, 'T'는 기술, 'E'는 기술 · 가정, 'A'는 예술, 'M'은 수학 과목을 나타낸다.

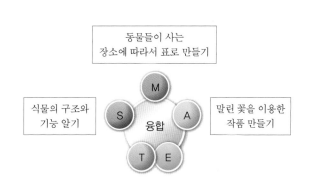

라. 평가 관점

1) 이 해

- 식물의 구조와 기능에 대해 알고 있는가?
- 재배도구와 사육도구에 대해 알고 있는가?

2) 기 능

- 재배도구와 사육도구를 이용하여 식물과 동물을 기를 수 있는가?
- 자연 재료를 이용하여 꽃 누르미 공예품을 만들 수 있는가?

3) 태 도

식물과 동물을 기르는 데 유의할 점을 알고 있는가?

마. 교수·학습 지도안

대상	차시	영역	활동형태	수업전략
특수교육대상학생	18차시(3시간)	직업준비(재배)	개별 및 모둠 활동	협동학습, 상황학습, 융합학습, 소셜 러닝, 앱 기반 학습

활동 프로그램 명	재배하기
학습목표	• 재배도구를 알고 채소와 식물을 재배할 수 있다. • 동물의 종류를 알 수 있다. • 자연 재료를 이용하여 꽃 누르미 공예품을 만들 수 있다.
수업자료 및 매체	인터넷, 동영상 자료, 학습지, 스마트기기, 스마트 앱
관련 교육과정 (융합요소)	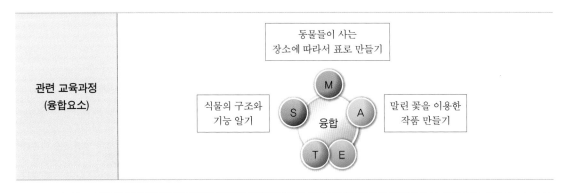
사용 애플리케이션	원더주 동물 구하기, 클래스팅 앱

단계	학습내용	교사활동	학생활동	시간	STEAM 및 스마트 기반 요소	지도상의 유의점
준비 단계	이번 시간에 사용될 앱과 QR 코드 연결하기	❖원더주 동물 구하기 앱을 다운받는 방법 지도하기	❖원더주 동물 구하기 앱을 다운받아 설치하고 열어 보기	10분	스마트 기반 학생들이 주도적으로 다양한 앱과 QR코드 실행	각자 자유롭게 앱 혹은 QR코드 다운받기
문제 상황 제시	동기부여 학습목표 확인	❖문제상황 제시 −식물과 동물을 길러 본 경험에 대해서 발표해 보도록 하기 ❖학습목표 소개하기	❖문제상황 인식 −식물과 동물을 길러 본 경험에 대해서 발표해 보기 ❖학습목표 확인하기	5분		

단계	학습내용	교사활동	학생활동	시간	STEAM 및 스마트 기반 요소	지도상의 유의점
창의적 설계	▶활동 1	❖식물의 구조와 기능에 대해서 설명하기	❖식물의 구조와 기능에 대해 알아보기 －식물의 구조 －뿌리가 하는 일 －잎이 하는 일 등	35분	S 활동 식물의 구조와 기능에 대해 알기	
	▶활동 2	❖재배도구를 알고 상추와 고구마를 기르는 방법 설명하기	❖재배도구를 알고 상추와 고구마를 기르는 방법 알아보기	20분	M 활동 작업장 조직도 구성하기	
	▶활동 3	❖원더주 동물 구하기 앱 활동을 통해 다양한 동물의 특징 알아보기 ❖동물이 사는 장소에 따라 동물군을 표로 만들어 보기	❖원더주 동물 구하기 앱 활동을 통한 동물의 특징 알기 ❖동물이 사는 장소에 따라 동물군을 표로 만들어 보기	20분	스마트 요소 원더주 동물 구하기 앱 활동하기	
	▶활동 4	❖고구마 재배방법에 대해 설명하기	❖고구마 재배방법에 대해 알기	10분	M 활동 동물군을 표로 만들어 보기	
감성적 체험	▶활동 5	❖자연 재료를 이용한 꽃누르미 만들기 시범 보이기	❖자연 재료를 이용한 꽃누르미 만들기	40분	A 활동 꽃누르미 만들기	
정리 및 평가	▶정리활동	❖정리활동지를 통한 마인드맵 작성하기 －클래스팅 앱에 오늘 수업내용 올리고 토론하기 ❖정리하기	❖마인드맵 활동을 통해 오늘 수업 정리하기 ❖클래스팅 앱에 오늘 수업내용 올리기 ❖정리하기 ❖주변 정리하기	10분	스마트 요소 클래스팅 앱 혹은 학급 SNS에 수업내용 올리기	

평가 영역	평가기준	평가척도			비고
		매우 잘함	보통	미흡	
교수 학습 및 융합 교육 목표	식물의 구조와 기능에 대해 알고 있는가?				
	재배도구와 사육도구에 대해 알고 있는가?				
	재배도구와 사육도구를 이용하여 식물과 동물을 기를 수 있는가?				
	자연 재료를 이용하여 꽃 누르미 공예품을 만들 수 있는가?				
	식물과 동물을 기르는 데 유의할 점을 알고 있는가?				

앱 및 QR코드	앱 화면	앱 설명	수업활용 전략
원더주 동물 구하기		다양한 동물이 나오며, 위험에 처한 불쌍한 동물을 구해 주는 게임용 앱	다양한 동물의 명칭을 알 수 있음.
클래스팅 앱		학생 및 학부모들과 편하게 소통할 수 있는 기능을 가지고 있는 정보교류 커뮤니티 앱	학생-학생, 학생-교사, 교사-학부모가 편하게 의사소통을 할 수 있음.

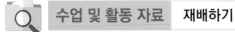

 활동 1 관련 자료

1) 식물의 구조와 기능 알기

🖱 **식물의 구조**

종류에 따라 식물의 겉모습이 조금씩 다르지만 일반적으로 뿌리, 줄기, 잎, 꽃과 열매로 이루어져 있다.

① 뿌리가 하는 일
- 지지작용: 식물이 쓰러지지 않도록 고정시켜 준다.
- 저장작용: 잎에서 만든 영양분을 저장한다.
- 흡수작용: 물과 물속에 있는 양분을 흡수한다.

곧은 뿌리: 가운데에 굵은 원뿌리가 있고 주변에 가는 곁뿌리가 있음.

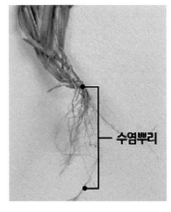

수염뿌리: 길이와 굵기가 비슷한 뿌리가 수염처럼 뻗어 있는 뿌리

② 줄기가 하는 일

줄기는 크게 세 가지 역할을 한다.

첫째, 추위와 더위로부터 식물을 보호하며 곤충의 침입을 막아 준다.

둘째, 뿌리와 잎을 연결해 준다.

셋째, 흙 위에서 식물을 지탱하며 잎이 붙어 있을 수 있도록 해 준다.

③ 잎이 하는 일
- 광합성: 식물의 잎에서 햇빛, 물, 공기 중의 이산화탄소를 이용하여 스스로 영양분을 만드는 작용을 한다.
- 증산작용: 식물의 잎에서 물이 수증기가 되어 빠져나가는 현상
  뿌리에서 흡수한 물을 식물의 꼭대기까지 올려 준다.

🌰 잎의 구조
① 잎몸: 잎의 납작한 부분으로, 잎맥이 있어 잎의 형태를 유지시켜 준다.
② 잎맥: 잎에 있는 관다발로, 물과 양분의 이동 통로다.
③ 잎자루: 잎몸과 줄기를 연결하는 부분이다.

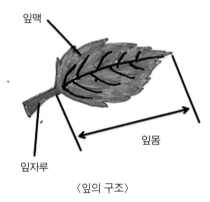

잎맥

잎몸

잎자루

〈잎의 구조〉

평가활동
① 잎이 하는 일은 무엇인가요?

② 민들레를 찾아 뿌리의 종류를 알아보고, 뿌리가 하는 일을 알아봅시다.

③ 양파의 뿌리를 자른 것과 뿌리를 자르지 않은 것을 물컵에 담갔을 때의 차이점을 알아봅시다.

활동 2 관련 자료

1) 재배도구 알기

🖱 농작물을 재배할 때 사용하는 농기구의 이름 및 용도 알기

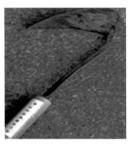

이름	호미
용도	김매기

이름	낫
용도	풀베기

이름	삽
용도	땅파기

이름	괭이
용도	땅파기

이름	분무기
용도	농약 살포

이름	물뿌리개
용도	물 주기

2) 상추와 고구마 재배방법 알기

상추 재배방법 알기

① 상추 재배방법
- 상추는 생육기간이 60일밖에 되지 않아 봄과 가을에 파종한다.
- 상추는 많은 거름을 필요로 하지 않으므로 밑거름만 적당히 준비한다. 상추는 잎을 밑에서부터 따먹는 것이므로 빗물로 흙이 잎에 튀지 않도록 신문지를 깔아 두면 좋다. 신문지를 깔아 두면 잡초의 발아를 막을 수 있고, 흙의 건조도 막을 수 있다.

② 상추 가꾸기와 거두기
- 모판의 상추에 물을 듬뿍 뿌린 후 되도록 흙이 뿌리에 붙어 있는 상태에서 밭에 심는다.
- 모를 키우지 못한 경우에는 종묘상이나 꽃가게에서 구매하여 심는 것도 좋다.
- 1달에 한 번은 거름을 주는 게 좋다. 이는 밑에서부터 따먹기 때문에 계속 잘 자라도록 하기 위해서다.
- 상추를 따먹을 때는 무조건 막 따지 말고 윗부분의 잎이 적어도 6~7장은 되게 둔다. 줄기 상추는 밑에서 따먹으면 위로 계속 자라는데 위에 꽃대가 올라와 꽃봉오리가 보일 때쯤이면 먹을 것은 따로 뽑아내 버린다.

고구마 재배방법 알기

① 모종 준비: 구입한 모종은 뿌리가 나오도록 물에 담가 둔다.

② 이랑 만들기: 이랑 사이가 90cm 정도 되게 하여 짚을 놓고 흙을 쌓아 둔다.

③ 모종 심기: 비가 그친 후나 흙이 젖어 있는 날을 택해서 심는다. 30cm 정도가 되도록 막대를 비스듬히 구멍을 뚫어 모종을 꽂아 주고, 손으로 잘 눌러 준다.

④ 풀 뽑기, 북주기: 6월 중순이나 하순경에 풀이 많이 자라기 전에 뽑아 준다. 덩굴이 무성해지기 전에 한 번 더 풀을 뽑으면서 흙을 끌어올려 주고 포기 사이에 거름을 놓는다.

⑤ 수확: 10월이 되면 캐기 시작한다. 먼저 덩굴을 잘라 내고 삽을 이용해서 파낸다.

사진을 통해 본 고구마 재배방법

① 고구마 모종 사기

② 이랑에 고구마 심기

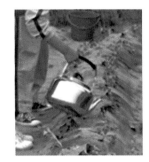

③ 물 주기

④ 고구마 덩굴 걷어 내기

⑤ 고구마 캐기

⑥ 포장하기

1) '원더주 동물 구하기' 앱을 통해 작업에 필요한 재료들 알기

명칭	앱 화면	실행한 후 느낌 써 보기
원더주 동물 구하기		

2) 동물이 사는 장소에 따라 동물군을 표로 만들어 보기

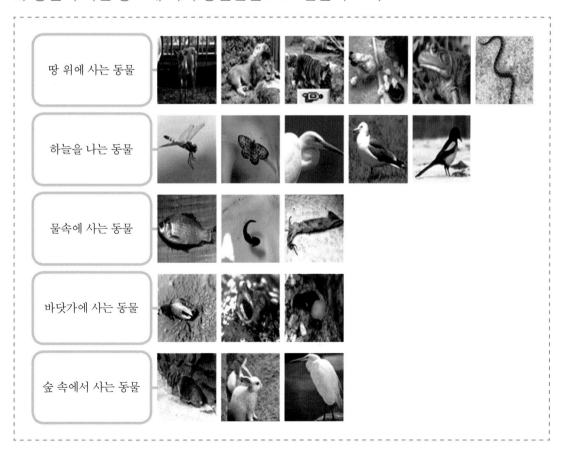

땅 위에 사는 동물

하늘을 나는 동물

물속에 사는 동물

바닷가에 사는 동물

숲 속에서 사는 동물

동물이 사는 장소에 따른 동물의 종류

동물이 사는 장소	동물의 종류
땅 위에 사는 동물	말, 소, 사자, 호랑이, 닭, 개구리, 뱀 등
하늘을 나는 동물	잠자리, 나비, 까치, 백조, 갈매기 등
물속에 사는 동물	붕어, 미꾸라지, 오징어, 올챙이 등
바닷가에 사는 동물	게, 소라, 바지락, 따개비, 말미잘, 새우, 성게, 갈매기 등
숲 속에 사는 동물	다람쥐, 고라니, 토끼, 사슴, 곰, 멧돼지, 여우 등

동물이 사는 장소에 따른 동물의 종류를 막대그래프로 나타내 보세요.

〈동물이 사는 장소에 따른 동물의 분류〉

동물이 사는 장소	땅 위	하늘	물속	바닷가	숲 속	합계
동물의 수(마리)	7	5	4	8	7	31

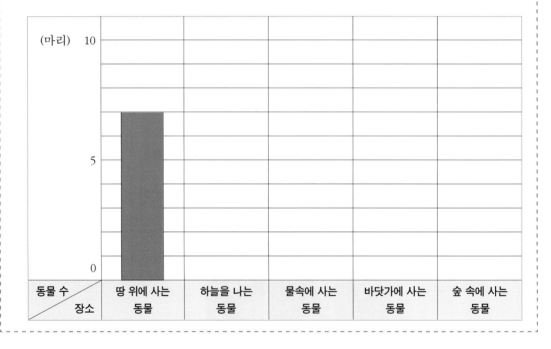

1) 자연 재료로 꽃 누르미 만들기

꽃 누르미를 이용한 컵받침 만들기

① 재료 준비: 말린 꽃, 목공풀, 받침,
　이쑤시개

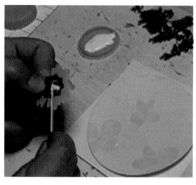

② 이쑤시개를 이용해서 말린 꽃 뒷면
　에 목공풀 붙이기

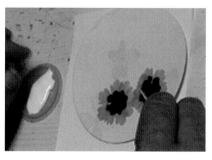

③ 받침에 말린 꽃 붙이기

④ 작품 말리기

가. 학습주제

간식의 중요성 알기, 올바른 간식 선택하기, 샌드위치와 지층 모습 비교하기, 식빵 토스트 아트 만들기

나. 학습목표

○ 간식의 중요성과 올바른 간식을 선택한다.
○ 샌드위치와 식빵 토스트 아트를 직접 만든다.

다. 관련 교육과정 및 융합요소

이번 학습주제와 관련되어 학습할 관련 교육과정이나 융합요소를 STEAM 항목에 맞게 오른쪽에 제시하였다. 여기서 'S'는 과학, 'T'는 기술, 'E'는 기술 · 가정, 'A'는 예술, 'M'은 수학 과목을 나타낸다.

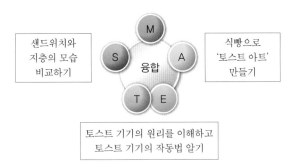

라. 평가 관점

1) 이 해

토스트 기기의 원리를 이해할 수 있는가?

2) 기 능

- 샌드위치를 만들어서 샌드위치와 지층의 모습을 비교할 수 있는가?
- 토스트 기기의 작동법을 알고 있는가?
- 식빵으로 토스트 아트를 만들 수 있는가?

3) 태 도

간식의 중요성과 올바른 간식을 알 수 있는가?

마. 교수 · 학습 지도안

대상	차시	영역	활동형태	수업전략
특수교육대상학생	18차시(3시간)	직업준비(음식조리)	개별 및 모둠 활동	협동학습, 상황학습, 융합학습, 소셜 러닝, 앱 기반 학습

활동 프로그램 명	건강간식 만들기
학습목표	• 간식의 중요성과 올바른 간식을 선택한다. • 샌드위치와 식빵 토스트 아트를 직접 만든다.
수업자료 및 매체	인터넷, 동영상 자료, 학습지, QR코드

관련 교육과정 (융합요소)	

사용 애플리케이션	나도 요리사, 식빵으로 만든 토스트 아트(QR코드), QR Droid, 클래스팅 앱

단계	학습내용	교사활동	학생활동	시간	STEAM 및 스마트 기반 요소	지도상의 유의점
준비 단계	이번 시간에 사용될 앱과 QR코드 연결하기	❖이번 시간에 배울 QR 코드 연결해 보기	❖이번 시간에 배울 QR 코드를 다운받아 실행해 보기	10분	스마트 기반 학생들이 주도적으로 다양한 앱과 QR코드 실행	각자 자유롭게 앱 혹은 QR코드를 다운받을 수 있도록 지도함.
문제 상황 제시	동기부여 학습목표 확인	❖문제상황 제시 −자신이 좋아하는 간식의 종류와 몸에 좋은 간식에는 무엇이 있는지 말해 보기 ❖학습목표 소개하기	❖문제상황 인식 −자신이 좋아하는 간식의 종류와 몸에 좋은 간식에는 무엇이 있는지 말해 보기 ❖학습목표 확인하기	5분		

단계	학습내용	교사활동	학생활동	시간	STEAM 및 스마트 기반 요소	지도상의 유의점
창의적 설계	▶활동 1	◈아침밥과 간식의 중요성 알기 −간식의 중요성에 대해 설명하기	◈아침밥과 간식의 중요성 알기 −간식의 중요성에 대해 알기	15분	스마트 요소 클래스팅 앱을 열어서 자신의 활동자료 올리기	
	▶활동 2	◈올바른 간식 선택하기 −올바른 간식 선택 방법 알기	◈올바른 간식 선택하기 −올바른 간식 선택 방법 알기	10분		
	▶활동 3	◈토스트 기기의 원리를 이해하고 토스트 기기의 작동법 지도하기 ◈샌드위치 만들기 −샌드위치를 만드는 순서에 따라 샌드위치 만들기	◈토스트 기기의 원리를 이해하고 토스트 기기의 작동법 알기 ◈샌드위치 만들기 −샌드위치 만드는 순서에 따라 샌드위치 만들기	20분 30분	스마트 요소 나도요리사 앱을 열어서 다양한 요리의 종류 알아보기	
	▶활동 4	◈샌드위치와 지층의 모습 비교하기	◈샌드위치와 지층의 모습 비교하기	10분	S 활동 샌드위치와 지층의 모습 비교하기	
감성적 체험	▶활동 5	◈식빵으로 토스트 아트 만들기 −식빵 토스트 아트 QR코드를 열어서 식빵 토스트 아트 만드는 방법에 따라 식빵 토스트 아트 하기	◈식빵으로 토스트 아트 만들기 −식빵 토스트 아트 QR코드를 열어서 식빵 토스트 아트 하기	40분	A 활동 식빵으로 만든 토스트 아트 스마트 요소 식빵으로 만든 토스트 아트 QR코드 열기	
정리 및 평가	▶정리활동	◈클래스팅 앱을 열어서 오늘 수업에 대한 평가 및 소감에 대해 서로 토론하기 ◈주변 정리 및 활동지 정리하기	◈클래스팅 앱을 열어서 오늘 수업에 대한 평가 및 소감에 대해 서로 토론하기 ◈활동지 정리하기 ◈주변 정리하기	10분	스마트 요소 클래스팅 앱을 열어서 오늘 수업에 대한 평가 및 소감 토론하기	

평가 영역	평가기준	평가척도			비고
		매우 잘함	보통	미흡	
교수 학습 및 융합 교육 목표	토스트 기기의 원리를 이해할 수 있는가?				
	샌드위치를 만들어서 샌드위치와 지층의 모습을 비교할 수 있는가?				
	토스트 기기의 작동법을 알고 있는가?				
	식빵으로 토스트 아트를 만들 수 있는가?				
	간식의 중요성과 올바른 간식을 알 수 있는가?				

본 수업에 사용된 앱 및 QR코드

앱 및 QR코드	앱 화면	앱 설명	수업활용 전략
나도 요리사		요리과정을 통해 여러 가지 식재료에 흥미를 갖게 되면서 올바른 식습관을 기르도록 하는 교육용 앱	기본적인 요리 준비 및 가상 요리 연습이 가능함.
식빵으로 만든 토스트 아트		식빵을 이용한 토스트 아트 방법을 제공하는 QR코드	식빵을 이용한 다양한 작품을 만들 수 있도록 해 줌.
QR Droid		QR코드를 읽어 줌.	QR코드를 읽는 법을 지도함.
클래스팅 앱		학생 및 학부모들과 편하게 소통할 수 있는 기능을 가지고 있는 정보교류 커뮤니티 앱	학생−학생, 학생−교사, 교사−학부모가 편하게 의사소통을 할 수 있음.

활동 1 관련 자료

1) 아침밥과 간식의 중요성 알기

① 아침밥을 먹어야 하는 이유
- 잠자는 중에 써 버린 열량(300~500kcal)을 보충해 준다.
- 학습 및 업무 집중력을 높여 준다.
- 장의 연동운동을 도와 변비를 예방해 준다.
- 비만을 예방해 준다.
- 어린이, 청소년의 성장을 도와준다.
- 성인병의 발생위험을 낮춰 준다.

② 간식을 먹을 때 주의해야 할 점
- 영양상의 균형을 이루도록 하며, 분량을 정해서 먹도록 한다.
- 소화되기 쉽고 위에 부담이 되지 않는 범위에서 단백질과 칼슘, 무기질과 비타민의 급원식품을 섭취하도록 한다.
- 식사 후 2~3시간 뒤에 간식을 먹으며, 단맛, 짠맛이 지나치게 강한 종류는 피한다.
- 하루 총열량의 10~20%(200~400kcal) 정도로 두세 가지 종류가 적당하다.
- 간식 전에는 반드시 손 씻기, 일정한 장소에서 간식 먹기, 간식 후에는 양치질을 하는 습관을 갖는다.

③ 간식은 이렇게 먹어요!

간식	문제점	이렇게 먹으면 좋아요
라면	탄수화물과 지방이 많고, 단백질과 비타민이 부족하다.	달걀과 채소를 첨가하고, 국물의 섭취량을 줄인다.
햄버거, 콜라	총열량과 지방의 섭취량이 높고, 비타민은 거의 없다.	햄버거와 야채샐러드를 곁들여 먹고, 콜라 대신 오렌지 주스나 우유를 섭취한다.
후라이드치킨	지방이 많고, 비타민이 부족하다.	튀김보다 구이 치킨을 선택하고, 우유나 오렌지 주스 또는 과일과 함께 섭취한다.
스낵과자	탄수화물과 지방이 많고, 단백질과 비타민이 부족하다.	섭취하는 과자의 양을 반으로 줄이고, 우유 또는 오렌지 주스를 함께 섭취한다.

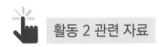
활동 2 관련 자료

1) 올바른 간식 선택법

간식으로 섭취하는 열량은 하루에 필요한 열량의 10~15%가 적당하다.
간식을 준비할 때 몇 가지 주의사항은 다음과 같다.

가. 영양소의 균형을 생각한다.

오랫동안 유지되는 에너지를 생각한다면 탄수화물과 단백질이 균형 있게 포함된 간식을 준비한다. 탄수화물이 풍부한 과일, 약간의 크래커류나 빵을 준비한 후 단백질이 풍부한 땅콩버터나 치즈 등을 먹는다.

나. 간식은 정해진 스케줄에 따라 먹는 것이 좋다.

세 끼 식사 사이에 두 번의 간식시간을 두는 것도 좋다. 단, 식사 전후 2시간 이내에 간식을 먹게 되면 식욕이 저하되어 식사량이 줄어들 수 있다.

다. 계절에 맞는 적절한 간식을 먹는다.

여름철은 바깥활동이 늘어나는 시기로 몸을 많이 움직이기 때문에 몸의 에너지가 더 필요하다. 고칼로리의 음식(예: 땅콩버터나 치즈)을 먹는 것이 과식을 막을 수 있는 좋은 방법이다.

라. 잠자기 전의 간식은 주의해야 한다.

잠자기 전의 간식은 속을 불편하게 하고 건강에도 좋지 않다. 그래서 가벼운 간식인 요구르트 반 컵 혹은 핫초코 등이 좋다.

마. 어떤 간식이 좋을까?
- 열량이 많은 간식: 비스킷, 샌드위치, 달지 않은 과자, 찐 감자나 고구마, 찐 옥수수 등
- 단백질과 칼슘이 많은 간식: 우유, 요구르트, 치즈, 삶은 달걀, 푸딩, 두유, 삶은 콩 등
- 비타민이 많은 간식: 과일류, 주스류

1) 토스트 기기의 원리를 이해하고 토스트 기기 작동법 알기

🥜 토스트 기기의 원리는 열전도에 의한 것이다.

🥜 열전도에 대해 알아봅시다.

열전도 실험

① 실험 준비: 수조, 마가린, 플라스
   틱 숟가락, 쇠숟가락, 나무 숟가
   락, 뜨거운 물, 고무찰흙, 단추

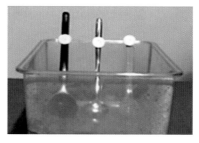

② 숟가락에 마가린을 묻히고, 그 위
   에 단추를 놓은 후에 고무찰흙으
   로 고정시켜 준 후 뜨거운 물 붓기

③ 단추가 떨어지는 과정을 관찰하기

④ 쇠, 플라스틱, 나무 숟가락 순으로
   단추가 떨어진다.

🥜 앞의 실험에서 어느 숟가락의 단추가 가장 먼저 떨어졌나요?

🥜 열전도란?
   고체와 고체, 고체와 액체 사이에 열이 전달되는 형태를 말한다.
   분자들의 충돌에 의해 열이 전달되는 방법으로, 열전도는 아래에서 위로 전달된다.

🥜 일상생활 속에서 열전도 물질을 찾아봅시다.

2) '나도 요리사' 앱 활동

명칭	앱 화면	실행한 후 느낌 써 보기
나도 요리사		

3) 참치 샌드위치 만들기

재료: 참치캔, 식빵, 오이 1개, 크래미 게살, 마요네즈, 머스터드 소스

1) 크래미 게살을 먹기 좋은 크기로 찢어 놓는다.

2) 오이는 돌려 깎기 한 후 얇게 채를 썬다. 참치캔은 기름기를 제거하고, 양파 1/2개는 곱게 다진 후 찬물에 담가 매운 향을 제거한다.

3) 소스 만들기(마요네즈와 머스터드 소스를 1:1 비율로 버무려 주기)

4) 식빵을 토스트기에 구워 주고, 소스를 바른 빵 속에 준비한 속 재료를 넣고 다른 식빵으로 덮어 준 후 치즈 혹은 식빵을 넣어 다른 샌드위치 층을 만든다.

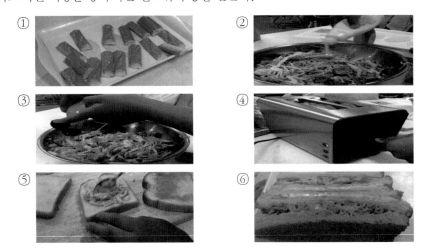

1) 샌드위치와 지층의 모습 비교하기

🖱 지층이 쌓이는 모습을 알아봅시다.

① 주황색 찰흙 놓기

② 파란색 찰흙 놓기

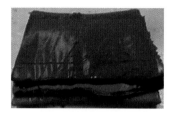
③ 빨간색 찰흙 놓기

④ 초록색 찰흙 놓기

⑤ 노란색 찰흙 놓기

⑥ 살구색 찰흙 놓기

⑦ 살구색 찰흙 놓기

⑧ 연두색 찰흙 놓기

⑨ 세로로 자른 모양을 확인

1) 가장 밑에 층에 쌓인 찰흙의 색깔은?

2) 가장 위에 층에 쌓인 찰흙의 색깔은?

🖱 샌드위치 모양과 지층의 모습을 비교해 봅시다.

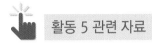
활동 5 관련 자료

1) '식빵으로 만든 토스트 아트' QR코드 활동(식빵으로 만든 토스트 아트 연결하기)

명칭	QR코드	실행한 후 느낌 써 보기
식빵으로 만든 토스트 아트		

🖱 토스트 아트 만들기

  1) 포일에 학생들이 만들고 싶은 동물 모양을 만들어 오리기

  2) 식빵 위에 오린 포일 모양 놓기

  3) 오븐에 굽기

  4) 포일 떼어 내기

교수 · 학습 지도안 | 19차시 | 사무보조란?

가. 학습주제

사무보조 업무를 알고 간단한 컴퓨터 문서 작성하기, 도서관 사서보조에 대해 알기

나. 학습목표

○ 사무보조 업무를 알 수 있다.

○ 간단한 컴퓨터 문서 작성법을 알 수 있다.

○ 도서관 사서보조 과제 수행방법에 대해 알 수 있다.

다. 관련 교육과정 및 융합요소

이번 학습주제와 관련되어 학습할 관련 교육과정이나 융합요소를 STEAM 항목에 맞게 오른쪽에 제시하였다. 여기서 'S'는 과학, 'T'는 기술, 'E'는 기술 · 가정, 'A'는 예술, 'M'은 수학 과목을 나타낸다.

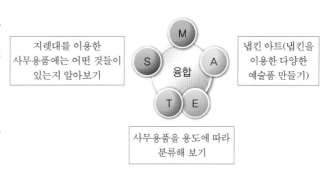

지렛대를 이용한 사무용품에는 어떤 것들이 있는지 알아보기

냅킨 아트(냅킨을 이용한 다양한 예술품 만들기)

사무용품을 용도에 따라 분류해 보기

라. 평가 관점

1) 이 해

지렛대의 원리를 이용한 사무용품에 대해 알고 있는가?

2) 기능

• 컴퓨터를 이용해서 간단한 문서 작성을 할 수 있는가?

• 냅킨 아트를 할 수 있는가?

3) 태 도

사무보조 업무의 종류와 올바른 태도에 대해 알고 있는가?

마. 교수 · 학습 지도안

대상	차시	영역	활동형태	수업전략
특수교육대상학생	19차시(3시간)	직업준비(사무보조)	개별 및 모둠 활동	협동학습, 상황학습, 융합학습, 소셜 러닝, 앱 기반 학습

활동 프로그램 명	사무보조란?
학습목표	• 사무보조 업무를 알 수 있다. • 간단한 컴퓨터 문서 작성법을 알 수 있다. • 도서관 사서보조 과제 수행방법에 대해 알 수 있다.
수업자료 및 매체	동영상 자료, 활동지, 스마트기기, 스마트 앱, QR코드
관련 교육과정 (융합요소)	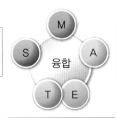지렛대를 이용한 사무용품에는 어떤 것들이 있는지 알아보기 / 냅킨 아트(냅킨을 이용한 다양한 예술품 만들기) / 사무용품을 용도에 따라 분류해 보기
사용 애플리케이션	스마트 사서보조, 냅킨 아트 하는 방법 알기(QR코드), QR Droid, 클래스팅 앱

단계	학습내용	교사활동	학생활동	시간	STEAM 및 스마트 기반 요소	지도상의 유의점
준비 단계	이번 시간에 사용될 앱과 QR코드 연결하기	❖냅킨 아트, 스마트 사서보조 앱과 QR코드 다운받는 법 설명하기	❖냅킨 아트, 스마트 사서보조 앱과 QR코드 다운받기	10분		각자 앱과 QR코드를 다운받는 연습을 할 수 있도록 지도함.
문제 상황 제시	동기부여 학습목표 확인	❖문제상황 제시 ─교무실에서 일하는 교무실무사는 무엇이며 어떤 일들을 하는지 알아보기 ❖학습목표 소개하기	❖문제상황 인식 ─교무실무사의 일이 무엇인지 서로 말해 보기 ❖학습목표 확인하기	5분		

단계	학습내용	교사활동	학생활동	시간	STEAM 및 스마트 기반 요소	지도상의 유의점
창의적 설계	▶활동 1	❖지렛대의 원리에 대해 알아보기 ❖지렛대의 원리를 이용한 사무용품 찾아보기	❖지렛대의 원리에 대해 알아보기 ❖지렛대의 원리를 이용한 사무용품 찾아보기	40분	S 활동 지렛대의 원리를 알고 지렛대를 이용한 사무용품 찾아보기	
	▶활동 2	❖사무용품을 용도에 따라 분류해 보기	❖사무용품을 용도에 따라 분류해 보기	10분	M 활동 사무용품을 용도에 따라 분류해 보기	
	▶활동 3	❖사무보조 업무에 대해 알아보기 –스마트 사서보조 앱 실행해 보기	❖사무보조 업무에 대해 알아보기 –스마트 사서보조 앱 실행해 보기	20분	스마트 요소 스마트 사서보조 앱 실행하기	
	▶활동 4	❖한글과 컴퓨터를 이용하여 자기소개서 작성하기 ❖주어진 조건에 맞게 나의 근로계약서 작성하기 ❖교실에서, 교무실에서, 교육 행정실에서 실습하기 ❖사무지원 실습에 필요한 규칙과 태도 갖추어 보기	❖한글과 컴퓨터를 이용하여 자기소개서를 간단하게 작성해 보기 ❖주어진 조건에 맞게 나의 근로계약서 작성하기 ❖교실에서, 교무실에서, 교육 행정실에서 실습하기 ❖사무지원 실습에 필요한 규칙과 태도 갖추어 보기	25분		
감성적 체험	▶활동 5	❖냅킨 아트 만들기 –냅킨 아트 QR코드를 열어서 냅킨 아트 방법 지도하기	❖냅킨 아트 만들기 –냅킨 아트 QR코드를 열어서 냅킨 아트해 보기	30분	A 활동 냅킨 아트 스마트 기반 QR코드 앱 열기	QR코드의 초점을 잘 맞추어서 스캔할 수 있도록 지도함.

단계	학습내용	교사활동	학생활동	시간	STEAM 및 스마트 기반 요소	지도상의 유의점
정리 및 평가	▶정리활동	❖클래스팅 앱을 열어서 서로의 오늘 수업에 대한 자료 및 소감을 나누기 ❖주변 정리 및 활동지 정리하기	❖클래스팅 앱을 열어서 서로 오늘 수업에 대한 자료 및 소감 나누기 ❖활동지 정리하기 ❖주변 정리하기	10분	스마트 기반 클래스팅 앱을 열어서 서로의 수업의견 나누기	

평가 영역	평가기준	평가척도			비고
		매우 잘함	보통	미흡	
교수 학습 및 융합 교육 목표	지렛대의 원리를 이용한 사무용품에 대해 알고 있는가?				
	컴퓨터를 이용해서 간단한 문서작성을 할 수 있는가?				
	냅킨 아트를 만들 수 있는가?				
	사무보조 업무의 종류와 올바른 태도에 대해 알고 있는가?				

본 수업에 사용된 앱 및 QR코드

앱 및 QR코드	앱 화면	앱 설명	수업활용 전략
스마트 사서보조		지적장애인의 사서보조일자리 사업에 학생들을 적응시키기 위한 교육용 앱, 도서 분류, 신문정리, 바코드 찍기 등의 기능이 있음.	사무보조 중에서 도서관 사서보조 업무 지도에 사용 가능함.
냅킨 아트 하는 방법 알기		냅킨을 이용한 다양한 공예품을 만들 수 있도록 자료를 제공한 QR코드	냅킨 아트를 지도할 경우에 사용 가능함.
QR Droid		QR코드를 읽어 줌.	QR코드를 읽는 법을 지도함.
클래스팅 앱		학생 및 학부모들과 편하게 소통할 수 있는 기능을 가지고 있는 정보교류 커뮤니티 앱	학생-학생, 학생-교사, 교사-학부모가 편하게 의사소통을 할 수 있음.

활동 1 관련 자료

1) 지렛대의 원리를 이용한 생활도구 알아보기

어떤 지점에서 들어야 더 가벼울까요?

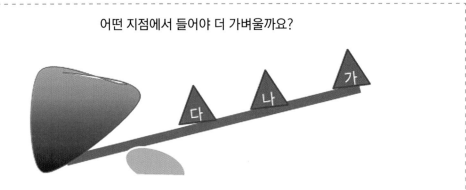

지점	큰 돌을 들기 위해 필요한 힘의 크기
가	힘이 가장 적게 든다.
나	( )
다	힘이 가장 많이 든다.

👆 지렛대의 원리

지렛대는 작은 힘으로 무거운 물체 등을 움직이는 장치다. 지레는 막대를 받치는 고정된 받침점과 힘이 작용하는 힘점, 힘이 작용되는 작용점으로 구성되어 있다. 지레의 3요소인 작용점, 받침점, 힘점의 위치에 따라 지레는 1종, 2종, 3종 지레로 나뉜다.

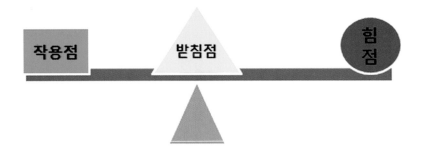

👆 지레의 원리를 이용한 생활도구를 알아봅시다.

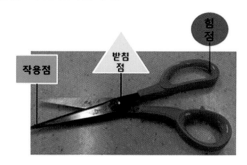

1종 지레는 작용점-받침점-힘점 순으로 위치하며, 작은 힘으로 큰 힘을 내는 데 이용된다. 1종 지레의 원리를 이용한 것들로는 윗접시저울, 시소, 펜치 등이 있다.

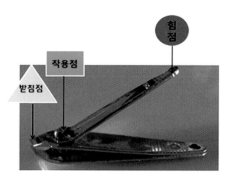

2종 지레는 받침점-작용점-힘점 순으로 위치해 있다. 2종 지레는 1종 지레와 마찬가지로 작은 힘으로 큰 힘을 내는 데 이용된다. 2종 지레의 원리를 이용한 것들로는 병따개, 펀치, 손톱깎이 등이 있다.

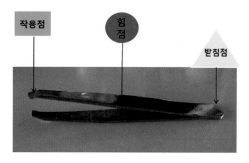

3종 지레는 작용점-힘점-받침점 순으로 위치해 있으며 3종 지레는 힘의 도움은 없지만 작은 것을 세밀하게 다룰 때 이용된다. 집게 젓가락, 핀셋이 3종 지레를 이용한 물건이다.

1) 사무용품을 용도에 따라 분류해 보기

| 수정용품 |  |

지우개　　수정테이프　　화이트보드 지우개　　스카치 수정테이프

| 자/클립/핀 |  |

클립　　자　　압침　　클립

| 스테이플러/펀치 | 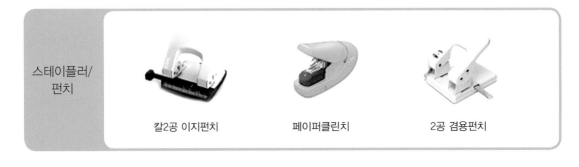 |

칼2공 이지펀치　　페이퍼클린치　　2공 겸용펀치

| 인주/스탬프 |  |

스탬프　　스탬프　　스탬프

테이프/풀/ 접착제	

테이프   순간접착제   딱풀

노트, 전표 견출지	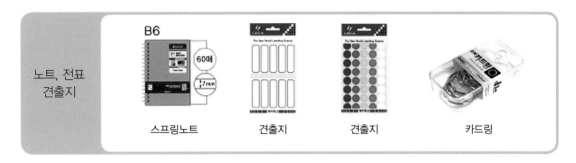

스프링노트   견출지   견출지   카드링

필기용품	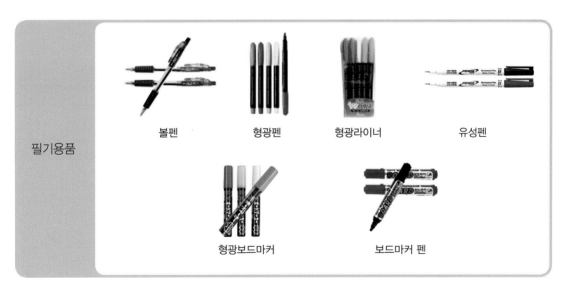

볼펜   형광펜   형광라이너   유성펜

형광보드마커   보드마커 펜

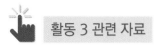

활동 3 관련 자료

1) '스마트 사서보조' 앱 연결하기

명칭	앱 화면	실행한 후 느낌 써 보기
스마트 사서보조		

활동 4 관련 자료

1) 한글과 컴퓨터를 이용하여 이력서 작성해 보기

	이 력 서			
사진	성 명		생년월일	
			(만 세)	
주 소				
전화 번호	(H · P)			
가족 관계	관계	성명	연령	현재 직업

년 월 일	학력 및 경력사항	기관 및 장소

주요 사항 및 기타

위에 기재한 사항은 사실과 틀림이 없습니다.

20   년   월   일

작성자   (인)

이력서 작성하기

1) 입력 → 표 → 표 만들기에서 자신이 원하는 표의 칸, 줄을 입력한 후에 '만들기' 단추 클릭

2) 표를 글자처럼 취급하기 위해 마우스 왼쪽을 클릭 후에 '개체속성'에 들어가기 '표/셀 속성'에서 글 자처럼 취급하기에 체크한 후 '설정' 단추 클릭

3) 셀 병합: 합치고 싶은 칸이나 줄을 왼쪽 마우스로 드래그하여 블록을 씌운 후 오른쪽 마우스를 클 릭하여 셀 합치기

4) 세부내용 입력 및 편집하기
  • 기준 글 크기: 11포인트
  • 글꼴: 신명조

2) 근로계약서 작성법

기업 채용 정보

업체명			(주)○○○		
소재지	경기도 군포시 제2공장		전화번호		031-○○○-○○○○
업 종	도매, 제조업	근로자 수	20	인사담당자	과장 홍길동
직 종	포장(남)	근무조건	식사 제공/일 40,000원/08:30-18:00(주 5일 근무)		

🖱 위의 채용 정보를 보고 다음의 근로계약서에 대한 부분을 채워 넣어 보세요.

① 근로계약 기간: 2015년 3월 1일부터 2016년 2월 28일까지

② 근무 장소: (   )

③ 업무 내용: (   )

④ 근로 시간: (   )

⑤ 근무일: 매주 (   )일 근무

⑥ 임금: 매일 (   ) 원

⑦ 입금 지급일: 매월 25일

⑧ 지급방법: 개별통장

🖱 근로계약서란 무엇인가?

🖱 근로계약서 작성 시 주의해야 할 점에 대해서 이야기해 봅시다.

3) 사무 지원 실습 준비하기

복사기 사용방법 알기

① 복사기의 전원 단추 누르기

② 복사기 위에 복사할 서류 올려 놓기

③ 복사할 용지 매수 선택하기

④ 시작 단추 누르기

⑤ 복사된 서류 확인하고 꺼내기

🖱 복사기 사용 시 주의할 점에 대해서 이야기해 봅시다.

팩시밀리 사용방법 알기

① 팩스 보낼 면을 밑으로 해서 팩시밀리에
서류 넣기

② 팩스 기능 단추 누르기

③ 팩스를 받을 수신인의 전화번호 입력하기

④ 시작 단추 누르기

문서 세단기 사용방법 알기

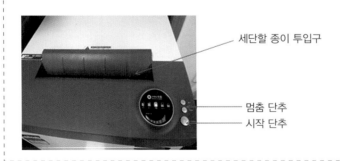

세단할 종이 투입구

멈춤 단추
시작 단추

활동 5 관련 자료

1) '냅킨 아트' QR코드

명칭	QR코드	실행한 후 느낌 써 보기
냅킨 아트		

냅킨 아트로 시계 만들기

① 냅킨의 모양 오리기

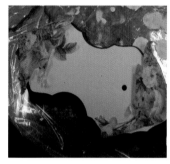

② 목공풀을 이용해서 오린 냅킨의 모양을 붙이기

③ 시계 부품 조립하기

가. 학습주제

다양한 대인서비스의 종류 알기, 인간관계 맵 그리기, 노인 돌봄의 필요성 알기

나. 학습목표

○ 다양한 대인서비스의 종류에 대해 알 수 있다.

○ 먹이사슬을 이해하고 인간관계 맵을 그릴 수 있다.

○ 노인 돌봄을 통해 개인, 가족 및 사회적 부양의 필요성에 대해 알 수 있다.

다. 관련 교육과정 및 융합요소

이번 학습주제와 관련되어 학습할 관련 교육과정이나 융합요소를 STEAM 항목에 맞게 오른쪽에 제시하였다. 여기서 'S'는 과학, 'T'는 기술, 'E'는 기술 · 가정, 'A'는 예술, 'M'은 수학 과목을 나타낸다.

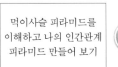

먹이사슬 피라미드를 이해하고 나의 인간관계 피라미드 만들어 보기

주차 도우미 수신호, 교차 수신호를 통해 자신의 감정을 표현해 보기, 먹이사슬 피라미드 만들기

노인 돌봄을 통해 개인과 가족, 사회적 부양의 필요성을 알고 파생직업에 대해 관심 갖기

라. 평가 관점

1) 이 해

• 다양한 대인 서비스의 종류에 대해 알고 있는가?

• 노인 돌봄을 통해 개인, 가족 및 사회적 부양의 필요성에 대해 알고 있는가?

2) 기 능

주차신호를 알고 다양한 교통표지판의 종류에 대해 알고 있는가?

3) 태 도

인간관계에 필요한 중요한 태도를 익힐 수 있는가?

마. 교수 · 학습 지도안

대상	차시	영역	활동형태	수업전략
특수교육대상학생	20차시(3시간)	직업준비(대인서비스)	개별 및 모둠 활동	협동학습, 상황학습, 융합학습, 소셜 러닝, 앱 기반 학습

활동 프로그램 명	다양한 대인서비스 종류 알고 체험하기
학습목표	• 다양한 대인서비스의 종류에 대해 알 수 있다. • 먹이사슬을 이해하고 인간관계 맵을 그릴 수 있다. • 노인 돌봄을 통해 개인, 가족 및 사회적 부양의 필요성에 대해 알 수 있다.
수업자료 및 매체	동영상 자료, 활동지, 스마트기기, 스마트 앱
관련 교육과정 (융합요소)	
사용 애플리케이션	사이버 교통학교, 클래스팅 앱

생태먹이 피라미드를 이해하고 나의 인간관계 피라미드 만들어 보기

주차 도우미 수신호, 교차 수신호를 통해 자신의 감정을 표현해 보기, 먹이사슬 피라미드 만들기

노인 돌봄을 통해 개인과 가족, 사회적 부양의 필요성을 알고 파생직업에 대해 관심 갖기

단계	학습내용	교사활동	학생활동	시간	STEAM 및 스마트 기반 요소	지도상의 유의점
준비 단계	이번 시간에 사용될 앱과 QR코드 연결하기	❖사이버 교통학교 앱을 다운받도록 지도하기	❖사이버 교통학교 앱을 다운받아 실행해 보기	10분		각자 앱을 다운받는 연습을 할 수 있도록 지도함.
문제 상황 제시	동기부여 학습목표 확인	❖문제상황 제시 –대인서비스가 무엇이고, 어떤 종류의 대인서비스가 있는지 생각해 보도록 하기 ❖학습목표 소개하기	❖문제상황 인식 –대인서비스가 무엇이고, 어떤 종류의 대인서비스가 있는지 발표해 보기 ❖학습목표 확인하기	5분		

단계	학습내용	교사활동	학생활동	시간	STEAM 및 스마트 기반 요소	지도상의 유의점
창의적 설계	▶활동 1	❖대인서비스 하는 모습을 찾아보도록 하기 −가정에서 대인서비스 하는 모습 찾기 −학교에서 대인서비스 하는 모습 찾기 −대인서비스의 좋은 점 알기	❖대인서비스 하는 모습을 찾아보도록 하기 −가정에서 대인서비스 하는 모습 찾기 −학교에서 대인서비스 하는 모습 찾기 −대인서비스의 좋은 점 알기	30분		
	▶활동 2	❖먹이사슬을 이해하고 나의 인간관계 맵을 그려 보도록 지도하기 −네트워킹 맵 그리기	❖먹이사슬을 이해하고 나의 인간관계 맵을 그려 보도록 하기 −네트워킹 맵 그리기	25분	S 활동 먹이사슬을 이해하기	
	▶활동 3	❖노인 돌봄을 통해 개인, 가족, 사회적 부양의 필요성에 대해 설명하기	❖노인 돌봄을 통해 개인, 가족, 사회적 부양의 필요성에 대해 설명하기	40분	T, E 활동 노인 돌봄을 통해 개인, 가정, 사회적 부양의 필요성 알기	
감성적 체험	▶활동 4	❖사이버 교통학교 앱을 열어서 교통표지판 종류 알기 ❖주차 수신호 동영상을 보고 주차서비스에 대해 설명해 주기 ❖교통표지판을 만들거나 색칠하도록 지도하기	❖사이버 교통학교 앱을 열어서 교통표지판 종류 알기 ❖주차 수신호 동영상을 보고 주차서비스에 대해 설명해 주기 ❖교통표지판을 만들거나 색칠하기	30분	A 활동 교통표지판 만들기 스마트 요소 사이버 교통학교 앱을 열어서 교통표지판의 종류 알기	
정리 및 평가	▶정리활동	❖클래스팅 앱을 열어서 서로의 오늘 수업에 대한 자료 및 소감 나누기 ❖수업내용을 정리할 수 있도록 지도하기	❖클래스팅 앱을 열어서 서로의 오늘 수업에 대한 자료 및 소감 나누기 ❖수업내용 정리하기 ❖주변 정리하기	10분	스마트 요소 클래스팅 앱을 열어서 서로의 수업의견 나누기	

평가 영역	평가기준	평가척도			비고
		매우 잘함	보통	미흡	
교수 학습 및 융합 교육 목표	다양한 대인서비스의 종류에 대해 알고 있는가?				
	노인 돌봄을 통해 개인, 가족 및 사회적 부양의 필요성에 대해 알고 있는가?				
	주차신호를 알고 다양한 교통표지판의 종류에 대해 알고 있는가?				
	인간관계에 필요한 중요한 태도를 익힐 수 있는가?				

본 수업에 사용된 앱 및 QR코드

앱 및 QR코드	앱 화면	앱 설명	수업활용 전략
사이버 교통학교		교통안전 교육을 시킬 수 있는 교육용 앱	학생들이 교통안전에 대한 지식과 안전 의식을 가질 수 있도록 해 줌.
클래스팅 앱		학생 및 학부모들과 편하게 소통할 수 있는 기능을 가지고 있는 정보교류 커뮤니티 앱	학생-학생, 학생-교사, 교사-학부모가 편하게 의사소통을 할 수 있음.

다양한 대인서비스 종류 알고 체험하기

 활동 1 관련 자료

1) 대인서비스 종류 알고 관련 자격증 알아보기

🖱 **대인서비스란?**

대인서비스는 사람을 대상으로 무형의 서비스를 제공하고 그 대가로 보수를 받는 행위를 말한다. 예를 들면, 접객원, 미용사, 헤어디자이너, 피부관리사, 애완동물 미용사, 동물조련사, 웨딩플래너, 항공기 객실 승무원, 조리사, 바텐더, 여행안내원, 네일 아티스트, 메이크업 아티스트 등이 있다.

🌰 다음의 대인서비스 업종에 근무하는 사람들을 보고 무슨 일을 하는지 알아봅시다.

항공기 객실 승무원

피부관리사

웨딩플래너

여행안내원

동물조련사

접객원

네일 아티스트

애완동물 미용사

평가활동

🖱 다음에서 설명하는 직업은 무엇인지 답하시오.

- 애완동물의 미용과 청결을 담당하는 직업은 무엇인가?
- 얼굴부터 발끝까지 몸 전체의 피부상태를 건강하고 청결하며 탄력 있게 관리해 주는 직업은 무엇인가?
- 일반 레스토랑이나 호텔 레스토랑 등에서 고객에게 음식이나 음료의 주문 및 각종 서비스를 제공하는 일을 담당하는 직업은 무엇인가?
- 동물을 사육·관리하고 공연이나 인명구조, 맹인 안내 등 특수한 목적을 위해 동물을 훈련시키는 직업은 무엇인가?
- 결혼을 앞두고 있는 고객을 대신하여 결혼식장 준비, 음식, 신혼여행 예약, 혼수품 구입 등 결혼과 관련된 모든 일을 대행해 주는 직업은 무엇인가?
- 탑승객이 목적지까지 안전하고 쾌적하게 여행할 수 있도록 편의와 안전을 도모하기 위해 기내에서 각종 서비스를 제공하는 직업은 무엇인가?
- 여행사가 기획하고 주최하는 국내외 개인 및 단체 관광에 동행해서 관광객들이 쾌적하고 보람 있는 관광을 할 수 있도록 도와주는 일을 담당하는 직업은 무엇인가?
- 손님의 손, 손톱, 발, 발톱의 건강 및 미용관리, 제모와 관련된 일을 하는 직업은 무엇인가?

헤어디자이너, 피부관리사, 메이크업 아티스트, 네일 아티스트, 애완동물 미용사, 웨딩플래너, 동물조련사, 항공기 객실 승무원, 조리사, 바텐더, 여행안내원, 장의사, 접객원, 요양보호사

업종	헤어디자이너
하는 일	가위나 빗 등을 사용하여 손님의 머리를 자르고, 염색제 등을 사용하여 염색 및 퍼머를 해 주며, 손님들이 헤어스타일을 연출할 수 있는 방법을 조언해 준다.
적성 및 흥미	헤어디자이너는 사람의 용모를 다루는 직업이므로 미적 감각과 손재주가 요구된다.
준비방법	• 헤어디자이너는 학력의 제한은 없지만 전문대학의 미용 관련 학과에 진학하여 미용에 대한 전문적 교육을 받을 수 있다. • 이 · 미용학원 등에서 미용사가 되기 위해 필요한 교육과 훈련을 받을 수 있다.
취업현황	개인 미용실을 운영할 수도 있고 호텔, 예식장의 미용실 등에서 채용한다.

업종	피부관리사
하는 일	얼굴부터 발끝까지 몸 전체의 피부상태를 건강하고 탄력 있게 관리해 주는 일을 한다.
적성 및 흥미	고객의 피부타입, 신체구조, 성격 등을 다양한 각도에서 파악할 수 있는 분석적 사고능력이 요구된다.
준비방법	정규교육과정으로 전문대학의 피부관리과, 피부과학과, 피부예술학과 등을 졸업하거나 노동부 관할 직업훈련, 여성인력 개발센터 및 학원에서 자격증 취득이 가능하다.
취업현황	일반 피부관리실이나 화장품업체 또는 미용기기업체 등에 진출이 가능하다.

🖱 앞의 예시를 보고 다른 대인서비스 업종에 대해서 알아봅시다.

업종	접객원
하는 일	
적성 및 흥미	
준비방법	
취업현황	

업종	조리사
하는 일	
적성 및 흥미	
준비방법	
취업현황	

🖱 대인서비스의 좋은 점에는 무엇이 있을까요?

① 고객이 원하는 요구 등을 충족시켜 준다.

② 사람들에게 마음의 위로를 주고 편안함을 준다.

③ 서비스를 제공한다.

④ (   )

1) 먹이사슬을 이해하고 나의 인간관계 맵 그려 보기

🌰 **먹이사슬**

- 생물 사이에는 먹고 먹히는 관계가 만들어지는데, 이러한 관계를 순서대로 나열한 것이다. 이를 먹이연쇄라고도 한다.
- 초식동물은 광합성 작용을 하는 식물을 먹고, 육식을 하는 동물은 초식동물을 먹는다. 이처럼 어떤 종에서 출발하여 다른 종으로 건너가는 화살표를 통해서 먹고 먹히는 관계를 표현한다.
- 생산자 → 1차 소비자(초식동물) → 2차 소비자(육식동물) → 3차 소비자(2차 소비자를 먹는 육식동물) → 최종 소비자의 순으로 먹히는 관계가 성립된다.

① 먹이사슬에서 메뚜기를 먹는 2차 소비자는 무엇인가?

② 생물들이 먹고 먹히는 관계를 화살표를 이용하여 일직선으로 표현한 것은 무엇인가?

🌰 **먹이그물**

생물 간에 먹고 먹히는 관계는 매우 복잡하고 단순히 일직선의 먹이사슬이 아니라 실제로는 많은 먹이사슬이 생산자에서 시작되어 다양한 소비자로 연결되는 그물형태의 섭식관계가 형성된다.

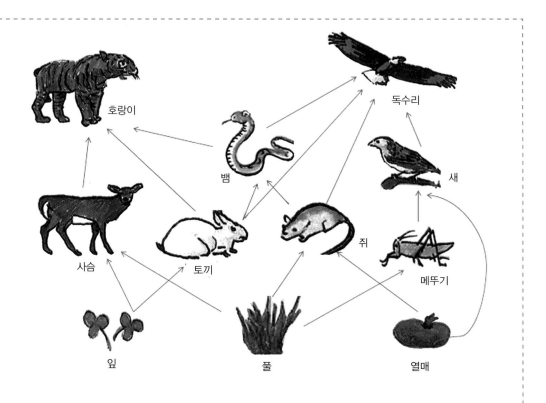

🌰 생태계의 평형

생산자 → 1차 소비자(초식동물) → 2차 소비자(육식동물) → 3차 소비자(2차 소비자를 먹는 육식동물) → 최종 소비자의 순으로 이어지는 먹이사슬 단계에서 한 단계라도 사라지면 사슬은 끊어지고 이는 생태계 전체의 파괴를 초래한다. 생태계는 먹이사슬이 안정적으로 구성될 때 생태계의 평형이 이루어진다.

2) '인간관계 그물' 그리기

🌰 **일상생활 중에서 내 주위에서 관계 맺는 사람들은 누가 있을까?**

부모님, 친구, 슈퍼 아주머니, 윗집 할머니, 교회 언니, 오빠 등

🖱 **인간관계 그물 그리기**

나와 관계 맺는 사람들 속에서 나의 존재를 찾아봅시다.

내가 힘들 때 손을 내밀어 도움을 청할 수 있는 사람은 누구일까요? 그리는 요령에 따라 여러분의 인간관계 그물을 그려 봅시다.

그리는 요령

① 가운데 원(자신)을 중심으로 아는 사람들을 원으로 그리고(그 안에 이름 쓰기) 선으로 연결하기
② 친한 사람은 더 가까이 그리고 실선으로 연결하기, 가깝지 않은 사람은 점선으로 연결하기
③ 중요한 사람은 더 큰 원으로 그리기, 여러분이 알고 있는 사람들의 관계도 선으로 표시하기
④ 연결된 선의 위쪽에는 여러분이 필요한 도움을, 선 아래쪽에는 여러분이 상대방에게 줄 수 있는
　도움을 적기

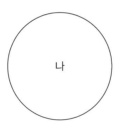

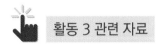

활동 3 관련 자료

1) 노인 돌봄에 관련된 자료를 읽고 노인 돌봄 관련 대인서비스 업종 알아보기

〈읽기 자료〉

'치매에 효자 없다. 팔순노모 현대판 고려장'

노인성 치매에 의해 가정과 가족 윤리가 송두리째 파괴된 안타까운 사건이 발생했다. '법 없이도 살사람'이라는 평을 듣던 김씨의 노모가 치매 증세를 보이기 시작한 것. 김씨의 아내는 노모 모시는 일이힘들어 가출해 버리고 어머니를 수발하느라 김씨는 일자리를 잃고 수입이 없어 경제적 어려움이 컸다.노모를 부산 ○○병원 앞에 버렸다. 김씨는 노모를 내버린 혐의(존속유기)로 불구속 입건되었다.

출처: 부산일보(2005. 8. 25.).

🖱 **이 기사를 읽고 느낀 점을 이야기해 봅시다.**

1) 이 기사를 통해 경제적인 문제와 가족 내적 갈등으로 인한 노인문제의 심각성을 알 수 있었다.

2) 노인문제의 예방 및 해결방안을 위해서는 가족뿐만 아니라 지역, 사회적 도움이 절실하게 필요한 상황이다.

🖱 **노인 돌봄을 위한 서비스에는 무엇이 있을까요?**

1) 재가 복지서비스: 일상생활이 어려운 노인의 집을 방문하여 가사일, 개인상담, 정서지원 등의서비스를 제공하는 일(노인 돌보미)

2) 시설 복지서비스: 요양시설, 양로시설, 여가시설, 의료시설 등의 전문 복지시설에서 노인 돌보기 서비스를 제공하는 것(요양보호사, 노인복지사)

🖱 **평생 직업의 입장에서 노인 돌봄을 위한 직업에는 무엇이 있는지 조사해 봅시다.**

1) 요양보호사: 치매 · 중풍 등 노인성 질환으로 독립적인 일상생활을 수행하기 어려운 노인들을위해 노인요양 및 재가시설에서 신체 및 가사 지원서비스를 제공하는 직업을 말한다.

2) 노인돌보미: 치매, 중풍, 노환 등 65세 이상 어르신 중 장기 요양인정 등급 외 A, B 판정자로, 가구 소득이 전국 평균소득의 150% 이하인 어르신께 서비스를 제공하는 직업이다.

3) 노인복지사: 노인 전문병원이나 노인 요양보호시설에서 일을 하는 직업으로 노인복지사 자격으로 활동을 하기 위해서는 기본적으로 사회복지사 자격증이 필요하다.

활동 4 관련 자료

1) '사이버 교통학교' 앱 연결하기

명칭	앱 화면	실행한 후 느낌 써 보기
사이버 교통학교		

2) 주차 수신호를 통해 주차서비스의 업무 알기

- 주차 수신호 동영상 시청하기
- 주차 수신호 동영상 따라 해 보기
- 마트 앞에서 주차요원을 본 경험에 대해서 이야기해 봅시다.

3) 교통표지판을 만들거나 색칠하기

자전거 주의   자전거 통행금지

자전거 전용도로   자전거 및 보행자 겸용도로

가. 학습주제

바리스타 직업 알기, 우유 스티밍 방법 알기, 역할극을 통한 대인서비스 기능 알기

나. 학습목표

○ 바리스타가 되기 위한 기본 기능을 익힌다.
○ 커피 판매원이 되어 커피 판매를 한다.

다. 관련 교육과정 및 융합요소

이번 학습주제와 관련되어 학습할 관련 교육과정이나 융합요소를 STEAM 항목에 맞게 오른쪽에 제시하였다. 여기서 'S'는 과학, 'T'는 기술, 'E'는 기술 · 가정, 'A'는 예술, 'M'은 수학 과목을 나타낸다.

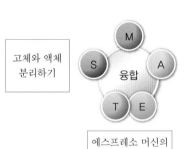

고체와 액체 분리하기

커피 재활용을 이용하여 커피 방향제, 커피 방향제 상자 만들기

에스프레소 머신의 원리와 명칭 알기

라. 평가 관점

1) 이 해

• 액체와 고체의 혼합물 분리방법에 따라 분리할 수 있는가?
• 에스프레소 머신의 원리와 명칭을 알고 있는가?

2) 기 능

커피 방향제를 만들 수 있는가?

3) 태 도

역할극을 통해 대인서비스를 위해 갖추어야 할 태도에 대해 알고 있는가?

마. 교수 · 학습 지도안

대상	차시	영역	활동형태	수업전략
특수교육대상학생	21차시(3시간)	직업준비(대인서비스)	개별 및 모둠 활동	협동학습, 상황학습, 융합학습, 소셜 러닝, 앱 기반 학습

활동 프로그램 명	바리스타 직업 알기
학습목표	• 바리스타가 되기 위한 기본 기능을 익힌다. • 커피 판매원이 되어 커피 판매를 한다.
수업자료 및 매체	동영상 자료, 활동지, 스마트기기, 스마트 앱, QR코드
관련 교육과정 (융합요소)	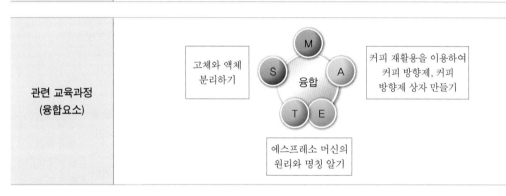
사용 애플리케이션	바리스타 교실, 우유 스티밍 QR코드, 커피방향제 만들기 QR코드, QR Droid, 클래스팅 앱

단계	학습내용	교사활동	학생활동	시간	STEAM 및 스마트 기반 요소	지도상의 유의점
준비 단계	이번 시간에 사용될 앱과 QR코드 연결하기	❖바리스타 교실 앱과 우유 스티밍 QR코드 다운받기	❖바리스타 교실 앱과 우유 스티밍 QR코드 다운받아서 실행해 보기	10분		각자 앱을 다운받는 연습을 할 수 있도록 지도함.
문제 상황 제시	동기부여 학습목표 확인	❖문제상황 제시 -카페라떼와 카페모카에 공통적으로 들어가는 것은 무엇인지 질문하기 ❖학습목표 소개하기	❖문제상황 인식 -카페라떼와 카페모카에 공통적으로 들어가는 것에 대해 알아보기 ❖학습목표 확인하기	5분		

단계	학습내용	교사활동	학생활동	시간	STEAM 및 스마트 기반 요소	지도상의 유의점
창의적 설계	▶활동 1	◈우유 스팀 시 우유의 특성 알기 ◈우유 속의 단백질 분리해 보기	◈우유 스팀 시 우유의 특성 알기 ◈우유 속의 단백질 분리해 보기	40분	S 활동 우유의 특성 알기	
	▶활동 2	◈에스프레소 머신의 명칭 알도록 지도하기	◈에스프레소 머신의 명칭 알도록 지도하기	20분		
	▶활동 3	◈우유 스티밍 QR코드 열어서 우유 스티밍 방법 지도하기 ◈카푸치노 만들기 －우유 스티밍을 이용해서 카푸치노 만드는 시범 보이기	◈우유 스티밍 QR코드 열어서 우유 스티밍 방법 알기 ◈카푸치노 만들기 －우유 스티밍을 이용해서 카푸치노 만들기	30분		
	▶활동 4	◈역할극 하기 －조를 편성해서 역할극 해 보기(카페 실제상황에서 손님, 주인의 역할극 해 보기)	◈역할극 해 보기 －카페 실제상황에서 손님, 주인의 역할극 해 보기	30분	스마트 기반 사다리 타기를 통해 조 편성하기 자신이 만든 자료를 사진 찍어서 클래스팅 앱에 올리기	학생들이 자신의 역할을 자유롭게 바꿔 가면서 역할극을 할 수 있도록 함.
감성적 체험	▶활동 5	◈커피 방향제 만들기 QR코드를 열어서 커피 방향제 및 상자 만들기 시범 보이기	◈커피 방향제 만들기 및 커피 방향제 상자 만들기 ◈QR코드를 열어서 커피 방향제 및 상자 만들기	30분	A 활동 커피 방향제 만들기 스마트 요소 QR코드 열기	
정리 및 평가	▶정리활동	◈클래스팅 앱을 열어서 서로의 오늘 수업에 대한 자료 및 소감 나누기 ◈주변 정리 및 활동지 정리하기	◈클래스팅 앱을 열어서 서로의 오늘 수업에 대한 자료 및 소감 나누기 ◈활동지 정리하기 ◈주변 정리하기	10분	스마트 요소 클래스팅 앱을 열어서 서로의 수업의견 나누기	

평가 영역	평가기준	평가척도			비고
		매우 잘함	보통	미흡	
교수 학습 및 융합 교육 목표	액체와 고체의 혼합물 분리방법에 따라 분리할 수 있는가?				
	에스프레소 머신의 원리와 명칭을 알고 있는가?				
	커피 방향제를 만들 수 있는가?				
	역할극을 통해 대인서비스를 위해 갖추어야 할 태도에 대해 알고 있는가?				

앱 및 QR코드	앱 화면	앱 설명	수업활용 전략
바리스타 교실		커피 종류에 따른 커피 만들기 과정을 장애학생들이 스스로 할 수 있도록 개발된 교육용 앱	커피 만드는 과정을 자기 주도적으로 학습할 수 있도록 하는 앱
우유 스티밍		우유 스티밍 과정을 알 수 있도록 해 주는 QR코드	우유 스티밍 과정 지도
커피방향제 만들기		커피 방향제 상자 만드는 과정을 알 수 있는 QR코드	원두를 이용한 다양한 공예품 만들 때 사용 가능함.
QR Droid		QR코드를 읽어 줌.	QR코드 읽는 법을 지도함.
클래스팅 앱		학생 및 학부모들과 편하게 소통할 수 있는 기능을 가지고 있는 정보교류 커뮤니티 앱	학생-학생, 학생-교사, 교사-학부모가 편하게 의사소통을 할 수 있음.

활동 1 관련 자료

1) 우유 속의 단백질 분리하기

🖱 우유 속의 단백질 분리하여 리코타 치즈 만들기

① 용기에 우유를 부어 준다.

② 우유가 보글보글 거품이 올라올 때 식초 혹은 레몬즙을 넣어 준다.

③ 알맹이를 거즈에 걸러 준다.

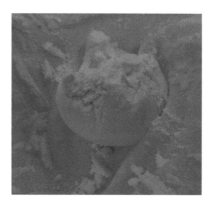

④ 식은 후에 알맹이를 꼭 짜 주면 단백질이 분리되어 리코타 치즈가 완성된다.

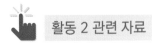
1) 커피 머신의 각 부의 명칭과 특징 알기

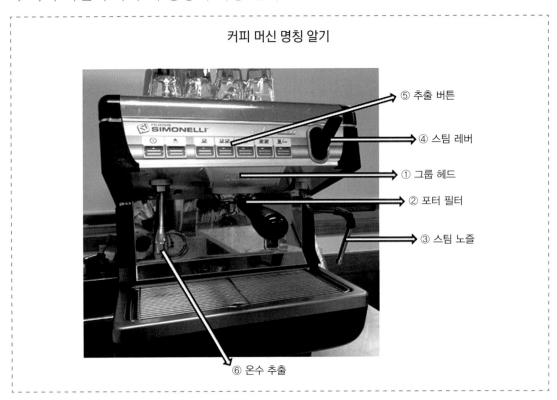

커피 머신 명칭 알기

⑤ 추출 버튼
④ 스팀 레버
① 그룹 헤드
② 포터 필터
③ 스팀 노즐
⑥ 온수 추출

커피 머신 각 부분 용도 알기

	머신 부분	명칭	용도
1		그룹 헤드	• 포터 필터를 장착한 부분 • 추출 온도가 낮아지는 것을 방지(히터 장착) • 포터 필터와 밀착시켜 정상적인 추출을 도움.

2		포터 필터 필터 바스켓	• 포터 필터: 필터 바스켓 • 필터 바스켓: 추출한 커피를 다져 넣는 곳
3		스팀 노즐	• 보일러 안에 가득 차 있는 스팀을 밖으로 빼내는 역할
4		스팀 레버	• 레버는 기계마다 사용방법이 다르지만 대부분 시계 반대방향으로 돌려 스팀 노즐을 통해 스팀을 배출함. 본 사진 제품은 아래로 당겨서 스팀 노즐을 배출 • 스팀 레버는 우유거품을 발생시키는 데 용이한 구조임, 약간의 각도를 주어 스팀을 토해 냄.
5		추출 버튼	• 샷 뽑는 양을 조절할 수 있으며, 자동으로 에스프레소를 뽑을 때 사용하는 버튼
6		온수 추출	• 온수가 나오는 곳으로, 추출 버튼들 중에서 온수 버튼을 누르면 온수가 추출됨.

'커피머신'에 대한 ○, × 풀이

※ 스팀 레버는 우유거품을 발생시키는 데 용이한 구조와 약간의 각도를 주어서 스팀을 만들어 낸다.
(   )

※ 추출 버튼에서 온수가 나온다. (   )

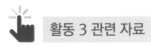 **활동 3 관련 자료**

1) '우유 스티밍' QR코드 실행하기

명칭	QR코드	실행한 후 느낌 써 보기
우유 스티밍		

우유 스티밍 방법 알기

① 스팀 피처에 우유를 꼭지가 볼록 튀어나온 지점까지 담기

② 스팀 밸브를 돌려서 스팀을 한 번 뿜어 주기

③ 깨끗한 행주로 스팀 밸브를 닦아 주기

④ 스팀 노즐이 살짝 잠기게 한 다음 밸브를 열어 스티밍 시작하기

⑤ 스팀 노즐을 깊이 담그고 '치지직' 소리가 조용히 날 때 머신 쪽으로 스팀 피처를 살짝 기울이기

⑥ 우유 스티밍 완성

⑦ 에스프레소에 우유 스티밍을 부어서 카푸치노 만들기

⑧ 우유 스티밍을 이용한 카푸치노 완성하기

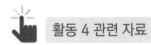

1) 역할극 하기(카페에서 손님에게 서비스 제공하기)

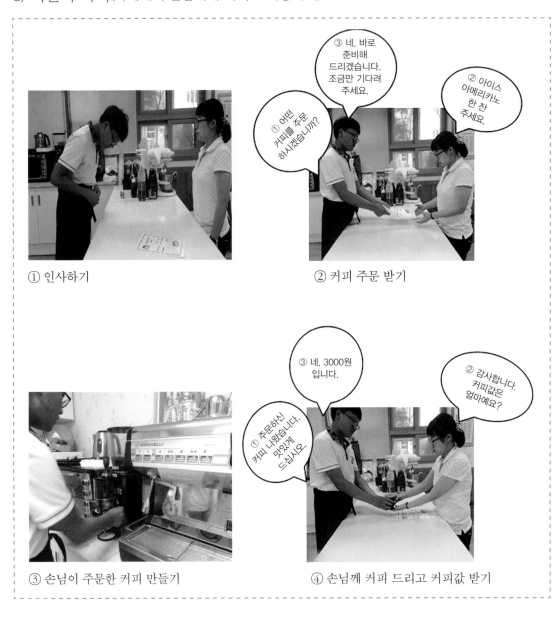

1) '커피방향제 만들기' QR코드 실행하기

명칭	QR코드	실행한 후 느낌 써 보기
커피방향제 만들기		

2) 커피 방향제 만들기(예시)

① 커피 방향제 재료 준비: 종이, 글루건, 원두 커피

② 종이를 찢어서 풀잎 만들어 붙이기

③ 글루건으로 나뭇잎과 꽃 붙이기

④ 나뭇잎과 꽃 붙이기

⑤ 글루건으로 원두 커피 붙이기

⑥ 커피 방향제 완성

가. 학습주제

나의 소중한 가치와 나의 진로 선택하기, 직업 탐색하기, 내가 꿈꾸는 미래의 모습을 그림으로 표현하기

나. 학습목표

○ 나의 소중한 가치와 나의 진로를 선택하고 꿈을 이루는 방법에 대해 안다.
○ 나의 진로 목표와 직업을 탐색한다.

다. 관련 교육과정 및 융합요소

이번 학습주제와 관련되어 학습할 관련 교육과정이나 융합요소를 STEAM 항목에 맞게 오른쪽에 제시하였다. 여기서 'S'는 과학, 'T'는 기술, 'E'는 기술 · 가정, 'A'는 예술, 'M'은 수학 과목을 나타낸다.

진로계획 흐름도 작성하기

내가 꿈꾸는 미래의 모습을 그림으로 표현하기

내 삶의 중 · 장기 로드맵 작성하기

라. 평가 관점

1) 이 해

직업 탐색을 통한 다양한 직업의 종류를 알고 있는가?

2) 기 능

- 진로계획 흐름도 및 순서도를 작성할 수 있는가?
- 내가 꿈꾸는 미래의 모습을 그림으로 표현할 수 있는가?

3) 태 도

직업에 대한 가치관을 알고 나의 진로를 결정할 수 있는가?

마. 교수 · 학습 지도안

대상	차시	영역	활동형태	수업전략
특수교육대상학생	22차시(3시간)	진로지도(진로이해)	개별 및 모둠 활동	협동학습, 상황학습, 융합학습, 소셜 러닝, 앱 기반 학습

활동 프로그램 명	내가 꿈꾸는 미래
학습목표	• 나의 소중한 가치와 나의 진로를 선택하고 꿈을 이루는 방법에 대해 안다. • 나의 진로 목표와 직업을 탐색한다.
수업자료 및 매체	동영상 자료, 활동지, 스마트기기, 스마트 앱
관련 교육과정 (융합요소)	

사용 애플리케이션	직업 월드컵, 클래스팅 앱

단계	학습내용	교사활동	학생활동	시간	STEAM 및 스마트 기반 요소	지도상의 유의점
준비 단계	이번 시간에 사용될 앱과 QR 코드 연결하기	❖직업 월드컵 다운받기	❖앱을 다운받아 실행해 보기	10분		각자 앱을 다운받는 연습을 할 수 있도록 지도함.

단계	학습내용	교사활동	학생활동	시간	STEAM 및 스마트 기반 요소	지도상의 유의점
문제 상황 제시	동기부여 학습목표 확인	❖문제상황 제시 –나의 꿈은 무엇이고 꿈을 이루기 위해서 해야 하는 일이 무엇인지 발표하도록 하기 ❖학습목표 소개하기	❖문제상황 인식 –나의 꿈은 무엇이고 꿈을 이루기 위해서 해야 하는 일이 무엇인지 발표해 보기 ❖학습목표 확인하기	5분		
창의적 설계	▶활동 1	❖나의 소중한 가치 알기 ❖가치관과 나의 진로 –직업에 대한 가치관을 설명하고 나의 진로에 대한 활동지 설명하기	❖나의 소중한 가치 알기 –나의 소중한 가치에 대해 알고 활동지 풀기 ❖가치관과 나의 진로 활동지를 통해 나의 직업의 가치관에 대해 알아보기	40분	스마트 요소 클래스팅 앱을 열어서 자신의 활동자료 올리기	
	▶활동 2	❖직업탐색을 위한 '직업 월드컵' 앱 열기 ❖나의 진로목표 및 직업탐색	❖직업탐색을 위한 '직업 월드컵' 앱 열기 ❖나의 진로목표 및 직업탐색	20분	스마트 요소 직업월드컵 앱을 열어서 직업에 대해 탐색해 보기	
	▶활동 3	❖진로계획흐름도 및 순서도 작성하기 –진로계획 흐름도 및 순서도 작성하기	❖진로계획흐름도 및 순서도 작성하기 –진로계획 흐름도 및 순서도 작성하기	20분	M 활동 진로계획 순서도 작성하기	
	▶활동 4	❖내 삶의 중·장기 로드맵 그리는 방법 지도하기	❖내 삶의 중·장기 로드맵 그려 보기	20분	T 활동 내 삶의 중·장기 로드맵	
감성적 체험	▶활동 5	❖명화를 통한 직업탐색 –내가 꿈꾸는 미래의 모습 그리기의 예시 제시하기	❖명화를 통한 직업탐색 및 감상문 쓰기 –내가 꿈꾸는 미래의 모습 그리기	25분	A 활동 내가 꿈꾸는 미래의 모습 그리기	
정리 및 평가	▶정리활동	❖클래스팅 앱을 열어서 오늘 수업에 대한 평가 및 소감에 대해 서로 토론하기 ❖주변 정리 및 활동지 정리하기	❖클래스팅 앱을 열어서 오늘 수업에 대한 평가 및 소감에 대해 서로 토론하기 ❖활동지 정리하기 ❖주변 정리하기	10분	스마트 요소 클래스팅 앱을 열어서 오늘 수업에 대한 평가 및 소감 서로 토론하기	

평가 영역	평가기준	평가척도			비고
		매우 잘함	보통	미흡	
교수 학습 및 융합 교육 목표	직업 탐색을 통한 다양한 직업의 종류를 알고 있는가?				
	진로계획 흐름도 및 순서도를 작성할 수 있는가?				
	내가 꿈꾸는 미래의 모습을 그림으로 표현할 수 있는가?				
	직업에 대한 가치관을 알고 나의 진로를 결정할 수 있는가?				

본 수업에 사용된 앱 및 QR코드

앱 및 QR코드	앱 화면	앱 설명	수업활용 전략
직업 월드컵		자신이 원하는 직업을 찾고, 즐겁게 진로를 탐색할 수 있는 교육용 앱	직업 관련 용어를 알고 직업세계 및 직업탐색을 지도할 수 있음.
클래스팅 앱		학생 및 학부모들과 편하게 소통할 수 있는 기능을 가지고 있는 정보교류 커뮤니티 앱	학생-학생, 학생-교사, 교사-학부모가 편하게 의사소통을 할 수 있음.

수업 및 활동 자료 | 내가 꿈꾸는 미래

 활동 1 관련 자료

1) 나에 대해 알아보고, 나의 가치관에 대해 알기

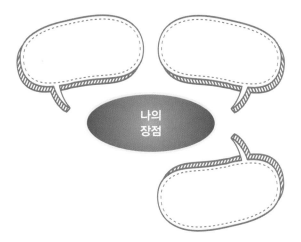

나의 강점과 약점을 알아봅시다.

🖱 내가 잘하는 것 혹은 나의 강점이 무엇인지 생각해 보고, 빈칸에 나의 장점 및 강점을 적어 보세요.

나의 장점

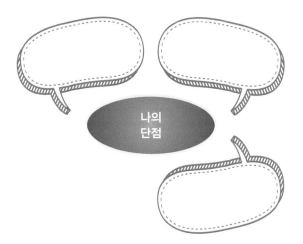

🖱 내가 잘하지 못하는 것 혹은 나의 약점이 무엇인지 생각해 보고, 빈칸에 나의 단점을 적어 보세요.

나의 단점

내가 좋아하는 것은?

👆 학교 혹은 집에서 내가 하고 싶은 것은 무엇이 있나요? 생각해 보고, 적어 보세요.

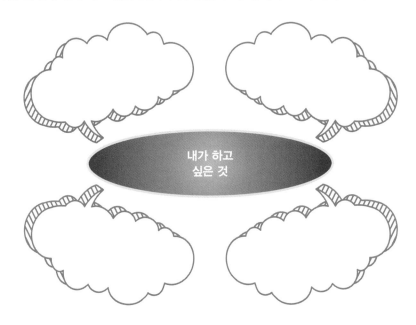

👆 내가 가장 흥미 있어 하는 활동이나 배우고 싶은 것은 무엇이 있나요? 생각해 보고, 적어 보세요.

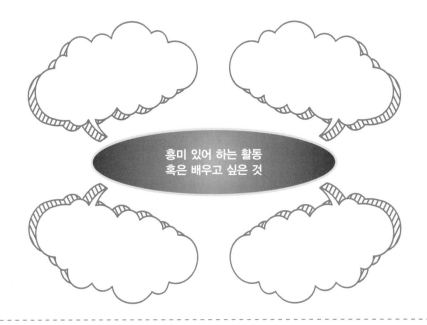

나에 대한 이해 결과지

🖱 커리어넷(www.career.go.kr)에 접속하여 적성, 흥미, 가치관 검사를 통해 나에 대한 이해도 결과지를 작성해 봅시다.

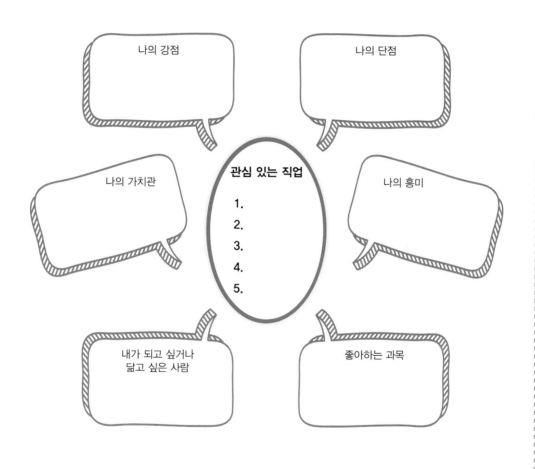

나의 직업가치관에 대해 알기

직업가치관

직업가치관이란 '자신이 가장 중요시하는 것이 무엇인가?' 하는 것이다. 즉, 자신을 일정한 방식으로 행동하게 하는 원리, 믿음 또는 가장 옳고 값지다고 믿는 것을 말한다. 가치에는 돈, 지위, 명예, 권력과 같은 '외재적 가치'와 일을 하면서 얻게 되는 정신적인 즐거움, 보람, 만족과 같은 '내재적 가치'가 있다.

나의 가치에 대해 알아봅시다. 다음 물음에 답해 보세요.

가치	자신이 중요하게 여기는 정도		
	상	중	하
다른 사람을 돕는다.			
오랜 기간 계속 일할 수 있다.			
남에게 인정받는다.			
월급이 많다.			
여가시간이 길다.			
여러 사람을 만난다.			
능력에 따른 승진의 기회가 많다.			
주어진 일을 하고 난 후에 성취감을 느낀다.			
근무시간이 적당하다.			
나의 능력을 향상시키고 계발한다.			
나라 발전에 기여한다.			
결혼 상대자를 선택한다.			

'나의 직업가치관'에 대한 활동지

1) 당신이 선호하고 흥미 있게 생각하는 직업의 종류를 세 가지만 적어 보고, 그 직업에 대해 조사하여 빈칸에 적어 보세요.

   ① 능력, 기술

     • 그 직업에서 요구하는 기술과 능력에는 어떤 것들이 있는가?

     • 나는 어떤 능력과 기술을 가지고 있는가?

   ② 성격

     • 그 직업에는 어떤 성격이 성공적인가?

     • 나는 어떤 성격을 가지고 있는가?

   ③ 위치

     • 내가 선호하는 직장은 어디에 있는가? (예: 옥외, 실내, 도시, 변두리)

     • 나는 어떤 위치를 선호하는가?

   ④ 보수(임금)

     • 그 직업에서 기대할 수 있는 보수는 얼마인가?

     • 내가 받고자 하는 보수는 얼마인가?

   ⑤ 가치

     • 이 직업에서의 일은 어떤 가치를 가지고 있는가?

     • 이 일에서 나는 어떠한 가치 또는 생활방식을 원하는가?

2) 선호하는 직업의 종류를 세 가지 적고, 각각의 직업에 대하여 자신이 가지고 있는 것과 기대하고 있는 것을 비교하여 일치하면 ○표, 불일치하면 ×표를 하세요.

선호하는 직업 기대항목	1)	2)	3)
능력과 기술			
작업환경			
성격			
위치			

 **활동 2 관련 자료**

1) 나의 진로 목표 세우기

나의 진로 목표 설정표

나의 인생 목표	
나의 특성 (적성, 흥미, 특기, 능력, 신체조건 등)	
가정환경	
가족놀이에 대해 가지는 나에 대한 기대	
미래의 나의 모습	

내가 닮고 싶고 되고 싶은 사람	장래희망 (세 가지)	졸업 후의 학업계획 (대학, 평생교육원, 직업훈련 등)

1) 진로계획 흐름도 작성하기(1)

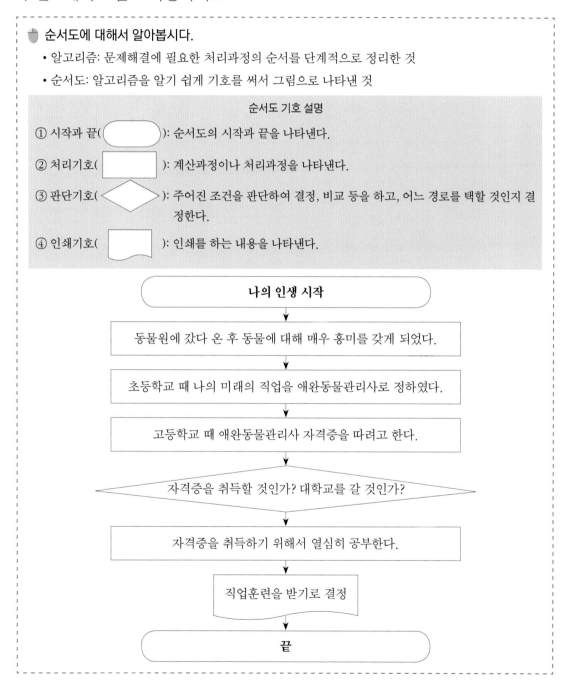

🖱 **순서도에 대해서 알아봅시다.**

• 알고리즘: 문제해결에 필요한 처리과정의 순서를 단계적으로 정리한 것

• 순서도: 알고리즘을 알기 쉽게 기호를 써서 그림으로 나타낸 것

순서도 기호 설명

① 시작과 끝(　　　): 순서도의 시작과 끝을 나타낸다.

② 처리기호(　　　): 계산과정이나 처리과정을 나타낸다.

③ 판단기호(◇): 주어진 조건을 판단하여 결정, 비교 등을 하고, 어느 경로를 택할 것인지 결정한다.

④ 인쇄기호(　　　): 인쇄를 하는 내용을 나타낸다.

나의 인생 시작

↓

동물원에 갔다 온 후 동물에 대해 매우 흥미를 갖게 되었다.

↓

초등학교 때 나의 미래의 직업을 애완동물관리사로 정하였다.

↓

고등학교 때 애완동물관리사 자격증을 따려고 한다.

↓

자격증을 취득할 것인가? 대학교를 갈 것인가?

↓

자격증을 취득하기 위해서 열심히 공부한다.

↓

직업훈련을 받기로 결정

↓

끝

2) 진로계획 흐름도 작성하기(2)

🐭 나의 진로계획 흐름도를 순서도에 따라서 작성해 봅시다.

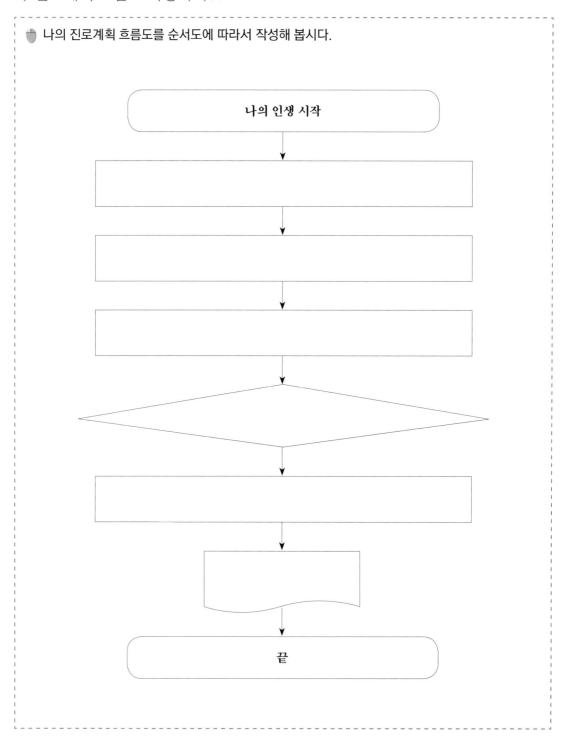

활동 4 관련 자료

1) 내 삶의 중 · 장기 로드맵 작성하기

🖱 나의 인생에 대한 장기 로드맵을 작성해 봅시다. 30년 후의 나의 모습을 그려 봅시다. 어떤 일들로
준비해 나아가야 할지를 기록해 봅시다.

장기 로드맵 / 30년 후

나의 장기 목표	

나의 중기 목표	

나의 단기 목표	

🖱 나의 목표를 위해서 내가 해야 할 일들을 적어 봅시다.

나의 단기 목표	인간관계	내가 노력해야 할 일	가장 소중한 역할

활동 5 관련 자료

1) 명화를 통한 직업탐색 하기

🖱 다음 명화들을 보고 연상되는 직업에 대해 말해 봅시다.

작가: 김홍도
작품명: 타작

작가: 김득신
작품명: 치장단련

작가: 김홍도
작품명: 기와이기

작가: 아메데오 모딜리아니
작품명: 큰 모자를 쓴 잔 에뷔테른

작가: 에드가 드가
작품명: 공연의 끝, 무용수 인사하다

작가: 요하네스 베르메르
작품명: 우유를 따르는 여인

명화 감상문

일시	
감상방법	

감상한 작품의 작가와 제목을 적어 보고, 작품을 통해 연상되는 작품을 찾아봅시다.

작가		작품명	
연상되는 직업			

작가		작품명	
연상되는 직업			

작가		작품명	
연상되는 직업			

가. 학습주제

진로와 직업의 의미 알기, 직업 기능 평가를 통해 적성 알기, 직업가치관 세우기

나. 학습목표

○ 진로와 직업의 의미 및 중요성에 대해 알고, 좋아하는 일과 잘하는 일을 안다.
○ 직업 기능 평가(직업적성, 직업흥미, 직업가치관 검사 등)를 통해 자신의 적성을 안다.

다. 관련 교육과정 및 융합요소

이번 학습주제와 관련되어 학습할 관련 교육과정이나 융합요소를 STEAM 항목에 맞게 오른쪽에 제시하였다. 여기서 'S'는 과학, 'T'는 기술, 'E'는 기술 · 가정, 'A'는 예술, 'M'은 수학 과목을 나타낸다.

내가 잘하는 것과 못하는 것을 좌표평면 위에 나타내어 꿈의 좌표평면 완성하기

진로적성검사를 통해 나의 꿈을 이룰 수 있는 충분조건과 필요조건을 알고 나의 꿈 계획 짜기

직업 관련 속담을 몸으로 표현해 보기

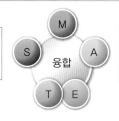

라. 평가 관점

1) 이 해

진로적성 검사를 통해 나의 장 · 단점을 파악할 수 있는가?

2) 기 능

- 내가 잘하는 것과 못하는 것을 꿈의 좌표평면에 나타낼 수 있는가?
- 직업 관련 속담을 몸으로 표현할 수 있는가?

3) 태 도

진로적성 검사 실시를 통해 자신의 직업 가치관을 세울 수 있는가?

마. 교수·학습 지도안

대상	차시	영역	활동형태	수업전략
특수교육대상학생	23차시(3시간)	진로지도(직업 평가)	개별 및 모둠 활동	협동학습, 상황학습, 융합학습, 소셜 러닝, 앱 기반 학습

활동 프로그램 명	나의 장점과 단점은?
학습목표	• 진로와 직업의 의미 및 중요성에 대해 알고, 좋아하는 일과 잘하는 일을 안다. • 직업 기능 평가(직업적성, 직업흥미, 직업가치관 검사 등)를 통해 자신의 적성을 안다.
수업자료 및 매체	동영상 자료, 활동지, 스마트기기, 스마트 앱, QR코드
관련 교육과정 (융합요소)	

사용 애플리케이션	커리어넷, 클래스팅 앱

단계	학습내용	교사활동	학생활동	시간	STEAM 및 스마트 기반 요소	지도상의 유의점
준비 단계	이번 시간에 사용될 앱과 QR코드 연결하기	❖커리어넷 앱 연결해 보기	❖커리어넷 앱을 다운받아 실행해 보기	10분		각자 앱을 다운받는 연습을 할 수 있도록 지도함.
문제 상황 제시	동기부여 학습목표 확인	❖문제상황 제시 –나의 꿈을 이루기 위해서 내가 필요한 것이 무엇인가에 대해서 이야기해 보기 ❖학습목표 소개하기	❖문제상황 인식 –나의 꿈을 이루기 위해서 내가 필요한 것들이 무엇인지 발표하고 이야기해 보기 ❖학습목표 확인하기	5분		

단계	학습내용	교사활동	학생활동	시간	STEAM 및 스마트 기반 요소	지도상의 유의점
창의적 설계	▶활동 1	❖'나의 꿈 리스트'를 만들어 보도록 하기 ❖꿈 리스트로 필요, 충분조건에 대해 예시 제시하기	❖'나의 꿈 리스트' 만들기 ❖꿈 리스트로 필요, 충분 조건 만들어 보기	40분		
	▶활동 2	❖진로적성검사 실시하기 -커리어넷 앱을 열어서 진로적성검사 실시하도록 지도하기	❖진로적성검사 실시하기 -커리어넷 앱을 열어서 흥미검사 및 진로적성검사 실시하기			
	▶활동 3	❖나의 적성을 토대로 진로를 계획하고 능력 기르기 -진로적성 검사를 토대로 한 '나의 꿈 계획표' 작성하도록 지도하기	❖나의 적성을 토대로 진로를 계획하고 능력 기르기 -진로적성검사를 토대로 한 '나의 꿈 계획표' 작성하기	40분	M 활동 충분조건과 필요조건이 무엇인지 알고 나의 꿈을 이루기 위한 계획 짜기	
	▶활동 4	❖내가 잘하는 것과 못하는 것을 좌표평면 위에 나타내어 꿈의 좌표평면 완성하도록 지도하기	❖내가 잘하는 것과 못하는 것을 좌표평면 위에 나타내어 꿈의 좌표평면 완성하기		M 활동 꿈의 좌표평면 완성하기	
감성적 체험	▶활동 5	❖직업 관련 속담을 몸으로 표현하도록 지도하기 -팀을 이루어서 직업 관련 속담을 몸으로 표현하도록 지도하기	❖직업 관련 속담을 몸으로 표현하기 -팀을 이루어서 직업 관련 속담을 몸으로 표현하기	45분	A 활동 직업 관련 속담을 몸으로 표현해 보기 스마트 기반 사다리 타기로 팀 정하기	
정리 및 평가	▶정리활동	❖클래스팅 앱을 열어서 오늘 수업에 대한 평가 및 소감에 대해 서로 토론하기 ❖주변 정리 및 활동지 정리하기	❖클래스팅 앱을 열어서 오늘 수업에 대한 평가 및 소감에 대해 서로 토론하기 ❖활동지 정리하기 ❖주변 정리하기	10분	스마트 기반 클래스팅 앱을 열어서 오늘 수업에 대한 평가 및 소감 서로 토론하기	

평가 영역	평가기준	평가척도			비고
		매우 잘함	보통	미흡	
교수 학습 및 융합 교육 목표	진로적성검사를 통해 나의 장·단점을 파악할 수 있는가?				
	내가 잘하는 것과 못하는 것을 꿈의 좌표평면에 나타낼 수 있 는가?				
	직업 관련 속담을 몸으로 표현할 수 있는가?				
	진로적성검사 실시를 통해 자신의 직업 가치관을 세울 수 있는 가?				

본 수업에 사용된 앱 및 QR코드

앱 및 QR코드	앱 화면	앱 설명	수업활용 전략
커리어넷		커리어넷 진로심리검사는 청소년용 심리검사 앱으로 진로적성·직업흥미·직업가치관 검사 및 진로성숙도 검사 등으로 구성됨.	직업에 대한 흥미와 적성을 알기 위한 직업 평가
클래스팅 앱		학생 및 학부모들과 편하게 소통할 수 있는 기능을 가지고 있는 정보교류 커뮤니티 앱	학생-학생, 학생-교사, 교사-학부모가 편하게 의사소통을 할 수 있음.

수업 및 활동 자료	나의 장점과 단점은?

활동 1 관련 자료

1) 나의 꿈 리스트 만들기

내가 죽기 전에 하고 싶은 나만의 꿈의 리스트를 만들어 봅시다. 갖고 싶은 것, 되고 싶은 것, 하고 싶은 것, 가 보고 싶은 곳 등을 현실적 장벽은 생각하지 마시고 긍정적으로 표현하여 봅시다.

나의 꿈 리스트

연번	갖고 싶은 것	이루는 시기	연번	되고 싶은 것	이루는 시기
1			1		
2			2		
3			3		
4			4		
5			5		

연번	가 보고 싶은 곳	이루는 시기	연번	하고 싶은 것	이루는 시기
1			1		
2			2		
3			3		
4			4		
5			5		

2) 나의 꿈 그리기

🖱 나는 무엇이 되고 싶은지(직업, 사회적 역할), 무엇을 하고 싶은지(취미, 여가 등), 무엇을 갖고 싶은지 등을 나누어 마인드맵 방식으로 나의 꿈을 그려 봅시다.

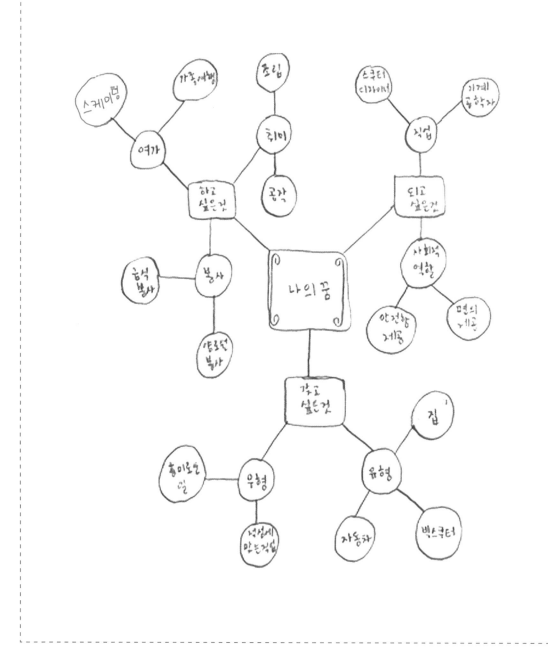

3) '나의 꿈'을 충분조건과 필요조건으로 나타내기

🍄 **충분조건이란?**

충분조건은 그것이 만족되었을 때 진술의 참을 보장한다.

'가'가 있으면 반드시 '나'가 일어날 경우 '가'를 '나'의 충분조건이라고 한다.

예) 밥을 먹으면(가) 반드시 배가 불러진다(나).

🍄 **필요조건이란?**

어떤 진술이 참이 되기 위해서 반드시 충족되어야 하는 조건을 필요조건이라고 한다.

예를 들면, 호흡은 인간 생존을 위해 필수적으로 충족되어야 하는 필요조건이다.

• 사람이면 호흡을 한다.

• 인간은 동물이다.

🍄 **나의 장점과 단점을 통해 '나의 꿈' 나타내기**

나의 장점	나의 단점
• 창의력이 뛰어남. • 손 재능, 참을성이 있음. • 공간지각능력이 있음.	• 쉽게 포기함. • 사람들과 쉽게 사귀지 못함.

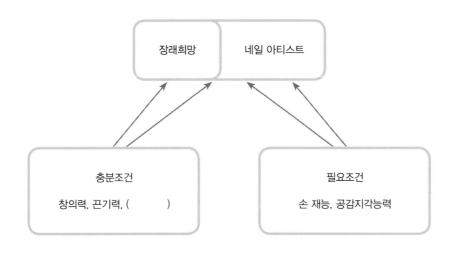

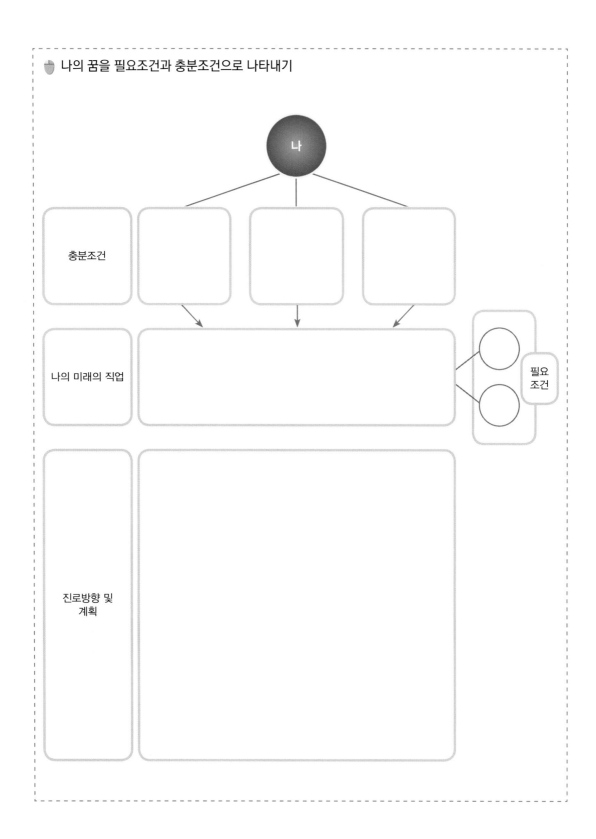

나의 꿈을 필요조건과 충분조건으로 나타내기

충분조건

나의 미래의 직업

필요 조건

진로방향 및 계획

활동 2 관련 자료

1) '커리어넷' 앱에서 진로적성검사 실시하기

명칭	앱 화면	실행한 후 느낌 써 보기
커리어넷	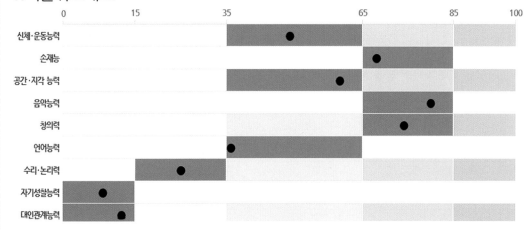	

2) 직업적성검사 결과표(예시)

직업적성검사 **결과표**

이름	홍길동(남자)	**나이스식별번호**	123345666112
소속	커리어넷고등학교 3학년 1반	**검사일**	2012년 8월 20일

적성은 다른 일에 비하여 상대적으로 잘할 수 있는 능력을 뜻합니다. 이 검사를 통해서 자신의 능력에 비교적 잘 맞을 수 있는 직업에 대해서 알 수 있게 됩니다. 하지만 적성은 변할 수 있고, 적성만으로 직업이 결정되는 것이 아니므로, 검사결과는 참고자료로 활용하세요.

검사결과는 총 12개 적성검사별 백분위 점수로 제시됩니다. 백분위는 학생 전체를 100명으로 하였을 때 본인보다 점수가 낮은 학생들이 몇 명인지를 의미합니다. 각 영역들 간의 점수 차이보다는 전체적인 경향성을 보는 것이 바람직합니다.

1. 백분위그래프

	0	15	35	65	85	100
신체·운동능력			●			
손재능				●		
공간·지각 능력			●			
음악능력					●	
창의력				●		
언어능력			●			
수리·논리력		●				
자기성찰능력	●					
대인관계능력	●					

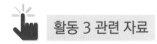

활동 3 관련 자료

1) 나의 적성을 토대로 진로 계획하고 능력 기르기

🖱 적성이란?

특정 영역(학업, 업무 등)에서 능력을 발휘하는 잠재적인 가능성을 말한다. 진로적성검사에서 검사하는 여러 가지 능력은 다음과 같다.

신체 · 운동 능력	기초체력을 바탕으로 효율적으로 몸을 움직이고 동작을 학습할 수 있는 능력
손 재능	손으로 정교한 작업을 할 수 있는 능력
공간 · 지각 능력	머릿속으로 그림을 그리며 생각할 수 있는 능력
음악능력	노래를 부르고, 악기를 연주하며, 감상할 수 있는 능력
창의력	새롭고 독특한 방식으로 문제를 해결하고, 다른 사람의 말과 글을 잘 이해할 수 있는 능력
언어능력	말과 글로써 자신의 생각과 감정을 표현하며, 다른 사람의 말과 글을 잘 이해할 수 있는 능력
수리 · 논리력	수리적으로 사고하여 문제를 해결하는 능력
자기성찰능력	자신의 생각과 감정을 알며 자신을 돌아보고 감정을 조절할 수 있는 능력
대인관계능력	다른 사람들과 더불어 살아가는 능력
자연 친화력	인간과 자연이 서로 연관되어 있음을 이해하며 자연에 대하여 관심을 가지고 탐구 · 보호할 수 있는 능력

1. 내가 꿈꾸는 직업과 그에 따라 필요한 능력 및 적성을 써 보세요.

내가 꿈꾸는 직업	주요 능력
바리스타, 애완동물 미용사, 접객원, 메이크업 아티스트	

2. 1번을 토대로 나의 꿈을 이루기 위해 내가 가진 또는 내가 갖추어야 할 조건이 무엇인지 빈칸을 작성해 보세요.

주요 능력	충분조건 또는 필요조건인지 여부

참고: www.career.go.kr

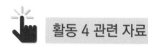

1) 내가 잘하는 것과 못하는 것을 좌표평면 위에 나타내어 꿈의 좌표평면 완성하기

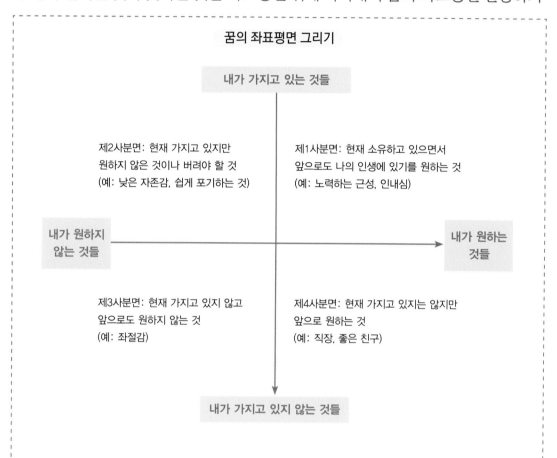

꿈의 좌표평면 그리기

내가 가지고 있는 것들

제2사분면: 현재 가지고 있지만
원하지 않은 것이나 버려야 할 것
(예: 낮은 자존감, 쉽게 포기하는 것)

제1사분면: 현재 소유하고 있으면서
앞으로도 나의 인생에 있기를 원하는 것
(예: 노력하는 근성, 인내심)

내가 원하지
않는 것들

내가 원하는
것들

제3사분면: 현재 가지고 있지 않고
앞으로도 원하지 않는 것
(예: 좌절감)

제4사분면: 현재 가지고 있지는 않지만
앞으로 원하는 것
(예: 직장, 좋은 친구)

내가 가지고 있지 않은 것들

내 꿈의 좌표평면을 만들어 봅시다.

① 나의 장점과 단점을 기록하고, 제1사분면에 들어가야 할 것을 적어 보세요.

② 나의 장점과 단점 및 내가 가지고 있거나 버려야 할 것에 대해서 생각해 보고, 제2사분면에 들어가야 할 것들을 적어 보세요.

③ 제3사분면에 들어가야 할 목록들을 적어 보세요. 자신이 현재에도, 미래에도 원하지 않는 것을 적어 보세요.

④ 현재 가지고 있지는 않지만 앞으로 원하는 것을 모두 제4사분면에 기록해 보세요.

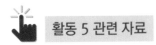

활동 5 관련 자료

1) 직업 관련 속담을 몸으로 표현해 보기

직업 관련 속담

- 솜씨 없는 일꾼이 연장만 나무란다.
- 요리사가 너무 많으면 국을 망친다(사공이 많으면 배가 산으로 간다.)
- 일은 인생의 세 가지 악인 무료와 악덕과 빈곤에서 벗어나게 해 준다.
- 모든 일을 하려는 사람은 아무것도 하지 못한다.
- 정직한 노동이 사랑스러운 얼굴을 만든다.
- 급할수록 천천히, 너무 서두르면 속도가 떨어진다.

가. 학습주제

회복탄력성의 의미를 알고 진로장애물 극복방법 알기, 나의 시간 관리와 시간관리 방법 알기, 전환계획과 전환방향을 세우고, 나의 진로상자 만들기

나. 학습목표

○ 자기관리 기술을 통해 진로장애 극복방법에 대해 안다.

○ 일반고용, 지원고용, 보호고용, 자립생활 등 전환계획 방향을 설정한다.

다. 관련 교육과정 및 융합요소

이번 학습주제와 관련되어 학습할 관련 교육과정이나 융합요소를 STEAM 항목에 맞게 오른쪽에 제시하였다. 여기서 'S'는 과학, 'T'는 기술, 'E'는 기술·가정, 'A'는 예술, 'M'은 수학 과목을 나타낸다.

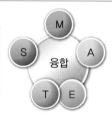

중앙값과 최빈값에 대해 알고, 다양한 직업과 평균 근속연수, 평균 임금을 파악하여 표로 나타내기

회복탄력성의 의미를 알고, 진로장애물 극복방법 알기

자화상 표현을 통해 미래의 나의 모습 그려 보기, 나의 진로상자 만들기

융합

라. 평가 관점

1) 이 해

회복탄력성의 의미를 알고, 회복탄력성을 가진 사람들의 진로장애물 극복방법에 대해 알고 있는가?

2) 기 능

• 전환계획과 전환방향을 세울 수 있는가?

• 나의 진로상자를 만들 수 있는가?

3) 태 도

나의 시간관리와 시간관리 유형에 따른 시간관리 방법을 알고 있는가?

마. 교수 · 학습 지도안

대상	차시	영역	활동형태	수업전략
특수교육대상학생	24차시(3시간)	진로지도 (전환교육 설계)	개별 및 모둠 활동	협동학습, 상황학습, 융합학습, 소셜 러닝, 앱 기반 학습

활동 프로그램 명	내 미래의 자화상
학습목표	• 자기관리 기술을 통해 진로장애 극복방법에 대해 안다. • 일반고용, 지원고용, 보호고용, 자립생활 등 전환계획 방향을 설정한다.
수업자료 및 매체	동영상 자료, 활동지, 스마트기기, 스마트 앱

관련 교육과정 (융합요소)	 중앙값과 최빈값에 대해 알고, 다양한 직업과 평균 근속연수, 평균 임금을 파악하여 표로 나타내기 회복탄력성의 의미를 알고, 진로장애물 극복방법 알기 자화상 표현을 통해 미래의 나의 모습 그려 보기, 나의 진로상자 만들기

사용 애플리케이션	꿈누리 습관 플래너, 장애인도우미, 클래스팅 앱

단계	학습내용	교사활동	학생활동	시간	STEAM 및 스마트 기반 요소	지도상의 유의점
준비 단계	이번 시간에 사용될 앱과 QR 코드 연결하기	❖스마트 앱 연결해 보기	❖앱을 다운받아 실행해 보기	10분		각자 앱을 다운받는 연습을 할 수 있도록 지도함.
문제 상황 제시	동기부여 학습목표 확인	❖문제상황 제시 −나의 꿈을 이루는 데 방해가 되는 것은 무엇이 있는지 이야기해 보기 ❖학습목표 소개하기	❖문제상황 인식 −나의 꿈을 이루는 데 방해가 되는 것은 무엇이 있는지 이야기해 보기 ❖학습목표 확인하기	5분		

단계	학습내용	교사활동	학생활동	시간	STEAM 및 스마트 기반 요소	지도상의 유의점
창의적 설계	▶활동 1	❖회복탄력성의 의미를 알고, 회복탄력성을 가진 사람들의 진로장애물 극복방법 알아보기	❖회복탄력성의 의미를 알고, 회복탄력성을 가진 사람들의 진로장애물 극복방법 알아보기	20분		
	▶활동 2	❖진로장애물 극복방법 알기 −학습지를 통해 진로장애물 극복방법 알기	❖진로장애물 극복방법에 대한 학습지를 통해 진로장애물 극복방법에 대해 알아보기	20분	S 활동 회복탄력성의 의미를 알고, 장애물 극복방법 알아보기	
	▶활동 3	❖꿈누리 습관 플래너 앱을 열어서 나의 시간관리 점검방법 알기 ❖시간관리 유형에 따른 관리방법 알기	❖꿈누리 습관 플래너 앱을 다운받아 시간관리 방법 알기 −나의 시간관리 점검계획 세우기 ❖시간관리 유형에 따른 학습지를 통해 나의 시간관리 방법 알기	20분	스마트 요소 꿈꾸는 고양이 앱을 다운받아 나의 시간관리 점검해 보기	
	▶활동 4	❖중앙값과 최빈값을 구해서 다양한 직업과 평균 근속연수, 평균 임금을 파악하기 ❖전환계획 세우기 ❖전환방향 세우기 ❖장애인 도우미 앱을 열어서 내가 살고 있는 지역의 기관에 대해 조사해 보기	❖중앙값과 최빈값을 구해서 다양한 직업과 평균 근속연수, 평균 임금을 파악하기 ❖전환계획 세우기 ❖전환방향 세우기 ❖장애인 도우미 앱을 열어서 내가 살고 있는 지역의 기관에 대해 조사해 보기	20분	스마트 요소 장애인 도우미 앱 열기	
감성적 체험	▶활동 5	❖나의 진로상자 만들기 −나의 진로상자 만들기 순서를 설명하기	❖나의 진로상자 만들기 −나의 진로상자 만들기 순서에 따라 만들어 보기	45분	A 활동 나의 진로상자 만들기 스마트 기반 클래스팅 앱에 나의 진로상자 올리기	

단계	학습내용	교사활동	학생활동	시간	STEAM 및 스마트 기반 요소	지도상의 유의점
정리 및 평가	▶정리활동	❖클래스팅 앱을 열어서 오늘 수업에 대한 평가 및 소감에 대해 서로 토론하기 ❖주변 정리 및 활동지 정리하기	❖클래스팅 앱을 열어서 오늘 수업에 대한 평가 및 소감에 대해 서로 토론하기 ❖활동지 정리하기 ❖주변 정리하기	10분	스마트 기반 클래스팅 앱을 열어서 오늘 수업에 대한 평가 및 소감 서로 토론하기	

평가 영역	평가기준	평가척도			비고
		매우 잘함	보통	미흡	
교수 학습 및 융합 교육 목표	회복탄력성의 의미를 알고 회복탄력성을 가진 사람들의 진로 장애물 극복방법에 대해 알고 있는가?				
	전환계획과 전환방향을 세울 수 있는가?				
	나의 진로상자를 만들 수 있는가?				
	나의 시간관리와 시간관리 유형에 따른 시간관리 방법을 알고 있는가?				

앱 및 QR코드	앱 화면	앱 설명	수업활용 전략
꿈누리 습관 플래너		시간을 얼마나 잘 쓰는지 시간관리를 해 주는 앱	자기관리 기술을 지도할 경우에 사용 가능함.
장애인 도우미		장애인 지원 관련 기관 및 단체의 위치와 연락처 정보를 제공하며 긴급전화 및 긴급문자 발송기능을 제공함.	전환계획 방향 설정 시 고용형태와 장애인 지원기관 알기
클래스팅 앱		학생 및 학부모들과 편하게 소통할 수 있는 기능을 가지고 있는 정보교류 커뮤니티 앱	학생-학생, 학생-교사, 교사-학부모가 편하게 의사소통을 할 수 있음.

활동 1 관련 자료

1) 회복탄력성의 의미

🔘 **회복탄력성의 의미**

출처: http://www.youtube.com/watch?v=3exkJYAU5ug

혹은 유튜브에서 회복탄력성을 검색하여 회복탄력성 동영상 시청

🔘 **회복탄력성의 의미**

회복탄력성(resilience)이란 원래 제자리로 되돌아오는 힘을 일컫는 말로, '회복력' 혹은 높이 되튀어 오르는 '탄력성'을 뜻한다. 그러나 심리학에서는 주로 시련이나 고난을 이겨 내는 긍정적인 힘을 의미하는 말로 쓰인다. 이 회복탄력성은 특히 치열한 삶을 살아가는 현대인에게 절실히 요구되는 힘이기도 하다. 살아간다는 것은 수많은 도전과 어려움을 끊임없이 극복해 나가는 과정이기 때문이다.

🔘 **장애를 가지고 있으면서도 회복탄력성을 가지고 어려움을 이겨 낸 사람들을 찾아봅시다.**

① 스티븐 호킹 박사:

② 닉 부이치치:

③ 스티비 원더:

④ 내 주위에서 어려움을 극복한 사람들을 찾아봅시다.

1) 진로장애물 극복방법 알기

🖱 자신이 세운 진로계획의 실행에 있어 장애물로는 어떤 것이 있는지 써 봅시다.

영역	장애물
가정환경	
친구관계	
의사소통적 측면	
신체적인 측면	
기능적인 측면(손 기능 등)	
개인내적 두려움	
낮은 자존감	

🖱 앞의 장애물(어려움)을 극복하는 방법으로는 어떤 것이 있는지 써 봅시다.

장애물(어려움)	극복방법

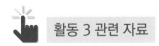

활동 3 관련 자료

1) 나의 시간관리 점검하기

┌───┐

🖱 **규칙적인 운동을 위한 자기점검표**

이름:　　　　　월　일 ~ 　월　일

요일 운동	월	화	수	목	금	토	일	월	화	수	목	금	토	일	월	화	수	목	금	토	일
1. 30분 동안 걷기																					
2. 줄넘기 　50번 하기																					
3. 배드민턴 치기																					
－																					

🖱 **의사소통 향상을 위한 나의 계획표**

나는 일주일에 최소 세 번 이상 친구들과 이야기를 하거나 새로운 사람들과 이야기를 할 것이다.
성공했으면 ○표 하시오.

나의 목표	월	화	수	목	금
세 번 이상 친구들과 이야기를 했다.					
새로운 사람과 이야기를 했다.					

• 나는 이번 주 목표를 달성했는가?

• 달성하지 못했다면 내가 더욱 노력해야 할 일은 무엇인가?

└───┘

2) 나의 시간관리 점검표(예시)

나의 목표와 계획

나 _____는 일주일에 최소 두 번은 생물시간에 노트필기를 열심히 해서 성적을 올릴 것이다.

날짜: 주(월   일~ 월   일)

🖐 해당란의 ○에 색칠해 보세요.

질문 / 요일		월	화	수	목	금
생물시간에 노트필기를 했나요?	예	○	○	○	○	○
	'예'라면, 특별히 중요하다고 생각하는 핵심어는 무엇이었나요?					
	아니요	○	○	○	○	○

🖐 이번 주 나의 노트필기는 어땠나요? 해당란의 ○에 색칠해 보세요.

	잘함, 많은 것을 배웠음.	○	○	○	○	○
	괜찮음.	○	○	○	○	○
	별로임.	○	○	○	○	○

🌰 매주 자신의 진보를 확인하기 위해 색칠했던 부분을 보고, 질문에 답해 보세요.
- 나는 이번 주 노트필기를 열심히 했나요? _____
- 만일 열심히 하지 못했다면, 다음 주에는 더 잘하기 위해 무엇을 해야 할까요?
  _____

🌰 교사 평가: _____

3) 시간관리 중요성 체크리스트

🖱 **나의 시간관리 태도에 대해서 조사해 봅시다.**

나의 시간관리

번호	문항	예	아니요
1	매일 규칙적으로 일어나고 잠자리에 든다.		
2	가능하면 일찍 등교하려고 한다.		
3	약속시간에 늦지 않으려고 노력한다.		
4	시간이 남을 때를 대비해서 두세 가지 해야 할 일을 준비한다.		
5	매일 조금씩이라도 운동을 한다.		
6	나의 일과 혹은 계획표대로 움직이려고 노력한다.		
7	하루 혹은 일주일의 시간계획표를 짜서 움직인다.		
8	공부(일)를 할 때 필요한 학용품, 물품을 잘 준비하는 편이다.		
9	남는 시간을 활용하려고 노력하는 편이다.		
10	수업시간은 항상 제시간에 들어가서 수업준비를 한다.		

채점 방법: '예'에 각 1점씩 채점

🖱 **시간관리 체크리스트를 보고, 물음에 답하세요.**

① 시간관리 부분에서 자신의 부족한 점은 무엇인가?

② 자신이 가장 중요하게 생각하는 시간관리 항목은 무엇인가?

③ 시간관리를 잘하기 위해서 내가 노력해야 하는 일은 무엇인가?

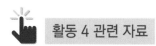

1) 중앙값과 최빈값을 구해서 직업과 평균 근속연수, 평균 임금 파악하기

가. 중앙값과 최빈값

중앙값: 자료를 작은 값에서부터 큰 값으로 나열할 때 중앙에 위치한 값

최빈값: 자료의 값 중에서 가장 많이 나타난 값(=도수가 가장 큰 값)

① 4, 8, 3, 3, 5

　　3, 3, 4, 5, 8

　　중앙값: 4
　　최빈값: 3

② 16, 15, 17, 16, 17, 16

　　15, 16, 16, 16, 17, 17　→　짝수의 중앙값은 16과 16 두 자리수의 평균

　　중앙값: 16
　　최빈값: 16

나. 직업의 종류에 따른 임금을 조사해 봅시다.

직업의 종류	임금	평균 근속연수

2) 전환계획 세우기(교사 활용 자료)

🛡 **전환계획을 위한 지역사회 기관 개발하기**

- 지역사회에는 다양한 형태와 유형의 지역사회 기관이 있으며, 지역사회 자원을 개발·활용하기 위해서는 지역사회의 다양한 자원을 체계적으로 구분하고 파악할 필요가 있다.
- 지역사회 자원은 크게 인적 자원과 물적 자원 혹은 비공식적인 자원체계, 공식적인 자원체계, 사회적인 자원체계로 나누어진다.
  - 물적 자원: 각종 복지시설, 의료 보건 위생시설, 사회복지기관, 단체
  - 공식적인 인적 자원: 사회복지사, 의사, 변호사, 심리학자 등의 전문 직업인
  - 비공식적인 인적 자원: 가족, 친구, 직장의 동료, 이웃, 후원자, 자원봉사자
  - 기타 사회자원: 교육시설, 문화체육시설, 오락시설, 교통기관, 경찰서, 병원

- 지역사회 기관의 다양한 자원을 유형별로 분류하면 장애학생들의 졸업 이후 사회활동의 효율성과 편리성을 증가시킬 수 있다.

활용 가능한 지역의 지역사회 기관과 산업체(예시)

구분	가용 자원
의료·보건영역	지역보건소, 모자보건센터(가족협회), 지역의사회(병, 의원, 한의원, 재활의학의원)
사회복지기관	노인복지시설, 장애인 복지시설(성심동원, 행복한 일터) 경기도 신체장애인 협회
행정기관	오산, 화성시청의 사회복지과, 주민센터 사회복지 전문요원, 수원장애인 고용촉진공단
지역산업체 기관	오산성신작업장(오산시 위치), 화성 행복한 일터(화성시에 위치 장애인 보호 작업장), ㈜인플라텍(평택시 서산면 위치), ㈜메디코(용인시 위치)
인적 자원 (민간조직, 자원봉사자 등)	각 지역산업체와 행정기관의 인적자원 요원

◆ 장애학생들을 위한 전환계획에 필요한 지역사회 기관 개발 방법

① 의료·보건 영역: 장애학생들의 건강과 자기관리에 관계된 영역을 지도하기 위해서는 지역사회 보건소의 담당자와 협의가 필요하다. 따라서 학교 보건선생님의 도움을 받아 지역사회 보건소의 담당자와 연계할 수 있다.

② 사회복지기관과 행정기관: 지역사회 기관에 위치한 사회복지기관은 그 지역의 시청 홈페이지를 통해 시청 사회복지 담당자에게 도움을 구하고, 장애학생들의 복지혜택에 대해 문의하는 것으로 지역사회 장애인 협회 담당자와 연락을 취한다. 이를 통해 장애학생들을 위한 서비스 제공 행정기관 중에서 장애학생들의 체력단련을 위해 지역기관의 주민자치센터에서 운영하는 '체력단련실'을 이용하여 장애학생들의 체력단련과 여가활동에 참여한다.

③ 지역산업체 기관: 지역산업체 기관의 개발에는 두 가지 방법이 있다. 첫째, 간접적 방법으로 장애인 고용촉진공단(경기지사)의 직업평가사와 협의하여 장애학생들이 취업과 연계된 현장실습을 할 수 있는 곳을 문의하여 몇 군데를 추천받고 직업평가사가 직접 지역산업체 기관 담당자와 연락하여 최선의 현장실습 장소를 추천받도록 한다. 둘째, 직접적인 방법으로 http://www.work.go.kr에서 장애인을 뽑는 지역산업체기관을 찾아 취업담당자와 전화연결을 통해 현장실습의 유무를 의뢰한다.

◆ 지역사회 관련 기관에서 현장실습 및 취업 연계 방법(예시)

기관 / 내용	성심보호 작업장	㈜메디코	㈜인플라텍	경기도 신체장애인 협회	장애인고용촉진공단
연계 유형	지역산업체 연계	지역산업체 연계	지역산업체 연계	민간장애인 기관과의 연계	공공장애인 기관과의 연계
대상자	특수학급 학생 (고3)	특수학급 학생 전체	특수학급 학생 전체	특수학급 학생 전체	고3 특수학급 학생
협의체 구성	보호 작업장 담당자, 특수교사, 학부모 전환교육센터와 협의체 구성	산업체담당자, 특수교사, 학부모, 전환교육센터와 협의체 구성	특수학급 학생 현장실습 실무자, 특수교사들 협의회 구성	경기도 신체장애인 협회 실무자와 특수교사 협의회 구성	직업평가사와 특수교사 학부모와 협의체 구성
지역사회 기관과의 연계 목적	보호 작업장에 취업할 고3학생들 현장실습과 취업	직업교육과 현장 실습을 통한 취업과의 연계	직업교육과 현장 실습을 통한 취업과의 연계	장애청소년 여가활동 프로그램 참가	고3 특수교육학생 직업평가와 취업 알선업체
내용	현장실습과 직업훈련과 취업	현장실습과 직업훈련	현장실습과 직업훈련	주 5일 휴무일마다 영화 감상 프로그램 실시, 문화체험 실시	직업평가, 취업 알선, 상담

🖱 지역사회 관련 기관에서 현장실습 및 취업 연계 방법(예시 계속)

기관 내용	보건소	오산시 자원봉사센터	남양그룹홈	행복한 일터
연계 유형	지역공공기관과의 연계	지역의 민간기관과의 연계	민간기관과의 연계	지역종교단체 기관과의 연계
대상자	특수학급 학생 전체	특수학급 학생 전체	특수학급 학생 전체	특수학급 학생 전체
협의체 구성	보건소 실무자와 특수교사 협의회 구성	오산시 자원봉사센터 담당자와 특수교사 협의회 구성	남양그룹홈 담당자와 특수교사 협의체	보호 작업장 담당자 특수교사, 학부모와의 협의체 구성
지역사회 기관과의 연계 목적	장애청소년 보건소 이용방법 소개와 질병예방법 교육	특수교육대상학생들 지속적인 지역에서의 봉사활동 방법 모색	장애학생들의 주거 형태인 그룹홈의 방문을 통해 주거형태와 청소하기 등의 기능을 익힘.	매달 한 달에 두 번 현장실습을 실시하여 직업기능 익힘.
내용	장애청소년 질병예방법과 치료방법 교육실시	복지관 이용 및 청소	그룹홈 방문을 통한 주거형태 익히기	현장실습을 통한 직업훈련

3) 전환실행하기(모의 면접 및 현장실습하기)

🌰 **모의 면접하기**

① 이력서 작성하기

② 역할극을 통한 모의 인터뷰 연습하기

③ 실제 면접 시 지켜야 할 예절 및 방법 알기

〈면접 시 지켜야 할 예절 및 방법〉
- 자기소개는 자신감 있게 말한다.
- 올바른 말을 사용한다. 가능하면 표준어를 사용해야 하고 반드시 경어를 올바르게 사용해야 한다.
- 성실하고 진지한 태도로 임해야 한다. 우선 질문이 시작되면 침착하고 진지한 자세로 앉아서 질문을 경청해야 한다.
- 가능한 한 밝은 표정으로 답하고 솔직한 태도로 답을 한다.
- 면접실에 들어가기 전에 복장과 용모가 단정한지 꼼꼼하게 챙긴다.
- 앉을 때 허리를 곧게 펴고 다리는 편안한 자세로 한 후 두 손을 무릎 위에 가볍게 올려놓는다.
- 질문의 의도를 정확하게 파악하지 못했을 경우에는 "죄송합니다. 다시 한 번 말씀해 주시겠습니까?"하고 면접위원에게 다시 묻는다.
- 면접이 끝나면 의자 옆으로 살짝 비켜서서 들어올 때와 마찬가지로 공손하게 인사한다.

④ 장애인 고용 박람회에서 면접 보기

장애인 고용 박람회에 참석하기

① 고용신청서 작성하기　　② 취업조건과 맞는 회사 부스 찾기　　③ 직접 면접에 참여하기

🌰 **현장실습하기**

- 지역산업체를 방문하여 현장 담당자와 인사하기
- 학생들에게 배당되는 작업가능성에 대해 이야기하기
- 지역산업체 현장실습에서 지켜야 할 예절규칙에 대해 알기
- 현장실습일지 기록하기

현장실습일지(예시)

날짜	2000년 ○월 ○일(월)	실습생 명	박○○, 박○○
기관명	○○동원 보호작업장	실습담당자 명	김○○, 박○○
실습제목	우편함 부품 조립하기		
시간별 실습일정표	9:00~10:30 : 우편함 뚜껑에 고무 집어넣기 10:30~10:40 : 휴식시간, 10:40~12:00 : 우편함 뚜껑에 나사 끼우기 12:00~13:00 : 점심시간, 13:00~14:30 : 작업대에 따라서 부품 조립하기 14:30~14:50 : 오후 휴식시간, 14:50~17:00 : 우편함 부품 조립하기		
실습 교육내용	• 박○○ 학생과 박○○ 학생, 특수교사, 학부모님이 모여서 현장실습의 운영과 안전상 유의사항, 출·퇴근 문제, 현장실습 기간 동안에 부모님에게 바라는 점에 대하여 1시간 동안 토의시간을 가짐. • 함께 일하는 동료들에게 실습생들에 대한 소개 • 우편함 부품 조립 순서 지도 • 우편함 뚜껑에 소리방지 고무를 집어넣는 시범 보이기 • 우편함 뚜껑에 소리방지 고무를 집어넣기 • 다른 동료들과 함께 협력하면서 작업순서에 따라 부품 조립하기 • 뒷정리하기		
현장실습 관찰사항 (학생)			

현장실습 자기평가서

반   번호   이름:

평가항목	척도				
	1 (낮음)	2	3	4	5 (높음)
* 현장실습 태도면					
1. 오늘 현장실습에서 최선을 다했다.					
2. 현장실습 동안 회사의 규칙과 시간을 잘 지켰다.					
3. 현장실습 동안 상사의 지시사항을 잘 따랐다.					
4. 현장실습 근무시간에 친구 및 동료들과 장난치거나 이야기를 하지 않았다.					
5. 현장실습 동안에 직장동료들과 친하게 지냈다.					
6. 현장실습 근무시간에 동료와 상사의 충고를 늘 기쁘게 받아들여 실천하였다.					
* 현장실습 기술면					
7. 현장실습을 통해 새로운 기술을 습득하였다.					
8. 현장실습을 통해 다른 동료들이 일하는 것을 보고 나도 새로운 일을 해 보았다.					
9. 현장실습에서 내게 부족한 면이 있음을 느끼고 최선을 다하려 노력하였다.					
10. 현장실습에서 숫자를 세거나, 색깔 구별하기, 읽기 같은 작업사항에서 실수를 하지 않았다.					

4) 전환방향 설정하기

🐭 전환방향에 따른 나의 선택 및 그와 같은 선택을 한 이유를 적어 봅시다.

영역	전환방향	나의 선택 (○표 하세요)	선택 이유
교육	종합대학교		
	전문대학교		
	평생교육원		
	직업훈련원		
취업	경쟁고용(일반회사)		
	지원고용		
	보호작업장		
	복지관 및 평생교육시설		
지역사회 기관과의 연계	지역사회 기관 이용		
	보건소 및 주민자치센터		
	대학교 평생교육시설		
	종교기관 운영 교육시설		
주거	독립생활		
	자가 아파트		
	그룹 홈		
	포스트 홈		

🐭 가족, 직장동료 및 친구들과의 관계 형성은 어떻게 계획하고 있는가? 간단하게 자기의 생각을 적어 봅시다.

🐭 지역사회 이동기술에 대한 자신의 현재 수준을 체크해 보고, 앞으로의 이동기술에 대한 부분도 생각해 봅시다.

- 지역사회 직장 출근 시 이동수단은 어떻게 할 계획인가?

- 위급한 상황 시 연락방법이나 이동수단에 대한 계획은 어떠한가?

활동 5 관련 자료

1) 나의 진로상자 만들기

🖱 나의 진로상자를 만들기 위한 다음의 내용을 간단히 적어 봅시다.

① 나의 현재 모습   ② 나의 장 · 단점

③ 나의 직업가치관 및 삶의 가치관   ④ 나의 재산 1호는?

⑤ 내가 공부하는 이유   ⑥ 나의 희망 고교(대학)

⑦ 나의 희망 직업   ⑧ 나의 20대의 모습

⑨ 나의 미래의 모습   ⑩ 나의 미래의 꿈

🖱 '나의 진로상자' 평면도에 따라 종이를 접은 후 나의 진로탐색을 위해 활동했던 내용을 각 면에 연필 혹은 색연필을 이용하여 그림이나 문자로 적어 봅시다. 모든 작업 후 4면을 세워 입체감 있는 미래로 열려진 '나의 진로 상자'를 만들어 봅시다.

🖱 '나의 진로상자' 평면도

	5. 내가 공부하는 이유				6. 나의 희망 고교 (대학)	
2. 나의 장 · 단점	1. 나의 현재 모습	4. 나의 재산 1호 는?		9. 나의 미래의 모습	7. 나의 희망 직업	8. 나의 20대의 모습
	3. 나의 직업가치관 및 삶의 가치관				10. 나의 미래의 꿈	

🖱 학생들이 만든 진로상자

참고문헌

김영환, 김부용, 정동영(1992). 기능적 생활중심 교육과정의 이론과 실제. 충남: 국립특수교육원.

김은주(2011). 장애학생을 위한 직무매뉴얼 세탁. 서울: 한국시각장애인연합회.

김정숙(2005). 체험중심 경제교육 프로그램이 유아의 경제개념과 구매행동에 미치는 영향. 서울여자대학교 석사학위 청구논문.

교육과학기술부(2010). 2009 개정교육과정. 서울: 교육과학기술부.

교육과학기술부(2010). 특수교육 교육과정(과학). 서울: 교육과학기술부.

교육과학기술부(2011). 2011 개정특수교육 교육과정. 서울: 교육과학기술부.

교육과학기술부(2011). 기본교육과정 직업준비. 서울: 교육과학기술부.

교육과학기술부(2011). 기본교육과정 직업생활. 서울: 교육과학기술부.

교육과학기술부(2011). 기본교육과정 직업기능. 서울: 교육과학기술부.

박희찬 외(2013). 중학교 진로와 직업(가). 서울: 미래엔.

박희찬 외(2013). 중학교 진로와 직업(나). 서울: 미래엔.

박희찬 외(2013). 중학교 진로와 직업(다). 서울: 미래엔.

서울시 교육연구정보원(2010). 2009 개정 교육과정 창의적 체험활동 진로활동 지도 자료. 서울: 삼영.

송은주(2007). 생산유통 연계 판매망 구축 프로그램이 고등부 특수학급 학생들의 직업인식과 자기결정에 미치는 영향. 미간행 석사학위 청구논문. 이화여자대학교.

송은주(2014). 스마트러닝 기반 STEAM 직업교육 프로그램이 특수학급 고등학생들의 직업에 대한 태도와 직업 인식 및 교사의 직업 수업 운영에 미치는 영향. 이화여자대학교 대학원 박사학위 청구논문.

송은주 외(2008). 직업・전환 교육교과연구회 보고서. 경기: 경기도 교육청.

송은주, 이숙향(2014). 스마트러닝 기반 STEAM 직업교육 프로그램이 특수학급 고등학생들의 직업에 대한 태도와 직업인식에 미치는 영향. 특수교육저널: 이론과 실천, 15(4), 229-263.

이숙향, 김수현, 안혜신, 송은주(2014). 개인 및 학급 차원의 자기결정교수학습모델(SDLMI) 적용 효과 및 효과적인 적용을 위한 지원 요구 고찰. 특수교육학연구, 49(2), 241-274.

임언, 노일경(2001). 아로플러스를 이용한 진로탐색 프로그램. 서울: 한국직업능력개발원.

정윤경, 변태진, 김나라, 정진철, 남미숙, 장희병, 공기연, 이갑정(2011). 중등 과학 교과통합 진로교육 교수・학습자료 개발 매뉴얼. 서울: 교육과학기술부.

정윤경, 이후창, 김나라, 정진철, 남미숙, 전재현, 안혜경, 유장열(2011). 중등 기술・가정 교과통합 진로교육 교수・학습자료 개발 매뉴얼. 서울: 교육과학기술부.

정윤경, 성의석, 김나라, 정진철, 남미숙, 유민영, 권계옥, 김은정(2011). 중등 미술 교과통합 진로교육 교수·학습자료 개발 매뉴얼. 서울: 교육과학기술부.

정윤경, 김나라, 정진철, 남미숙, 이용경, 강효주, 김은정, 박수정(2011). 중등 수학 교과통합 진로교육 교수·학습자료 개발 매뉴얼. 서울: 교육과학기술부.

정윤경, 조성백, 김나라, 정진철, 남미숙, 조윤성, 송민구, 이훈희(2011). 중등 사회 교과통합 진로교육 교수·학습자료 개발 매뉴얼. 서울: 교육과학기술부.

정윤경, 이수연, 김나라, 정진철, 남미숙, 허민자, 정선희, 이희자, 이민경, 김여경, 박경아, 최정재(2011). 초등 교과통합 진로교육 교수·학습 자료개발 매뉴얼. 서울: 교육과학기술부.

조은숙(2008). 인턴쉽프로젝트 진로교육 프로그램이 고교생의 진로결정 자기효능감 및 진로 성숙도에 미치는 영향. 강원대학교 석사학위 청구논문.

한국교육개발원(1981). 중등학교 진로 지도 프로그램의 개발에 관한 연구. 서울: 한국교육개발원.

11번가, 2014년 5월 13일 접속, http://www.11st.co.kr/html/category/943036.html?xzone=ctgr1^html

고용노동부, 2014년 10월 29일 접속, http://www.work.go.kr.

바른 식생활정보114, 2010. "녹색물레방아", 2013년 10월 20일 접속, http://www.greentable.or.kr/green/test.asp?folder_idx=4&folder_page_idx=10

전남교육 포털사이트(http://www.jnei.go.kr:8080/bbs)

커리어넷 직업가치관 검사, 2014년 9월 10일 접속, http://www.career.go.kr/tt/Exam.do

부록
- - - - - - - - - - - - - -

〈부록 1〉 스마트러닝 기반 STEAM 직업교육 프로그램에 사용된 스마트 앱

차시	직업 관련 주제	앱 명칭	앱 종류	앱 소개	수업활용 전략
1	청소	지구를 부탁해	교육용 앱	지구를 살리기 위해 쓰레기 모으기, 쓰레기맨을 움직여 세균맨이 던지는 쓰레기를 잡을 수 있는 앱이다.	쓰레기 분리수거 항목을 알고, 쓰레기 분리수거를 지도할 때 사용 가능함.
		그린 퀴즈	교육용 앱	지구환경을 지키는 환경 앱으로서 환경상식에 관한 퀴즈를 풀 수 있다.	현명한 소비방법과 온실가스와 일회용품을 사용해서는 안 되는 환경교육에 사용 가능함.
2	옷차림	코디북	교육용 · 게임용 앱	코디북 앱은 나만의 옷장을 만들 수 있는 프로그램으로 자유롭게 코디를 만들고, 상황에 맞는 옷차림을 꾸밀 수 있다. 옷, 신발, 액세서리 등과 매치하여 저장하고, 블로그, 페이스북, 트위터 등과 공유가 가능하다.	다양한 옷의 종류를 알고 상황에 맞는 의복 착용과 관리법을 알 수 있음.
3	건강과 안전	푸드 아바타	교육용 앱	귀여운 아바타가 자신이 선택한 음식의 균형 잡힌 영양과 적절한 양에 따라 건강하게 변신하게 되며, 음식의 영양과 양이 맞지 않으면 몸이 마르거나 뚱뚱해지고 이상이 생기게 되는 영양 관리 앱이다.	비만의 원인과 문제점을 알 수 있음, 튼튼한 체력 유지, 비만 시 문제점을 알 수 있음.

차시	직업 관련 주제	앱 명칭	앱 종류	앱 소개	수업활용 전략
3	건강과 안전	칼로리 카운터	교육용 앱	학생 자신이 먹은 음식의 칼로리를 직접 계산할 수 있는 교육용 앱이다.	음식의 칼로리를 계산할 수 있음.
4	대인 관계	패밀리 맵	일반용 앱	핵가족화 시대에 가족의 관계도를 알 수 있도록 해 주는 앱이다.	가족의 관계도를 지도할 때 사용 가능함.
		세계의 명화	교육용 앱	유명 화가의 명화를 소개하고 아티스트, 명화 퀴즈 등을 제공하는 앱이다.	유명 화가와 그들의 작품을 지도할 때 사용 가능함.
5	전화기 사용	전화벨 소리	일반용 앱	전화 벨소리를 다운받아서 자신의 핸드폰에 저장할 수 있는 앱이다.	전화 벨소리를 다운받고 전화기 사용법 알기를 지도할 수 있음.

차시	직업 관련 주제	앱 명칭	앱 종류	앱 소개	수업활용 전략
6	금전 관리	용돈 기입장	교육용 앱	 용돈기입장은 월별로 수입, 지출을 관리할 수 있는 애플리케이션으로 다음과 같은 기능을 지원합니다. 1. 비밀번호를 이용한 잠금 기능 2. 월별 수입·지출 관리 3. 월별 수입, 지출, 잔액 자동 계산 4. 총수입과 지출에 따른 잔액 출력	합리적인 용돈 관리·급여 관리 방법을 지도할 수 있음.
		어떻게 낼까?	교육용 앱	 지폐 단위별로 몇 장인지를 +버튼을 이용하여 입력하고, 쇼핑을 통해 지불할 금액을 알아볼 수 있는 교육용 앱이다.	현명한 소비능력과 물건 구입 계획 및 지불방법을 지도할 수 있음.
7	이동	대중 교통	일반용 앱	 내가 타야 할 버스가 언제 오며, 지하철은 언제 오는지, 그리고 지하철역 정보까지 확인 가능한 앱이다.	교통에 관련된 유익한 정보를 제공해 줌.

차시	직업 관련 주제	앱 명칭	앱 종류	앱 소개	수업활용 전략
8	여가 생활	종이 재활용	일반용 앱	 본 앱은 재활용 재료인 유리, 종이, 금속, 플라스틱, 섬유제품, 전자제품 등으로 만든 재활용품 만드는 순서를 제공하는 앱이다.	종이를 이용한 예술품 만들기에 활용 가능함.
9	자기 결정	생생 진로 정보	교육용 앱	 최신 진로뉴스, 직업인 동영상, 직업흥미검사, 직업월드컵 등의 콘텐츠로 구성되어 있으며, 이 앱을 통해서 진로체험 및 진로교육에 대한 각종 정보, 이 시대의 롤 모델이 될 만한 전문 직업인의 인터뷰 영상 등을 실시간 제공한다.	진로체험 및 진로교육에 대한 각종 정보 등을 제공함.
10	신체 기능	너도 나도 무엇 일까요? (직업편)	교육용 앱	 다양한 직업의 명칭과 하는 일을 배울 수 있으며, '나는 누구일까?' '퍼즐놀이' '짝 맞추기' '스티커 색칠놀이 하기' 등 학생들의 소근육 운동 기능 향상을 가져온다.	다양한 직업의 명칭과 하는 일에 대해 알 수 있음.

차시	직업 관련 주제	앱 명칭	앱 종류	앱 소개	수업활용 전략
11	학습 기능	이력서의 품격	일반용 앱	이력서의 품격은 총 3가지의 기능으로 이루어져 있다. ① 이력서 쓰기 ② 이력서 보기 ③ e-mail로 보내기	직업에 필요한 서류 준비와 지원방법을 지도할 수 있음.
12	도구 사용	두들 유틸 도구모음	일반용 앱	생활에 필요한 4가지 기능인 나침반, 손전등, 돋보기, 스톱워치의 기능을 제공함.	일상생활에 필요한 도구의 쓰임을 제시함.
13	컴퓨터 사용	얼굴 바꾸기	일반용 앱	다양한 기능 텍스트를 추가하거나 사진에 그림을 그릴 수 있도록 하는 앱	다양한 기능을 이용해서 원본 이미지를 바꾸는 법을 지도할 수 있음.

차시	직업 관련 주제	앱 명칭	앱 종류	앱 소개	수업활용 전략
14	직업 태도	커리어 넷	교육용 앱	커리어넷 진로심리검사는 청소년용 심리검사 애플리케이션이다. 진로적성검사, 직업흥미검사, 직업가치관 검사 및 활동, 진로성숙도 검사 등으로 구성되어 있다.	직업에 대한 흥미와 적성을 알기 위한 직업 평가를 할 수 있음.
15		직장 예절	교육용 앱	장애학생을 위한 직장예절 애플리케이션으로, 전화예절, 인사예절, 행동예절, 소개예절, 언어예절, 방문예절, 식사예절, 경·조사 문구를 소개하고 있다.	직장에서 지켜야 할 예절을 지도할 수 있음.
16	작업 능력	나의 작업장 정비소	게임용 앱	다양한 도구를 사용하여 정비소에서 일하는 경험을 재미있는 미니게임을 통해 해 볼 수 있도록 하는 앱으로 눈을 사로잡는 그래픽과 다양한 보상이 끊임없이 재미를 선사한다.	게임을 통해서 다양한 도구로 정비소에서 일하는 간접경험을 할 수 있음.
17	재배	원더주 동물 구하기	게임용 앱	다양한 동물이 나오며, 위험에 처한 불쌍한 동물을 구해 주는 게임이다.	다양한 동물의 명칭을 알 수 있음.

차시	직업 관련 주제	앱 명칭	앱 종류	앱 소개	수업활용 전략
18	음식 조리	나도 요리사	교육용 앱	 요리과정을 통해 여러 가지 식재료에 흥미를 갖게 되면서 올바른 식습관을 길러 준다.	기본적인 요리 준비 및 가상 요리 연습이 가능함.
19	사무 보조	스마트 사서 보조	교육용 앱	 지적장애인의 사서보조일자리 사업에 학생들을 적응시키기 위한 애플리케이션으로, 도서 위치 알기, 도서 분류하기, 신문정리하기, 바코드 찍기 등의 기능이 있다.	사무보조 중에서 도서관 사서보조 가능 업무 지도에 사용 가능함.
20	대인 서비스	사이버 교통학교	교육용 앱	 교통안전 교육을 시킬 수 있는 애플리케이션으로, 유아, 초·중·고등 학생들이 교통안전에 대한 지식과 안전 의식을 가질 수 있도록 해 준다.	학생들이 교통 안전에 대한 지식을 쌓고, 교통 안전 의식이 몸에 배일 수 있도록 동영상, 영화, 책 읽기로 구성됨.
21		바리스타 교실	교육용 앱	 커피 종류에 따른 커피 만들기 과정을 장애학생들이 스스로 할 수 있도록 개발된 앱이다. 바리스타 2급 자격증을 딸 수 있는 과정과 연계되어 있다.	바리스타 2급 자격증을 취득할 수 있도록 커피 만드는 과정을 담고 있고, 자기 주도적 학습이 가능함.

차시	직업 관련 주제	앱 명칭	앱 종류	앱 소개	수업활용 전략
22	진로 이해	직업 월드컵	교육용 앱	 자신이 원하는 직업을 찾고, 즐겁게 진로를 탐색할 수 있는 애플리케이션이다. 10개 분야, 165개의 다양한 직업에 대한 자세한 정보를 직업사전에서 찾아볼 수 있으며, 관심분야 설정기능을 통해 자신의 관심분야를 설정할 수 있다.	직업 관련 용어를 알고 직업 세계에 대해 알 수 있음.
23	직업 평가	커리어 넷	교육용 앱	 커리어넷 진로심리검사는 청소년용 심리검사 애플리케이션이다. 진로적성검사, 직업흥미검사, 직업가치관검사 및 활동, 진로성숙도검사 등으로 구성되어 있다.	직업에 대한 흥미와 적성을 알기 위한 직업 평가를 할 수 있음.
24	전환 교육 설계	꿈누리 습관 플래너	일반용 앱	 시간을 얼마나 잘 쓰는지 시간관리를 해 주는 일반용 앱이다.	자기관리 기술을 지도할 수 있음.
		장애인 도우미	일반용 앱	 장애인 지원 관련 기관 및 단체의 위치와 연락처 정보를 제공하며, 긴급전화 및 긴급문자 발송 기능과 장애인 관련 민원안내 등을 제공한다.	전환계획 방향 설정 시 고용형태와 장애인 지원기관을 알 수 있음.

차시	직업 관련 주제	앱 명칭	앱 종류	앱 소개	수업활용 전략
모든 차시에서 공통으로 사용 가능한 앱		QR Droid	교육용 앱	 QR코드를 읽어 준다.	QR바코드를 읽어서 웹에 연결할 수 있음.
		클래스팅 앱	커뮤니티 앱	 학생 및 학부모들과 편하게 소통할 수 있는 기능을 가지고 있는 정보교류를 할 수 있는 앱이다. 선생님이나 학생 누구나 클래스를 만들어 친구들이 가입하고, 구성원들끼리는 실시간 대화를 즐길 수 있다.	학생-학생, 학생-교사, 교사-학부모 등 편하게 의사소통을 할 수 있음.
		카카오톡 (수업지도 안에는 제시되어 있지 않았지만 사용 가능한 커뮤니티 앱)	커뮤니티 앱	 카카오톡은 전 세계 어디서나 안드로이드폰과 아이폰 사용자 간에 무료로 메시지를 주고받을 수 있는 메신저 서비스를 제공한다. 이메일 계정이 필요하며, 전화번호만 있으면 실시간으로 그룹채팅 및 1:1 채팅을 즐길 수 있고, 사진, 동영상, 연락처 등의 멀티미디어도 간편하게 주고받을 수 있다.	학생-학생, 학생-교사가 편하게 의사소통을 할 수 있음.

차시	직업 관련 주제	앱 명칭	앱 종류	앱 소개	수업활용 전략
		드롭박스	일반용 앱	컴퓨터와 모바일 장치 간에 파일을 동기화할 수 있는 애플리케이션으로, 사진, 문서, 동영상 등을 저장할 수 있다.	수업자료가 될 사진, 문서, 동영상을 저장할 수 있음.
		사다리 타기	일반용 앱	2~8명이 참여 가능하며, 팀을 정할 때 사다리 타기를 통해서 다양한 게임을 즐길 수 있다.	팀을 만들거나 게임을 시작할 때, 팀원을 만들 때 사용 가능함.

〈부록 2〉 스마트러닝 기반 STEAM 직업교육 프로그램에 사용된 QR코드

내용	QR코드	URL 주소
다림질 방법		http://blog.naver.com/PostView.nhn?blogId=100492&jumpingVid=E6B0261D35E61EBC75578A2DDDB016C30E3B&logNo=10150955838
문학작품 속에 나오는 상품명		http://blog.naver.com/PostView.nhn?blogId=dibrary1004&logNo=30090489546
식빵으로 만든 토스트 아트		http://www.cyworld.com/char-babe/3949885
냅킨아트		http://blog.naver.com/PostView.nhn?blogId=minser0101&logNo=20159757766
우유 스티밍		http://blog.naver.com/coffeeflat/90161767172
커피방향제 만들기		http://blog.naver.com/PostView.nhn?blogId=thefriya&logNo=30134980880

* 위에 제시된 QR코드와 연결된 인터넷 사이트가 바뀐 경우가 있을 수 있으니, QR코드를 선생님들이 직접 제작해 사용할 것을 추천합니다.

저자 소개

송은주(Song Eunju)

이화여자대학교 특수교육학 석사
이화여자대학교 특수교육학 박사
특수교사로 16년 근무
현 고양교육지원청 장학사

감수자 소개

박은혜(Park Eunhye)

오리건 대학교 대학원 졸업(MA)
오리건 대학교 대학원 졸업(Ph.D.)
한국 AAC학회장, 한국지체중복건강장애학회장 역임
현 이화여자대학교 사범대학 특수교육과 교수

◆ 이화여자대학교 특수교육연구소 현장 총서 시리즈 1

장애학생을 위한

스마트러닝 기반
STEAM 직업교육
프로그램의 실제

The Practices of STEAM Vocational Education Program
based on SMART Learning for Students with Disabilities

2016년 7월 5일 1판 1쇄 인쇄
2016년 7월 15일 1판 1쇄 발행

지은이 • 송은주
감수자 • 박은혜
펴낸이 • 김진환
펴낸곳 • (주)학지사

　　　　04031 서울특별시 마포구 양화로 15길 20 마인드월드빌딩
대표전화 • 02)330-5114　　팩스 • 02)324-2345
등록번호 • 제313-2006-000265호

홈페이지 • http://www.hakjisa.co.kr
페이스북 • https://www.facebook.com/hakjisabook

ISBN 978-89-997-0964-7　93370

정가 20,000원

이 도서의 국립중앙도서관 출판시도서목록(CIP)은 서지정보유통지원
시스템 홈페이지(http://seoji.nl.go.kr)와 국가자료공동목록시스템
(http://www.nl.go.kr/kolisnet)에서 이용하실 수 있습니다.
(CIP제어번호: CIP2016012563)

················· 교육문화출판미디어그룹 학지사 ·················

심리검사연구소 인싸이트 www.inpsyt.co.kr
원격교육연수원 카운피아 www.counpia.com
학술논문서비스 뉴논문 www.newnonmun.com